U0858527

国家“十一五”重点图书出版规划项目
当代中国图书馆学研究文库(第四辑)

传承与守望

The Preservation of Inheritance

陈红彦 著

國家圖書館出版社
National Library of China Publishing House

图书在版编目(CIP)数据

传承与守望/陈红彦著. --北京:国家图书馆出版社,2015.12
(当代中国图书馆学研究文库/吴慰慈,陈源蒸主编.第4辑)
ISBN 978-7-5013-5695-9

Ⅰ.①传… Ⅱ.①陈… Ⅲ.①古籍研究—中国—文集
Ⅳ.①G256.1-53

中国版本图书馆CIP数据核字(2015)第242872号

书　　名　传承与守望
著　　者　陈红彦　著
责任编辑　高　爽　王炳乾

出　　版　国家图书馆出版社(100034　北京市西城区文津街7号)
　　　　　(原书目文献出版社　北京图书馆出版社)
发　　行　010-66114536　66126153　66151313　66175620
　　　　　66121706(传真),66126156(门市部)
E-mail　nlcpress@nlc.cn(邮购)
Website　www.nlcpress.com ——→投稿中心
经　　销　新华书店
印　　装　北京玥实印刷有限公司
版　　次　2015年12月第1版　2015年12月第1次印刷

开　　本　710×1000(毫米)　1/16
印　　张　16
字　　数　230千字

书　　号　ISBN 978-7-5013-5695-9
定　　价　70.00元

《当代中国图书馆学研究文库》编委会

序

1987年，红彦同志从北京大学古典文献专业毕业，同年供职于国家图书馆，从事善本古籍整理工作。当时古籍工作应该说是冷板凳，是很多年轻人的畏途，但红彦同志却以对专业的热爱，将善本特藏部善本组作为唯一的选择。当时我作为善本部主任，印象深刻。

红彦同志在近三十年的工作中，从《北京图书馆善本书目》到《中国古籍善本书目》，再到今天"中华古籍保护计划"国家图书馆普查目录；从点校《花间集》《全宋诗・刘克庄诗集》开始，到整整两年间，一天七小时在善本库逐一过手宋元善本史部，认真填写数据著录单，再到撰写出《中国版本文化丛书——元本》；从2002年开始探讨再生性保护的理论实践，到主持"中华古籍保护计划"的普查平台研发；从个人参与部分专题研究到亲自主持一些项目的开展，一步一个脚印，逐年累积成果。这部文集便是她多年锲而不舍、孜孜以求的学术见证。

红彦同志2001年担任国家图书馆善本特藏部副主任，2007年起担任刚刚开始实施的"中华古籍保护计划"国家古籍保护中心办公室主任，现在到古籍馆担任常务副馆长，主持古籍馆的日常工作。她深知作为国家图书馆古籍管理者肩上的责任，在繁忙的工作中，笔耕不辍，开展古籍收藏、古籍保护理论和实践的研究，研究能力不断增强，成为业务、管理双肩挑的卓越人才，在古籍行业中具有相当影响，是国家图书馆古籍人才的希望。

国家图书馆近年承担两大文化工程，《中华再造善本》工程和"中华古籍保护计划"。在《中华再造善本》工程实施过程中，我负责相关业务工作，组织选目、印刷指导和提要撰写组织等工作，红彦同志始终参与其中，在《中华再造善本》及续编的选目、提要撰写中，她的古籍版本研究能力和水平上了新的台阶，不仅承担了几十篇善本提要的撰写，且质量上乘，还在提要撰写的组织中发挥了积极的作用，对古籍文献学版本学的发展做出了突出的贡献。

在“中华古籍保护计划”的实施过程中，她作为国家古籍保护中心第一任办公室主任，对项目的实施有筚路蓝缕之功。在全国古籍保护工作中，组织国家珍贵古籍申报和专家评审，有效编制出版了《国家珍贵古籍名录》图录，开展普查平台的研发；她针对人才匮乏的现状，组织人员培训并担任授课，同时把目光投向国际上古籍保护和古籍保护教育发达的国家，探讨突破专业人才特别是高层专业人员匮乏的途径，撰写文章呼吁解决问题；她还通过组织古籍保护的实验研究，积极探索新形势下古籍保护科学化、规范化的新思路、新方法，组织开展的古籍保护条例、古籍工作相关标准、古籍管理制度和模式的研究，也取得初步成果，在传承文化、保护古籍理论建设中发挥了突出作用。

红彦同志基本功扎实，学风严谨，具有较强的学术研究能力和组织能力，又坐拥书城，有国家图书馆宏富的馆藏为研究提供便利，前程不可限量。我真诚地希望她有更多的研究成果问世。

李致忠

2012 年 10 月于国家图书馆

目　　录

北京图书馆藏敦煌新 881 号《尚书》残卷校勘后记 …………… (1)
敦煌遗书近现代鉴藏印章辑述 …………………………………… (5)
国家图书馆藏元本述略 …………………………………………… (50)
名家写版考述 ……………………………………………………… (69)
《永乐大典》600 年 ……………………………………………… (82)
《玄都宝藏》与《太清风露经》………………………………… (103)
郇斋藏书与国图的深厚渊源 ……………………………………… (105)
国家图书馆的西谛藏书 …………………………………………… (124)
传承与守望
——国家珍贵古籍特展中的部分古籍 ………………………… (147)
国图:从瞬间化为永恒……………………………………………… (161)
为学不做媚时语,实践方能出真知
——冀淑英先生与版本目录学 ………………………………… (178)
精神的魅力——追思冀淑英先生 ………………………………… (183)
古籍修复与人才培养 ……………………………………………… (190)
国外古籍修复人才的科学培养对我们的启示 …………………… (197)
我国古籍保护事业可持续发展研究 ……………………………… (207)
关于进一步加强古旧方志资源利用的思考 ……………………… (223)
对国家典籍博物馆职能定位的思考 ……………………………… (231)

主要论著目录 …………………………………………………… (244)

北京图书馆藏敦煌新881号《尚书》残卷校勘后记

《尚书》是我国最早的一部历史文献汇编，它记载了我国商周时期的历史，是研究我国远古社会和奴隶社会不可缺少的第一部史书，是我国封建史学的奠基者。同时封建统治者根据自己统治的需要，把它作为政治、伦理道德规范的教科书而奉为经典，使之成为儒家"十三经"中受尊崇的《书经》。纷扰经学两千年的今古文之争主要就是由它和《左传》引起的。而且《尚书》这一书名也是汉代今文学家提出的。

西汉位于学官的《尚书》，是用汉代通行文字隶书书写的"今文本"，所教的是伏生所传二十八篇和汉武帝时民间所献《太誓》，共二十九篇。西汉中期起，据传先后六次出现过先秦篆籀文体写的本子，称为《古文尚书》。最先见于记载的是孔安国以今文读之得"逸书"十余篇的所谓孔子家传本（见《史记·儒林传》）。其后盛传的是刘歆所说，鲁恭王坏孔子屋壁本，简称孔壁本，它比《今文尚书》多"逸书十六篇"。但在汉代流传的所谓《古文尚书》实际只有东汉杜林本，其中也没有逸书十六篇，只有同于今文的二十九篇。东汉几位古文家作注也就是这二十九篇。但刘向、桓谭、郑玄却说古文篇目有五十八篇。至东晋梅赜献《古文尚书》便包含了西汉今文二十八篇析成为三十三篇，及从各种古籍中搜集文句编造的二十五篇。终于凑成了刘向等人所说的五十八篇，在经文下标为"孔氏传"的注，并在全书前有一篇《孔安国序》。由于它积聚了八百年来人们引用的《尚书》文句和四百年来今古文经师的解说，而且每句都有解释，为人们乐于接受，被看成是汉代孔安国所传真古文，获立于学官。这部晋人编造出来的《古文尚书》及孔安国传，便取得《书经》的正统地位，一直传了下来，现在我们见到的敦煌北新881号的《尚书》也正是这种《古文尚书》。

《尚书》研究的艰难除今古文之争的原因外，字体的演变也是一个非常重要的原因。书法的进化自不必说，转抄、错认导致的错误，古代文字本身不规范，同音假借等也有不少，更有经学家们故意篡改、作伪等。至晋代则创造出一种假古董字体，叫作“隶古定”，是用正楷按蝌蚪古文的笔画写定的字体，看上去非常怪异，这种字体从晋到唐天宝前一直使用着。由于其难认难写的特点，唐天宝间，才令集贤学士卫包将其改为今字，并于开成年间（836－840）刻成石经，今字本才取代了隶古定本。

由于卫包改字是在天宝三年（744），所以此前的写本常被定为隶古定本。北京图书馆（今国家图书馆，以下简称“北图”）藏的这件《尚书》残卷，写于唐初高宗朝，便被《味青斋敦煌祕籍佚卷存目》著录为“唐隶古定尚书尧典残卷”。但实际上，这件《尚书》并非“隶古定尚书”。

藏于北图善本部的这件编号为新881的《尚书》残卷，总长度为367.2厘米，单幅纸长42.7厘米，宽28.2厘米，161行，行17字左右不等，共10纸，纸质为薄麻纸，色褐黄，质焦脆。文献内容为《尧典》的后半部及《舜典》的全部，经传合抄，经文大字单行，孔传小字双行。《尧典》卷首上下端残，经文自“黎民于变时邕”的“邕”字始，传文自“九族既睦”的“九族”始。《舜典》首题“舜典第二　虞书　孔氏传”，尾题“尚书卷第一”。全卷遇“世”“民”皆行避讳，或缺末笔，或改“民”为“人”，避唐太宗讳。遇“治”则改为“理”，或仍作“治”，避高宗讳，不很严格。据此可推断，此文献出于唐高宗时期。

所谓“隶古定”，颜师古在《匡谬正俗》卷二中有这样一段解释：“按直云隶古即是隶古字，于理可知无所阙少，定者，为定讫耳。今先代旧本，皆为隶古定，不为古字也。”这个解释有这样几层含义：一、隶古字是用隶书按古字笔画写的，不是把古字改成隶书，古字的笔画不能缺少；二、“定”是最终写定之意；三、先代旧本的字体不是用当时的古字，而是用隶古字写定的。孔安国的《尚书序》是后人伪作，因此他的话不能用来证明隶古定本始于西汉，也不能用来说明“隶古定”的“隶”为隶书。隶古定的“隶”为正楷，因由隶书转变而来，故魏晋沿称为隶书。从这个意义上讲“隶古定”应是用正楷按蝌蚪古文笔画写定的字体（顾廷龙《尚书文字合编前言》）。因此隶古定在外形上与正楷有很显著的差别，如正书的“會”，隶古定写作“⿱八亐”“伶”。正书“辟”隶古定写作“⿰亻艮”，正书“天”隶古定写作“兲”等。由于难写难认，隶古定常被人称为奇字，所以隶古定《尚书》出现不久，便有东晋范宁将其改为用今字书写的《尚书》，并做了集注。在《隋书·经籍志》中便有《今字尚书》十四卷的记载。这说明唐以前曾有过今字《尚书》的通行。但这种今字《尚书》在《旧唐书·经籍志》和《新唐书·艺文志》中均未见记载，很可能当时今字本未能广泛流传便已亡佚。正如阮元在《校勘记序》中所言：“天宝三载，诏集贤殿学士卫包，改古文从今文，说者谓今文从此始，古文从此绝。殊不知卫包以前未尝无今文，卫包之后，又别有古文也……”

不可否认，隋唐前从总体上讲，隶古定《尚书》是占主要地位的，即使卫包改字之后，民间传抄本仍有很多是隶古定本。其原因，王重民先生在《敦煌古籍叙录》中的一段话分析得很精彩：“六朝至唐，由隶变楷，在书法进化上为自然趋势，特以此经独有古文之名，学者狃于师承，递相传写，故字体之变化独缓。然在楷变时期，墨守者其经本变化少，聪明者其经本变化多。卫包以前，必非昔时经本之旧矣。然则卫包改字，正所谓‘下令于流水之源’，则士子遵行，风行海内……不百年而古文几绝矣。”也就是说，在卫包改字之前即有今字本《尚书》出现是肯定的。而北图藏这件《尚书》即当是这一时期的今字《尚书》。

笔者以北新881为底本，以中华书局1980年的《十三经注疏》本（以下简称“传世本”）为校本，做了通校，发现北新881与传世本主要差别在于：

一、敦煌俗字与正体字的差别

敦煌卷子是手写，其书写习惯与现在差异较大，在当时是约定俗成，带有明显的地域及时代特征，现代人称之为俗字。如传世本中的“漫”“貌”“朔”“暨”等，敦煌本作“[illegible]”“貇”“玥”“㬤”等，这些均不属隶古字。

二、脱文、衍文

在敦煌卷子中较常见，或许抄写者所用底本不同，或许抄手一时疏忽，都可能造成这种情况。如“平在朔易”，新 881 就作“平去在朔易”，衍一“去”字。孔传“以正冬之三节”，新 881 脱一“以”字。孔传“考齐七政”，新 881 作“考七政”，脱“齐”字。

三、“也”字的使用

敦煌本“也”字使用过多，或与当地语言习惯有关，多数对上下文义没有什么影响。

四、避讳字

敦煌本避唐太宗讳“世”“民”较严格，或缺笔，或改字，如将“民”改作“人”，避高宗讳不很严格，或改“治”为“理”，或仍作“治”。

五、通假字

如传世本“雍”敦煌本作“邕”，传世本“辟”，敦煌本作“避”。古“雍”与“邕”通，“辟”与“避”通。

不可否认，北图藏这件《尚书》中，仍有一些字看上去很怪异，很可能是未及楷变的隶古字，但从数量上已经是非常非常少了，对这件《尚书》定为今字《尚书》的结果不构成影响。这件初唐时期今字《尚书》的出现，希望能给《古文尚书》文字演变的研究提供一些有用的资料。

原载于《北京图书馆馆刊》，1997 年第 4 期

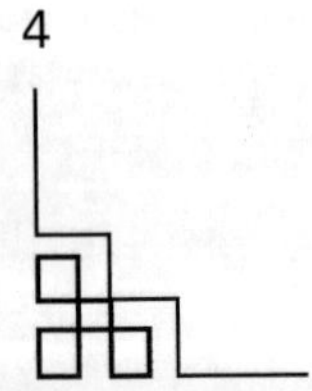

敦煌遗书近现代鉴藏印章辑述*

1900年,在祖国的西北边陲——敦煌,看守莫高窟的道士王圆箓一个偶然的发现,使得藏经洞进入了世界学术的视野。

敦煌遗书的流散,一直是敦煌学研究中的一个重要课题。当年,王道士以及押运人到底使多少敦煌遗书散落民间,又有多少被破坏直至毁灭,研究者一直欲探究竟,但至今没有明确答案。这造成的遗憾是,至今我们仍无法统计藏经洞到底有多少件敦煌遗书,这对探究敦煌藏经洞封闭的原因,对整个敦煌学史的研究都是很大的制约。

现在我们从已出版的各家敦煌图录中辑录出相关的收藏印、鉴赏印以及与流散有关的信息,将其集中,并按照印主姓氏音序排列。对印主之生平及收藏或鉴赏过程略加叙述,且将印鉴与藏品编号相对应。希望这项工作的成果能为敦煌遗书的追踪提供一些线索,使敦煌遗书流散研究能有更大的推进。

综观我们已知的敦煌遗书的收藏者,其身份更多的是书画家、收藏家、旧官吏,特别是当时曾经在甘肃地区以及敦煌遗书解京途中各地的官吏。这些藏家从不同角度去审视敦煌,领略敦煌带给我们的深刻内涵,吸纳敦煌的无穷魅力;但真正研究敦煌、研究敦煌遗书本身内容的藏家却凤毛麟角。不过正是如此,也说明了敦煌永远无法挖掘穷尽的价值,这也正是敦煌的魅力所在。

为节约篇幅,文中收藏单位名称使用简称,故首列机构名对应表。

* 本文与林世田合写。

其中部分印章因学识和掌握的材料有限，尚无法确定印主，希望随着调查的更加全面与深入，敦煌遗书的流散会显现出更加清晰的脉络，对敦煌学研究的进一步深入会有良好的促进。

简称	全称	简称	全称
BD	中国国家图书馆	文保所	杭州市文物保护管理所
故宫	故宫博物院	北大	北京大学图书馆
天津文物	天津文物公司	西北师大	西北师范大学
津艺	天津艺术博物馆	国博	国家博物馆
南图	南京图书馆	浙博	浙江博物馆
敦研	敦煌研究院	北三井	日本三井文库中北三井
上博	上海博物馆	上图	上海图书馆
甘博	甘肃省博物馆	敦博	敦煌博物馆
甘图	甘肃省图书馆	定博	甘肃定西市安定区博物馆
永博	甘肃永登县博物馆	天理大学	日本天理大学图书馆
招提	日本京都招提寺	大东急	日本大东急纪念文库
东大	日本东京大学东洋文化研究所	台北	台北汉学研究中心
日国会	日本国会图书馆	藤井	日本京都藤井有邻馆
大谷大学	大谷大学图书馆	傅斯年图书馆	中研院傅斯年图书馆

陈三立（1856－1937），字伯严，号散原，江西修水人。陈宝箴子，陈师曾、陈寅恪父。为晚近著名诗人。工书。

陈印三立　北京瀚海拍卖有限公司 2005 年秋季拍卖会第 2262 号拍卖品

陈锡钧（1880－1961），字伯衡，江苏淮阴人，迁杭州。西泠印社成员。精碑版学，收藏甚富。最善书曹全碑，沉着稳秀。1965 年子女将其收藏捐赠浙江省博物馆。

伯衡　上图 006

陈锡钧印　浙博 039

陈伯衡　浙博 039

陈訚(1882 —?),字季侃,浙江诸暨人,清举人,民政部郎中。1917 年任甘肃兰山道尹,1920 年 12 月暂护甘肃省省长,一年后去职。在任期间购求敦煌遗书三四百卷。1925 年任东南五省联军总司令部秘书长。

陈訚　BD14528　BD14560　BD14953　上图 078　上图 079　灵隐寺 01　浙博 168

陈訚之印　BD14528　BD14544　上图 077　故宫新 184190

訚　BD14560　BD15125　上博 04

陈訚度陇所得　BD14560　上图 079　上博 23

陈訚偶得　BD14953　上图 079　上博 02　浙博 168

陈訚晚福　BD14953

古越陈訚　BD14996

陈訚墨守　BD14996

宝晋室主　BD14560　上图 079　上博 23

禅晋楫善之室　BD14953　上图 078

字曰季侃　BD14996

公亮长寿　BD14996

藏有晋隋唐人写经　BD14996

公亮　上图 080

公亮眼福　上图 079

季侃　上图 078

侃叟作　上图 078

陈夔龙(1857 — 1948),字筱石,号庸庵,贵州贵阳人。清光绪进士,历任顺天府尹、漕运总督、河南巡抚、江苏巡抚、四川总督、湖广总督、直隶总督兼北洋大臣。清亡前夕,陈夔龙以病告假,退隐上海。

庸庵　文保所 02

陈撄宁(1880 — 1969),道号圆顿子,安徽怀宁县人。清末秀才。自幼受家庭私塾教育,儒学根基深厚。年十五因病改学中医,并慕出家人清修法，因萌“学仙”之志。1905年入安徽高等政法学堂，未几因病退学，遂遍游名山，寻师访友，开始步入“仙学养生”领域。民国初寄居上海。1960年后任全国政协二、三届委员。著《论〈四库全书总目提要〉不识道家学术之全体》《道藏书目分类》，主编《道教知识汇编》《中国道教史提纲》等。

陈撄宁　上图006

陈泽秦（1914—2006），字少默，斋号啬盦。安康人，世居西安。父为陕西末任督军陈树蕃。早年求学于燕京大学，毕业于西北大学国文系，以诗文、书法及古典书画、古籍善本和文物鉴定闻名于世。

啬盦情缘　上图094

陈曾寿（1877—1949），字仁先，湖北蕲水县（今浠水县）巴河陈家大岭人。因家藏元代吴镇所画《苍虬图》，因以名阁，自称苍虬居士。少有文名，博览经史子集，旁及古文诗词。曾到日本留学。回国后历任学部主事、员外郎、郎中、广东道监察御史。辛亥革命后，拒绝袁世凯让他出任提学使之请，寓居杭州西湖，吟诗作画，谈经论道，参禅拜佛。后宦囊告罄，不得不出卖家藏的名人字画以求糊口。1930年，在友人陈宝琛再三敦请下赴津，为婉容进讲。后迁居北京、上海。有《苍虬阁诗集》十卷及续集两卷、《旧月簃词》一卷。其词风独到，清末民初，与江西陈三立、福建陈衍并称“海内三陈”。

陈曾寿　上博05

陈曾佑，字苏生，以字行，湖北蕲水人，光绪己丑（1889）进士，改庶吉士，授编修，历官甘肃学政、提学使。1910年在兰州筹办图书馆，于1916年5月正式开馆，定名为“甘肃公立图书馆”，即今甘肃省图书馆的前身。

陈曾佑印　BD15294　BD15295　上博58

曾佑　BD15123　BD15294

苏生　BD15296

苏　BD15293　BD15294　BD15295　BD15296

陈柱(1889 或 1890 — 1944),原名郁瑞,字柱尊,少时名绳孔。广西北流萝村人。室名守玄阁(妻名杨静玄)、注叠庐、十万卷楼、变风变雅楼。1912 年毕业于南洋大学堂附属中学,后肄业于交通大学电机科,曾留学日本,归国后先后执教于上海交大预科、上海交大、大夏大学、暨南大学、无锡国学专修学校、安徽大学、中央大学等,为南社、中华学艺社、新中国建设学会、中国学术讨论社成员。

陈柱审定　上博 75

陈柱字柱尊广西北流人也少时名绳孔　上博 75

好为诗及骈散文亦喜收藏金石书画　上博 75

尘空(1908 — 1979),俗姓王,名宗禹,湖北省荆门县(今荆门市)拾桥镇人。1918 年在当阳玉泉寺出家,1929 年入武昌佛学院研究部受学,后长期跟随太虚大师,1935 年,奉太虚大师之命协助法尊法师处理汉藏教理院院务,1937 年参加重庆的僧侣救护队,1939 年曾主持《海潮音》杂志的编辑出版。新中国成立后,曾住持西湖灵隐寺、上天竺寺。法师著述颇多,出版问世者有《普陀山小志》《灵隐寺志》等,论文散见于《海潮音》杂志。

尘空　上图 006

谌延年,天津人,教授。2002 年 12 月其珍藏的两卷敦煌写经在博古斋和上海国际商品拍卖有限公司共同举办的古籍善本、中国书画第二专场拍卖会上拍卖。

谌延年得敦煌石室宝藏　津艺 065　津艺 177

谌延年得敦煌石室秘宝　故宫新 154423

沽上谌氏墨缘室珍藏　故宫新 154423　津艺 065

邓隆(1884 — 1938),字德舆,号玉堂,又号睫巢居士。甘肃临夏人。光绪二十九年(1903)解元,三十年进士。曾任南充知县,代理顺庆府知府。宣统三年(1911)母丧归家,筑拙园于兰州居之。民国元年,为甘肃省议会议员。晚年潜心于佛学,参与省志修纂。著有《拙园文存》《密藏问津录》《番佛名义》《文字般若集》等。

邓隆　甘博 059

德舆　甘博 059

丁士源(1879—1945),字问槎,一字文槎,号蔼翁,浙江吴兴人。早年入北洋水师学堂、上海圣约翰大学求学,后留学英国,回国后任陆军部军法司司长、高等巡警学堂总办等职,段祺瑞政府时期为陆军少将参议,后升陆军协都统、副都统。1914 年后历任北洋政府江汉关监督兼外交特派员,京绥、京汉铁路局长,天津《日日新闻》主笔,国内公债局总理,天津中华汇业银行经理。1932 年后,曾任伪满驻日公使、驻国联代表。善画,喜收藏。著有《世界海军现状》《陆军规则注解》等。

蔼庵士源　BD15101　BD15102

陆军军法协都统印　BD15101　BD15102

蔼庵珍藏　BD15101　BD15102

十七松斋　BD15101　BD15102

庚申第六人　BD15101　BD15102

董士恩,曾任滨江道伊东省特别市政管理局局长、财政部次长,1924 年授陆军少将。

董士恩印　津艺 242

窦景桂,字萃五,甘肃敦煌人。窦景桂及弟窦景椿先生是民国初敦煌名士,收藏敦煌文献颇多,有书斋名潜心斋。新中国成立前窦景椿将其中一部分带至台湾。窦景椿曾为于右任的随员,1943 年 3 月受聘于国民政府教育部,担任国立敦煌艺术研究所筹备委员,并协助常书鸿到敦煌开展建所工作。

窦氏潜心斋珍藏　敦博 041

段永恩,字季承,甘肃武威人。在新疆为官多年,民国初年曾担任孚远县(今吉木萨尔)知事,还担任过《新疆图志》的分纂。日本静嘉堂文库收藏有 8 册吐鲁番出土写本残片,其中多有段永恩的跋文。

季　永博附 005　永博附 006

承　永博附 005　永博附 006

季承(白文方印)　永博附 007

季承(白文椭圆)　永博附 008

冯国瑞(1901—1961),字仲翔,甘肃天水人。1927 年清华学校国学研究班毕业,回甘肃甘谷任教半年后,任通志局分纂,后历任青海省政府秘书、秘书长,天水县志局编纂等职。1946 年任兰州大学中文系教授、系主任。中华人民共和国成立后,调甘肃省文化局工作,1961 年因病去世,将所藏敦煌遗书捐献入公。著有《秦州记》《麦积山石窟记》《天水麦积山石窟介绍》等。

冯国瑞　BD15351　甘博 014

麦积山馆　BD15351　BD15352　甘博 014

冯国瑞印　BD15352

中翔　BD15352

敦煌长史　BD15352

冯恕(1867—1948),字公度,号华农,北京大兴人,原籍浙江慈溪。清光绪进士,徐世昌府僚,历任清海军部参事、军枢司司长、电灯公司经理、海军协都统等职。著名实业家、收藏家,民国期间定居北京,一边办实业,一边从事书画古玩收藏。善写颜体字。时北平商号匾额,多其手书。有"无匾不恕"之语。藏书处名"玉敦斋"。有《石鼓观谱》《庚子·辛亥忠烈像赞》等行世。编有《冯氏金文研谱》《蕴真堂石刻》等。

冯恕之印　BD14039　BD14513　BD14543　BD14545　BD14550　BD14567　BD14621　BD14622　BD15134　BD15135　BD15136　BD15138　BD15139　BD15140　BD15251　BD15298　上博 13

公度所藏隋唐墨宝　BD14039　BD14513　BD14540　BD14543　BD14545　BD14550　BD14567　BD14621　BD14622　BD15090　BD15134　BD15135　BD15136　BD15137　BD15138　BD15139　BD15140　BD15151　BD15298　上博 13

玉敦斋藏　BD14513　BD14540　BD14545

冯公度审定记　BD14513　BD14540　BD14545

公度　BD14545

傅岳棻(1878－1951),字治乡,号娟净,湖北省武昌人。清光绪举人,历任山西抚署文案,山西大学堂教务长及代理监督,京师学部总务司司长,普通司司长,1912年任北京政府国务院铨叙局佥事、参事,教育部次长,代理部务,后任国立北平大学、私立中国学院、河北大学、北京大学、北京师范大学教授。

岳棻　台北65

傅增湘(1872－1949),著名藏书家与目录学家。字叔和,又字沅叔、润沅,别号有书潜、书潜氏、清泉逸叟、藏园老人、藏园居士等称,"双鉴楼"为其藏书楼,四川江安人。光绪二十四年(1898)进士,曾任肃政厅肃政史,教育总长,约法会议议员、大总统顾问、北京财政整理委员会委员长、故宫博物院图书馆馆长、东方文化事业总委员会图书筹备委员、东方文化协议会副会长等。其藏书多有宋、元、明精刊及名钞本。傅先生去世后其后人遵嘱将藏书分捐赠或转让北京图书馆、四川大学。

书潜经眼　中国历史博物馆藏法书大观第12卷42号

高镜寰,湘阴人。生卒年不详。光绪三十三年(1907)任兰州黄河铁桥驻西安接运料委员,民国初年曾任崇信县知事,民国4年(1915)倡修县志,次年调入张掖。

秉清长寿　甘图023

龚钊(1870－1949),即龚心钊,字怀希,又作怀西,号仲勉,斋号瞻麓,安徽合肥人,为当地世家大族,后寓居上海。19岁中举人,26岁中进士,是清代最后一任科举考官。光绪年间出使英、法等国,清末出任加拿大总领事。龚心钊平生笃好文物,潜心研究,因此他收藏的文物精品颇多。如秦商鞅方升,战国越王剑,宋代米芾、马远、夏圭等名家书画,宋汝窑盘,以及时大彬、徐友泉、陈鸣远、陈曼生等制的紫砂壶。他所藏印章,既丰且精,有自战国至六朝的铜、玉、石的官私印章2000余方。1960年,龚心钊的后辈将珍藏的500余件文物,捐献给上海市文物管理委员会。

龚钊　上图067　上博22

怀西翰墨　上图068

噶玛噶举派呼图克图(1893－1957),居西康贡嘎山(在今四川)木雅康松扎寺,兼承宁玛派法。曾依止第十五代大宝法王喀恰多吉等修学显密教法,任德格八邦寺说法僧。较系统地传述了大手印、大圆满系法。1935年,应诸那邀请,到成都、重庆传法。1937、1939、1945年又应请在昆明、汉口、长沙、南京、江陵等地传法,受法者甚众。1947年民国政府授予"辅教广觉禅师"号。新中国成立后曾在中央民族学院任教。

辅教广觉禅师　上图006

顾鳌,字巨六,四川广安人,光绪三十一年(1905)赴日本留学,历任民政部郎中,宪政编查馆提调,资政院议员。1912年任北京总统府顾问,同年六月任北京政府内务部参事。1914年5月署法制局局长,约法议会秘书长。1915年5月,任法制局局长,约法会议秘书长。袁世凯称帝时,任大典筹备处委员,国民代表常务局局长。1916年袁死后,以帝制祸首受通缉,1918年被特赦。后退出政界,改营古董生意,室名二树藤花馆。

顾鳌　BD14600　BD15288

鳌　津艺　080

顾复出,字子远,宦蜀,王懿荣、黄云鹄、罗振玉相友善。工诗词,善书画。

复出　BD14843

子远　BD14843

郭杰三(1886－1979),原名郭汉儒,字杰三,甘肃定西人。历任甘肃省立女子师范学校、省立第一师范学校教导主任、校长,新中国成立后任定西县(今定西市安定区)副县长、副专员。毕生致力于地方文史资料的收集与编纂,著有《陇右文献录》《重修定西县志》等。

郭杰三赠　定博009

海灯(1903－1989),俗名范靖鹤、范无病,四川江油人。曾就读于四川大学附设中国文学院、四川警监专门学校。二十一岁出家为僧。自幼爱好武术，曾师事少林武僧汝峰、丹岩、云禅等习武，武艺高强。晚年任中国佛协理事，全国政协委员。著有《气功精要》《海灯法师诗歌集》。

海灯觉印　上图 006

嵩山面壁僧　上图 006

何遂(1887－1968)，字叙甫，亦作叙父，叙圃，又号启甫，绘园，别署贱夫，福建闽侯(今福州)人。毕业于陆军大学第二期，与孙岳等创桂省中国同盟会。1913 年赴日本学习政治经济。1916 年一战时期，历访德、法、英诸国战场，回国后，任国民军第三参谋长等职。1924 年，任北京政府航空署署长，善后会议会员等职，北伐后任广州黄埔军官学校教育长，代理黄埔校务。1932 年任国民政府西京筹备委员会委员。1945 年任立法院军事委员会委员长。1948 年行宪后仍任立法院立法委员。中华人民共和国成立后，任华东军政委员会委员兼政法委员会副主任、司法部部长，善画。

叙圃宝笈　BD14825

叙圃书画　BD14825

侯官何遂叙父藏□□金石书画之印　BD14825

何彦昇(？－1910)，江苏江阴人。清末任甘肃布政使。宣统元年(1909)受学部委派押解敦煌遗书，但运送经卷的大车进京后先入自家，由儿子何震彝及李盛铎、刘廷琛、方尔谦等人先行挑选，并将较长的卷子拆开以充足原来的数量。然后将经卷交给京师图书馆。后来藏在何家的敦煌卷子出售给日本京都的藤井有邻馆。

何彦昇家藏唐人秘笈　上图 033　藤井 1　藤井 2　藤井 4　藤井 5　藤井 9　藤井 11　藤井 14　藤井 46

黄宾虹(1865－1955)，名质，字朴存，中年更字宾虹，别署予向、大千虹庐、虹叟等，原籍安徽歙县。光绪十二年补廪贡生，任两淮盐运使署录事。历任暨南大学中国画导师，中国艺术专科学校校长，北平艺专教授等职。中华人民共和国成立后，任中央美术学院华东分院教授，中国美术家协会华东分会副主席等。能诗文，善书法，兼精金石文字学和篆刻，精鉴赏，富收藏，曾将所藏书画金石及自作书画手稿万余件捐献国家，著有《画学篇》《中国画学史纲》等，编有《中国画家人名大辞典》等。

黄宾虹　BD14568　浙博003　浙博006　浙博023　浙博028　浙博039

黄敦良(1906—1967)，字西爽，号醒秋，浙江吴兴人，沪上名医，善诗，工书画，精刻印。工画山水，清雅绝尘，间作花卉，与唐云、潘天寿、谢稚柳等友善，为西泠印社早期社员。

黄印敦良　上博23

黄元秀(1884—1964)，字文叔，号山樵，杭州人。早年曾留学日本，习陆军，参加同盟会。辛亥革命前回国，主持同盟会杭州分部。辛亥革命时参加光复浙江之役。家居涌金门外放庐，藏金石书画甚多。黄元秀工诗文，善鉴识金石文物，攻武术，兼通佛学，尤擅书法。今存灵隐寺天王殿巨匾“灵鹫飞来”、宝石山麓摩崖大字“南无大日如来”皆其手迹。

黄印元秀　上图006

黄文叔　上图006

文字因缘　上图006

简经纶(1888—1950)，字琴石，号琴斋，别署千石楼主，广东番禺人。精研书法、篆刻四十余年，博览古器碑帖，篆、隶、真、草，饶有金石气。篆刻则甲骨、秦钵、封泥、象形等，浑厚古拙，著作有《琴斋印留》《千石楼印识》《琴斋书画印合集》等。

琴斋　上图169

江瀚(1853—1935)，字叔海，别号石翁山民，福建长汀人。1893年主持重庆东川书院，1896年赴致用书院讲学，1897年受聘于长沙校经堂，1904年赴日本考察教育。后历任江苏高等学校监督、清政府学部总务司行走，学部参事官，京师大学堂京学分科教授，京师图书馆馆长，北京政府政事堂礼制馆总编纂、参政院参政、总统府顾问,京师大学代理校长,故宫博物院理事等职。著有《孔宗篇》《孔学发微》等。

江瀚　BD14972

长汀江瀚　北大 031

康生(1898－1975),原名张宗可,字卿,曾用名赵容,山东诸城(今属胶南)人。

康生看过　故宫新 137368

康有为(1858－1927),原名祖诒,字广厦,号长素、更生。广东南海县(今南海区)人,人称南海先生。著作甚丰,计 130 余种。辑有《康南海先生遗著汇刊》《万木草堂遗稿》《康有为政论集》等。

南海藏经　日国会 WB. 32－13(604493)　日国会 WB. 32－39(566988)　上图 174

南海康氏万木草堂珍藏　上图 172

更生　上图 172

柯璜(1876－1963),字定础,号绿天野人,桐屿乡人。清末毕业于北京大学前身译学馆,任山西大学物理教授。后执教北京师范大学和北京大学,任山西博物馆和图书馆馆长,北京故宫陈列所主任,全国孔学总会副会长等职。柯璜 30 岁学书,40 岁学画,60 岁学诗。晚年喜画山水。

柯璜印　甘博附 049

柯怡(1891－1917),字陶庵,一作韬暗,号石孙,又号胖公。德清人。工书,善治印。真、草、隶、篆四体皆精。楷学颜真卿,篆书以石鼓、甲骨为主,苍健古朴,刚劲阿娜,现尚存印章 30 多方。吴昌硕曾刻多方印章相赠。1914 年,作品参加日本东京博览会,获得金奖。灵隐寺大雄宝殿内左侧梁柱上还有他书写的匾额。葛岭路亭的朝南石柱上,保存着他的对联:"江痕斜界东西浙,山色都收里外湖。"杭州西泠印社的第一批社员。

韬盦鉴赏　浙图 16

吾家敝帚　浙图 16

韬闇　浙图 20

韬闇一字无晦　浙图 07

孔宪廷，字少轩，安徽合肥人。据《甘肃通志稿》，1915 至 1919 年任兰山道尹。嗜收藏奇石、金器拓本，在陇任职时，敦煌写经亦颇有收集。晚年寓居天津，1928 年卒。孔宪廷旧藏除部分转赠许承尧、张广建外，后逐渐卖出，为第五垣、中村不折等所有，日本京都藤井有邻馆藏 8 件钤有"合肥孔氏珍藏"印章的敦煌写经，可能就是从孔宪廷处流散出去的。此外甘肃省图书馆、上海图书馆、天津艺术博物馆、日本东京书道博物馆、日本京都藤井有邻馆和大谷大学图书馆收其旧藏。

孔宪庭　甘图 012　甘图 020

合肥孔氏珍藏　上博 26　藤井 1　藤井 2　藤井 3　藤井 5　藤井 9　藤井 11　藤井 14　藤井 38　藤井 55　大谷大学乙 68　津艺 283

合肥孔氏　上图 036

乐守勋，北京大兴人。收藏家。敦煌遗书中还有乐守玉、乐意、乐闻韶、乐守忠、乐绍虞等，今合并列出。

大兴乐氏　BD15384　BD15385　BD15386　BD15391　BD15393　BD15395　津艺 172

乐　BD15384　BD15391　BD15395

北平乐氏珍藏　BD15384　BD15386　BD15391　BD15393　津艺 172　北大 010

大兴乐氏收藏金石书画之记　BD15384　BD15393

乐意　BD15384　BD15385　BD15391　BD15393　BD15395

乐守玉　BD15384　BD15385　BD15386　BD15393　BD15395　津艺 172

乐守勋印　BD15384　BD15386　BD15391　BD15393　BD15395

守勋藏书编号　BD15384　BD15385　BD15386　BD15391　BD15393　BD15395

乐印闻韶　BD15385　BD15386　BD15391　BD15393　BD15395

乐守忠　BD15393

乐氏守勋之印　BD15393

乐守勋印　BD15385　津艺172

乐鈇绍虞　BD15385　BD15391　BD15393

乐氏守勋藏印　津艺172

李根源(1879－1965),初字养溪,后字印泉,一字雪生,别署高黎贡山人,亦署高黎贡,又署高黎,云南滕冲人。室名曲石寄庐、曲石精庐,自署曲石,晚署曲石老人,又室名景邃堂、霜镜堂、东斋、阙园。清末赴日本留学陆军生,并加入同盟会,组织创办《云南杂志》,倡设云南独立会,任云南陆军讲武堂总办。武昌起义后,与蔡锷成立大汉军政府,任军政总长等职。二次革命后逃亡日本,与黄兴成立“欧事研究会”,后反袁称帝,参加护法斗争。先后任陕西省省长、北洋政府农商总长与代总理、云南监察使等职。中华人民共和国成立后任西南军政委员会委员、全国政协委员等职。著有《吴郡西山访古记》《曲石庐藏书日》等。

根源　BD15355

李根源字印泉号雪生　BD15355

曲石精庐所藏　BD15355

景邃堂　BD15355

李瑞清(1867－1920),江西临川人,名文洁,字仲麟,改字阿梅,又作阿某,号梅痴、梅庵、梅庵主人、梅花庵主,又署玉梅华庵、玉梅花庵道士,晚号清道人,李道士;室名师郑堂,黄龙砚斋、玉梅花庵。书法家,偶作画。与湖南曾熙并为当时大家。光绪二十一年(1895)进士,入翰林院,授庶吉士,改道员,任师范传习所总办,两江师范学堂监督兼江宁提学使、布政使。辛亥革命后寓居上海,鬻书画自给。张勋复辟时,曾被授为学部左侍郎。1919年接受张大千为门人,有《清道人遗集》。

阿某　BD14711

清道人　BD14711

黄龙砚斋　BD14711

李[illegible]　BD14711

李盛铎(1859 — 1935),字麐樵,一字椒微,号木斋,别号师子庵旧主人,师庵居士等,江西德化(今九江)人。光绪十五年(1889)榜眼,历任翰林院编修、江西道监察御使、山西布政使等职,袁世凯时官至参议院议长。1920 年退隐。1921 年 11 月与罗振玉等主持敦煌经籍辑存会。晚年寓居天津,藏书初名木樨轩,承继其父李明墀藏书,早年又购得袁芳瑛卧雪庐藏书甚多,颇多宋元旧刻。光绪年间出使日本时,获众多国内罕见或久佚之书,其中日本活字本、古刻古钞及朝鲜刻本尤多,故藏书极富,仅宋元本就有三百多种。所获敦煌卷子多为四部典籍、景教文献、公私文书,最具研究价值。卒后书多归北京大学图书馆。编有《木樨轩书目》《木樨轩宋本书目》等。

木斋真赏　BD15076　北大 117　津艺 021　津艺 019

木斋审定　BD15382　藤井 51　藤井 59　日国会 WB. 32 – 5(604504)　日国会 WB. 32 – 16(604490)　上图 117　上图 111　津艺 283V　南图 022　津艺 022　津艺 061C　津艺 061D　北大 192　故宫新 21120　大谷大学乙 68　浙博 006

李盛铎印　大东急 107 – 8 – 1 – 1　津艺 019

德化李氏凡将阁珍藏　BD15076　BD15154　BD15165　BD15331　上图 111　北大 083　北大 117　津艺 061H　津艺 061G　津艺 061FV　津艺 061EV　津艺 061B　津艺 061AV　津艺 060　津艺 028　津艺 021　津艺 019　上博 18　大东急 107 – 22 – 1 – 1　藤井 1　藤井 2　藤井 4　藤井 9　藤井 11　藤井 14　藤井 15　藤井 16　藤井 17　藤井 18　藤井 19　藤井 20　藤井 22　藤井 23　藤井 25　藤井 36　藤井 38　藤井 39　藤井 40　藤井 42　藤井 43　藤井 44　藤井 45　藤井 46　藤井 56

德化李氏木斋閤家供养经　上博 55V　津艺 283V　上图 117

木斋　大东急 107 – 8 – 1 – 1　浙博 40

木斋真藏　津艺 061H　津艺 060

凡将阁章　津艺 006

木樨轩珍藏印　津艺 002

麐嘉館印　故宫新 21120　北大 083

敦煌石室秘笈　津艺 002

李叔同(1880—1942),名广候,字叔同,号漱筒,入南洋公学时改名成蹊。常用别署有惜霜、息霜、弘一大师、无畏、凡、黄昏老人、南社旧侣、摩颐行者等,可考的别署有 70 多个,出家后签署别名更多。浙江平湖人。

弘一　浙图 05

廉泉(1868—1931),字惠卿,号南湖,又号岫云、小万柳居士,无锡城内水獭桥人。5 岁入学读书,16 岁中秀才,19 岁与安徽桐城吴芝瑛结婚。光绪二十年(1894)中举人。翌年在京会试时参与康有为"公车上书"。精诗文,善书法,嗜书画、金石,并以其诗文书画交游于王公贵人之间。辛亥革命后,廉泉隐居北平潭柘寺。1914 年赴日本神户建住所名三十六峰草堂,并在东京开设扇庄,介绍中国书画,与日本文化界名流评读书画,推敲金石,切磋诗文,颇有影响。民国六年(1917)从日本回国,曾任故宫保管委员等职。著有《南湖集》《梦还集》《梦还遗集》等。

小万柳堂　故宫新 121247

唐经阁　故宫新 121247

南湖鉴藏　故宫新 121247

写经室　故宫新 121247

林熊光(1897—1971),字朗庵,福建人。曾就读日本皇家学院,后在台湾经营实业,性喜读书,雅好书画古董,有极高之鉴赏搜藏能力,"宝宋室"为其藏书画之所。著有《宝宋室笔记》。

朗庵秘籍　日国会　WB. 32-6(604502)

炳卿珍藏宝□古钞之记　日国会　WB. 32-6(604502)

林氏家藏　日国会　WB. 32-6(604502)

朗庵秘玩　日国会　WB. 32 - 6(604502)

刘位坦,字宽夫,大兴人,清藏书家,书画家。道光五年(1825)拔贡生,以御使出守湖南辰州府。收藏典籍金石极富,后迁居孙承泽遗址,在城中广济寺建书室,名"砖祖斋""君子馆砖馆"。此印疑为后人所钤。

刘位坦印　BD14651

罗振玉(1866 — 1940),字叔蕴,一字叔言,号雪堂,亦号永丰乡人,贞松老人,松翁。祖籍浙江上虞。辛亥革命爆发后曾与王国维等避居日本,研究古文字学,1919 年回国。1924 年与王国维一起在南书房检点宫中器物。生平搜集整理甲骨、铜器、简牍、佚书等,有专集刊行。曾经参加清廷内阁大库的抢救和整理工作。富藏书,多稀见本,学术成绩突出。著有《殷墟书契菁华》《殷文存》等。

罗振玉印　BD14521　BD14634　BD14748　BD14825　BD14952　中国历史博物馆藏法书大观第 12 卷 55 号　上图 096　故宫新 137368　故宫新 71355

抱残翁壬戌岁所得敦煌古籍　BD14521　BD14523　BD14634　BD14952　BD14973　BD15051　BD15052　BD15053　BD15054　BD15056　BD15057　BD15058　BD15059　BD15061　BD15062　BD15063　BD15064　BD15065　BD15067　BD15068　BD15069　BD15070　BD15071　BD15072　BD15073　BD15166　BD15170　上图 096　故宫新 179084

雪堂长物　BD14825

曾藏罗叔言处　BD14748

臣振玉印　上博 40

罗叔言　故宫新 137368　故宫新 71355

墨林星凤　故宫新 121247

梦郼草堂　故宫新 137368

马廉(1893 — 1935),字隅卿,浙江宁波人。曾任北平孔德学校总务长,北平师范大学、北京大学教授。为著名的鄞县(今鄞州区)

“五马”之一。受王国维、鲁迅影响，搜集、整理、研究古典小说、戏曲、弹词、鼓词、宝卷、俚曲等作品，成为著名的小说戏曲研究家和小说戏曲收藏家。书屋取名“平妖堂”“不登大雅之堂”。主要著作有《中国小说史》《录鬼簿新校注》《曲录补正》《不登大雅文库书目》《鄞居访书录》《千晋斋专录》《劳久笔记》《隅卿杂抄》，译著有《京本通俗小说与清平山堂》《明代之通俗短篇小说》《论明之小说三言及其他》。马廉去世后，其藏书 928 种，5386 册，经魏建功、赵万里先生等专家整理后，于 1937 年为北京大学图书馆购藏。其他藏书陆续散出。

马廉　故宫新 56454

马邻翼(1874 －1938)，字振五，一作振吾，湖南宝庆(今邵阳)人。日本弘文书院毕业，历任学部主事、北京政府教育部参事、甘肃提学使、甘肃教育司司长、甘凉道尹、直隶教育厅厅长、教育部次长等职。南京国民政府成立后，任蒙藏委员会委员、蒙藏学校校长、北京平民大学校长、华北学院院长等。

振五　BD15303

马叙伦(1884 －1970)，字彝初，后改字夷初，号石翁，又号寒香，晚号石屋老人，浙江仁和(今杭州)人。工书，喜聚书，好收词集，早年藏书 2 万余册，皆捐辅仁大学，后重新积聚，所得稿抄校本、明刊本颇多。1950 年将所藏 1944 册藏书及部分文物捐献国家。著有《老子校诂》《石鼓文研究》《马叙伦学术论文集》等。

马叙伦　BD14812

马印叙伦　BD14813

马叙伦印　浙博 009

石屋　BD14813　浙图 20

夷初　BD14813　浙图 20　浙博 009

马　BD14813

马一浮(1883 －1967)，名浮，字太渊，后字一浮，号湛翁，晚号蠲叟、蠲戏老人，浙江绍兴人。学者，诗人，书法家。生于四川成都，六岁返籍。早年应县试，名列榜首，又至上海习英、法、拉丁文。新中国成立后任上海市文物管理委员会委员、浙江文史馆馆长，全国政协特邀委员。著作辑为《马一浮集》。

蠲叟　上图006

明憙，浙杭遥祥寺净业行人。

明憙　上图006

慕寿祺（1875—1948），字子介，号少堂，甘肃镇原人。光绪二十九年（1903）举人，举孝廉方正。曾任甘肃高等学堂史学教员兼经学分教，民国初年甘肃省临时议会副议长。喜藏书，著述颇富。新中国成立后，其藏书与著作手稿由后人捐赠甘肃省图书馆。

慕寿祺印　甘图024　甘图031　甘博025

少堂　甘图024　甘图031

镜轩　甘博025

欧阳渐（1871—1943），字竟无，又字境无、竟无，别号欧阳居士，学者称宜黄大师，影射名东方镜，江西宜黄人。早年入南昌经训书院，甲午战争后，专治陆王心学，欲以补时救弊。1904年赴南京从杨仁山学习佛教，1907年赴日，1911年经营金陵刻经处，并附设佛学研究部，1922年创支那学院，自任院长，讲学刻经。1927年因经费困难停办，从事整理藏教、编印藏要之业。抗日战争爆发后迁四川，在江津设支那内学院蜀院。1943年病逝。著有《竟无内外学》《唯识抉择谈》等。

宜黄　BD15355

渐　BD15355

潘龄皋（1867—1954），字锡久，又字颐山，号小泉，河北安新人。1894年甲午科举人，1905年乙未科进士，为翰林院庶吉士，曾任甘肃隆德、建昌等县知县，直隶州知州，陕甘督署总文案，甘肃巡警道兼提学使，后改署布政使。1914年6月任甘肃省安肃道尹兼嘉峪关监督，1917年去职，1921年夏任甘肃勘察禁烟大员，同年十月任甘肃省省长，1922年8月因厌倦官场生活辞职。以卖字为生。津京两地商号铺面都以请潘氏题写匾额为荣。新中国成立后聘为中央文史馆馆员。

潘龄皋印 BD14789

锡久 BD14789

启功(1912—2005),姓爱新觉罗,字元伯,一作元白,室名坚净居,两方丈室,北京人。历任辅仁大学讲师、副教授,故宫博物院专门委员,北京大学副教授,北京师范大学副教授、教授,致力研究中国文学史、清史和古代书画碑帖。

启功之印 BD14902 上图091 上图092 上图093 上博14 上博15 上博16 上博17 上博18 上博19 傅斯年图书馆21

钱罕(1882—1950),原名保夾,字太希,一字吟棠,号觉于,慈溪县(今慈溪市)人。善书法,工诗。有《钱太希临帖精品初集》行世。

钱罕印信 天津文物437

秦仲文(1896—1974),原名裕荣,字裕,号柳河、仲文,别署梁子河村人,以字行,河北遵化人。山水画家。早年就读北京大学,历任北平大学艺术学院、京华美术学院、北平艺专教授。新中国成立后任北京画院画师及院委。著有《中国绘画学史》等。

秦裕之印 BD14549

梁子河邨人 BD14549

遵化秦裕真赏 BD14549

清野谦次,日本学者,喜收藏。

清野 大东急107-5-1-1

谦次 大东急107-5-1-1

任子宜(1901—1972),名禄,字子宜,敦煌人。新中国成立前曾任敦煌县(今敦煌市)教育局长、民众教育馆馆长。新中国成立后任敦煌县文教卫生科副科长等职。生前为甘肃省政协委员。

任禄子宜 敦研002 敦研005 敦研348 敦研351 敦研356 敦研357 北大219 北大219

任子宜 敦研003 敦研348 敦研351 敦研356

邵章(1874—1953),字伯炯,亦作伯迥,号倬庵、倬盦,又署崇伯,浙江仁和(今杭州)人。光绪二十九年(1903)进士,留学日本,毕业于法政大学。历任翰林院编修,杭州府中学堂,浙江两级师范学堂,湖北法政学堂及东三省法政学堂监督,法律馆咨议官,奉天提学使,北京法政专门学校校长,约法会议议员,评政院评事,兼第一庭庭长、代院长等职。著有《云踪琴趣》《增订四库简明目录标注》等。

邵章　BD15334

伯褧　BD14942

伯絅鉴藏　BD14942

邵长光(1884—1968),初名光墉、闻泰,字裴子、裴之,浙江杭州人。清末游学美国,得学士学位。善书法,精鉴赏,诗文俱佳。能治印,曾襄助陈汉第选辑《伏庐藏印》。历任北京法政专门学校财政科长、国立北平医科大学讲师、财政部主事、佥事、司长及国立浙江大学校长兼文理学院院长。

长光之印　浙图06

裴子　浙图06

长光印　浙图06

杭县邵长光　浙图07

裴子鉴赏　浙图11

裴子珍赏　浙图13

邵长光印　浙图13　浙图20

沈尹默(1883—1971),原名实,又名君默,吴兴人。著名书法家、诗人。早年留学日本,新中国成立前曾任北京大学文学系教授、北平大学校长。新中国成立后任中央文史馆副馆长、上海市人民委员会委员、第三届全国人民代表大会代表。精于诗词、书法,尤工行书。

沈　上博77

尹默　上博77

石田小筑　上博77

盛昱（？—1899），字伯熙，清宗室，满洲镶白旗人，肃亲王豪格七世孙，光绪进士，授编修，累迁右庶子，任日讲起居注官。1884年中法战争时，上疏攻击军机处各大臣，极力主战，被慈禧利用，借机罢免奕䜣等全班军机大臣，造成甲申政潮。事发后，不顾慈禧淫威，转而上褶为奕䜣等人辩诬，造慈禧严谴，曾任国子监祭酒、山东主考等。1889年以病告退。

宗室盛昱　BD14646

史树青（1922—2008），字庶卿，河北乐亭人。1945年毕业于北平辅仁大学中文系，同校文科研究所史学组研究生。曾任国家博物馆研究员、国家文物鉴定委员会副主任委员、中国收藏家协会名誉会长、《收藏家》杂志主编、南开大学历史系兼职教授、北京大学考古系研究生导师、南京师范大学艺术学院研究生导师等职。主要著作有：《长沙仰天湖出土楚简研究》《应县木塔辽代秘藏》《楼兰文书残纸》《中国文物精华大全》《书画鉴真》《鉴古一得》《史树青金石拓本题跋选》。

史印树青　北大063

宋伯鲁（1854—1932），字芝栋，又字子纯、芝纯、芝洞、子顿、芝友，号芝田，又署竹心，室名海棠仙馆、心太平轩，陕西醴泉人。光绪十一年（1885）中举，翌年连中进士，历任翰林院编修、山东道监察御使等。甲午战争后，上疏条陈政事，戊戌政变后潜避上海，1902年返回故里。后依伊犁将军长庚之请随往，至迪化为王树枏挽留，纂修《新疆省志》，民国后应邀主持陕西通志馆馆务，后以疾卒。能书画。编有《新疆建置志》《续修陕西通志稿》等。

芝田　BD14540

鲁　BD14540

芝洞　BD14540

汩上老鱼　BD14540

孙鼎（1906—1977），安徽人。民国十九年（1930）毕业于上海交通大学。历任上海华通开关厂总工程师、上海新安电机厂总经理、上海电机工业公司副经理、上海市机电一局总工程师。曾当选为第三、四届全国政协委员，第三、四、五届上海市人大代表，民建中央委员。爱好文物收藏，藏品以青铜器、封泥、钱币最为珍贵。1979年，夫人遵其遗愿，将其生前庋藏文物2008件捐献上海博物馆。其中西周旅钟、楚公蒙钟等青铜器都历见著录，流传有绪；战国到汉代封泥亦为传世罕见之物；北宋应运元宝、南朝小篆文景和等钱币大多系孤品；隋开皇九年（589）写持世经卷、唐上元三年写妙法莲华经卷等均属珍品。

孙鼎　上博50　上博53　上博54　上博55　上博56　上博57

孙鼎之印　上博51

曾在孙师匡处　上博51　上博54

师匡平生精力所聚　上博52　上博55　上博57

孙师匡收藏金石书画　上博51

孙智敏（1881—1961），字廑才，浙江杭州人。清光绪二十九年（1903）进士，任翰林院编修。宣统元年（1909）任浙江图书馆会办。后任建德、龙游两县知县、杭州高等学校监督、浙江两级师范学堂监督、之江大学文理学院教授、青岛市政府秘书等。喜藏书，擅书法，长骈文，善作诗。著有《知足居文存》《知足居诗存》《知足居联语录存》等。孙智敏故世后，藏书由家人陆续售出。

孙印智敏　上图006

苏宗仁（1899—1984），字厚如，系苏辙三十二世孙。安徽太平（今黄山市）人。精于鉴藏，与杨钟羲、傅增湘、黄宾虹、马一浮、杨啸谷、周肇祥诸先生时相过从、相互切磋，因收藏《西清砚谱》所载之“宋端石百一砚”，遂将其书斋“竹荫草堂”之名改为“百一砚斋”，继而自号为“百一主人”。

竹荫草堂　津艺191

谭延闿（1879—1930），初名宝璐，字组庵、祖安，别号慈畏、亦号无畏，切斋非庵等，人称非翁，又别署逸门，曾号左庵，室名瓶庐、慈卫室、镂冰馆。光绪三十年（1904）进士，授翰林院编修，历任湖南中路师范学堂监督，明德学堂总办、组织湖南宪友会，1909 年被举为湖南谘议局局长。后投奔孙中山，加入国民党，历任国民政府主席、北平故宫博物院理事等。工书。

知默翁　故宫新 199431

谭泽闿(1889－1947)，字祖同，号瓶斋，室名止义斋，湖南茶陵人，谭延闿之弟。工行楷，师法翁同龢、何绍基等，上溯颜真卿。

谭印泽闿　BD14737

茶陵谭泽闿秘笈永宝　BD14737

瓶斋秘箧　BD14737

阿瓶所得　BD14737

瓶士　BD14737

北齐写经龛　BD14737

壬戌　BD14737

无畏　BD14637　故宫新 153366　故宫新 153369

无畏居士　故宫新 153368　故宫新 153370　故宫新 153374　故宫新 153375　故宫新 153381

谭氏珍赏　BD14642　BD14643

谭祖任，号瑑青，出身书香门第。能诗文，精赏鉴。

祖任　文保所 02

瑑青　文保所 02

唐醉石(1886－1969)，原名源邺，一名宗邺，字李侯，小字蒲佣，号醉龙、醉石、醉石山农、醉翁、韭园，所居曰休景斋。湖南善化(今长沙)人，精篆刻，工汉隶，博古多识，1903 年与丁辅之等发起成立西泠印社。1950 年后，在湖北负责文物管理工作，创建东湖印社。历任湖北文物管理委员会主任，湖北文史馆副馆长，中国美术家协会湖北分会副主席、湖北文物鉴定委员会副委员长等。

唐醉石手拓金石文字　BD14568

源邺　BD14568

陶北溟，当代人，金石学家，曾经为故宫博物院书画顾问。

陶北溟　北大214

王瓘(1847 —?),字孝玉,一字孝禹,辛亥(1911)后以字行,四川铜梁人。《韬养斋笔记》作安徽桐城人,《湖社月刊》作天津人。由举人官江苏道员。工篆、隶书,精鉴别,富收藏。山水苍浑秀润,多得力于娄东二王。兼工篆刻。光绪时以金石、书法名于时。小篆参有邓石如、赵之谦、杨沂孙诸家之长。曾参端方幕,故所见颇广。宣统元年(1909)尝作白门送别图。

臣瓘　浙博039

王国维(1877 —1927),初名国桢,字伯隅、静安、号礼堂、观堂、永观,浙江海宁人。早年肄业于杭州崇文书院。1901 年赴日留学,1902 年回国后历任南通师范学堂教员、学部总务司行走、学部图书馆编译等职,1911 年,随罗振玉赴日本,致力古文字研究,1916 年回国居沪。后任北京大学研究所国学门通讯导师、故宫南书房行走、清华研究院教授等。著有《曲录》《人间词话》《宋元戏曲考》《殷周制度论》等。其文章汇编为《观堂集林》。著作收入《海宁王静安先生遗书》。

王国维　BD14961

王鸿武,新中国成立前曾任敦煌县中学教师。

王鸿武　敦博011　敦博051　敦博076

王树枏(1851 —1936),字晋卿,号陶庐老人、陶庐主人、陶庐、绵山老牧,别署野史氏,室名三食神仙字斋、文莫室、节爱堂、淑芳书屋。河北新城人,光绪十二年(1886)进士,授户部主事,后历官川甘两省知县、道尹,光绪三十二年升任新疆布政使,民国三年入清史馆任总纂。1921 年与罗振玉等主持敦煌辑存会,后去奉天主讲萃升书院。著书甚富。有《文莫室诗集》《陶庐文集》等三十余种,总名为《陶庐丛刊》。

王树枏印　BD14915　BD14916

晋卿　BD15158　BD15370　日国会 WB. 32 –29(566989)

树枏　BD14915

陶庐　BD14915　上博 13

文莫室　BD14915

臣树枬印　BD15158

新城王氏　日国会 WB. 32－29(566989)

新城王□□□　日国会 WB. 32－29(566989)

汪宗瀚,字栗庵,湖北通山人。清光绪十六年(1890)进士。1902 年至 1905 年间任敦煌县县令,王道士发现藏经洞后曾送给他一些经卷和绢画,他立即判断出这些经卷和绢画的价值,但没有采取任何措施。他将一些藏品赠送给甘肃学政叶昌炽,叶建议运送兰州保管,因缺乏经费,改命敦煌县检点封存,汪仅交代王道士就地保管,未采取实际措施,从而造成了后来藏经洞藏品的流失。

宝存古物　津艺 231

中亚望瀚楼主收藏图书章　津艺 231

翁斌孙,字弢甫,常熟人。光绪丁丑(1877)进士,改庶吉士,授检讨,历官直隶提法使。有《笏斋覆瓿集》。

笏斋小印　文保所 02

翁同龢(1830－1904),江苏常熟人,字叔平(一作号)、声甫、笙甫、笙阶、讱夫、号玉圃、瓶笙、瓶生,又号松禅、松禅老人、瓶庐,亦号瓶庵、瓶斋、长瓶、均斋、韵斋等,室名紫芝白龟之室、谥号文恭。咸丰六年(1857)状元,历任户部侍郎、都察院左都御使,刑、工、户部尚书,先后两入军机处,兼总理各国事务衙门大臣,为光绪帝师。戊戌政变后革职,不久病故。

均斋秘笈　BD14531

同龢所藏　BD14531

常熟翁同龢藏本　BD14531

龢　BD14531

虞山翁同龢印　BD14531

翁同龢印　BD14572

吴博全,安徽人。淮军将领吴长庆的后人,师承前清翰林许承尧,能诗善文，1946 年曾任《复兴日报》社长，迁台后任职《徵信新闻》编辑，因言获罪，坐牢两年多。

吴博全　傅斯年图书馆 49

吴昌硕（1844 — 1927），清末著名书画家，篆刻家。原名俊卿，字昌硕，别号苦铁、缶庐，浙江安吉人。少年时他因受其父熏陶，即喜作书，印刻。其楷书，始学颜鲁公，继学钟元常；隶书学汉石刻；篆学石鼓文，用笔法初受邓石如，赵之谦等人影响，以后在临写《石鼓》中融汇变通。

缶　上图 071

俊　上图 071

吴乃琛（1882 —？），字贶忱，浙江崇德（今属桐乡）人。1903 年癸卯科举人，上海南洋公学毕业后，赴美留学，先后入加利福尼亚和威斯康星大学经济系，获经济学硕士、博士学位。回国后授法政科进士，历任翰林院编修、币制局会办、邮传部法律编辑员、北大商科学长。1912 年任北大监督。不久，任中国银行副总裁、财政部泉币司司长，1913 年改署财政部参事，1914 年调任赋税司司长，1920 年任财政部名誉顾问。著有《货币学》《银行统计学》等。

吴乃琛印　BD14514

贶忱　BD14514

吴士鉴（1868 — 1934），近代金石学家、藏书家。字䌹斋，号公詧，一号含嘉，别署式溪居士。浙江钱唐（今杭州）人。光绪十八年（1892）进士，官翰林院侍读、江西学政、资政院议员、清史馆纂修。以评骘金石、考订碑板、精研史籍而名重一时。与父吴庆坻笃志藏书。民国初因得商钟 9 件，遂以“九钟精舍”名其书室。著有《清宫词》《商周彝器例》《九钟精舍金石跋尾》《含嘉室诗文集》《补晋书经籍志》等。

吴士鉴珍藏敦煌莫高窟石室北朝唐人写经卷子　上博 05　文保所 03　上图 084

䌹斋长物　上博 05

九钟精舍　上博05

九锴精舍　上图084

吴用威,字董卿,浙江人。擅书法,曾任财政部参事,福建盐运使,汪伪政府行政院秘书长。

屐斋　文保所02

吴芝瑛(1868－1934),字紫英,别号万柳夫人,安徽桐城人。父吴康之,号鞠隐,工书善诗,有《鞠隐山庄诗集》传世。叔吴汝纶,系清末桐城派文学家。吴芝瑛自幼聪慧异常,承家学,工文章,尤擅书法,有"诗、文、书"三绝之誉。光绪二十九年(1903),在京与秋瑾结为金兰之交,并于秋瑾遇害后为之奔走。

唐经阁　故宫新121247

南湖鉴藏　故宫新121247

写经室　故宫新121247

吴芝瑛印　故宫新121247

小万柳堂　故宫新121247

向燊(1864－1928),字乐穀,号抱蜀子、抱蜀山人,湖南衡山人,善画山水,书法钟繇、李仲旋等。所藏敦煌唐画佛等为世所宝。

向燊之印　BD14710　BD14711

抱蜀子　BD14710　BD14711

抱蜀庐　BD14710

乐父　BD14710

抱蜀庐藏　BD14710　故宫新86979　台北历史博物馆《大般涅槃经后分第四十二》

向燊　BD14711

衡山向氏家藏　BD14711

向燊所藏金石书画图籍　BD14711

乐父六十后之印　BD14710　BD14711

乐穀鉴赏　BD14710　BD14711

萧龙友(1870－1962),现代医家。北京人。幼读经史,为清时拔贡。

后学医有成，擅长治疗虚劳杂病。推崇《伤寒论》，重视七情内伤致病，医药并重。与施今墨、孔伯华、汪逢春齐名，合称北京“四大名医”。新中国成立前与孔伯华在北平创办北京国医学院，以弘扬中医，培养中医人才。曾任卫生部中医研究院学术委员、中央文史研究馆馆员及全国一、二届人民代表等职。

龙友审定　故宫新133894　故宫新133895

徐良，字善伯，广东三水人。清末康梁维新派徐勤之子。1905年自费留美，入华盛顿大学及哥伦比亚大学，1913年返国。历任北洋政府司法部主事、广东行政公署秘书、巴拿马赛会委员兼驻美使馆随员。20世纪30年代来天津，任中原公司董事和中原银行经理。“七七”事变后，投靠伪满，充任伪满驻日本大使。

徐良珍藏　津图145

徐声金，室名灵兰室。

徐印声金　天津文物436

灵兰室主　天津文物436

柳根映翠　天津文物436

煜青所事　天津文物436

徐世昌，字卜五，号菊人，亦作鞠人，又号东海、弢斋，别号水竹邨人，别署水竹、石门山人，天津人。光绪十二年（1886）进士，内阁协理大臣。北洋时期（1918－1922）为大总统。幼年学画，善画山水、松竹。下野后，自号“退耕老人”，无心政事，寄情诗、书、画艺。

水竹邨藏　津艺257

弢斋　上图020

二勿居　上图020

徐映璞（1882－1981），名礼玑，字映璞，号清平山人，衢州清平乡人。工诗词记传，尤长于史志舆地之学。曾任浙江文史馆研究员，浙江通志馆编纂。主要著作《两浙史事丛稿》《浙江制宪回忆录》等，殁后遗手稿八百余册。

清平山人　上图006

徐印映璞　上图 006

许宝蘅(1875－1961),字季湘,号耆斋,浙江仁和人。清光绪二十七年(1901)举人。曾任清学部主事,军机章京。入民国,先后任总统府秘书、国务院铨叙局局长、秘书厅秘书长、故宫博物院图书馆副馆长、辽宁省政府秘书长等职。1956 年受聘为中央文史研究馆馆员。著有《西汉侯国考》《东汉郡守考》《读汉杂识》《读史随笔》等。

御赐博涉艺文　上博 51

夬庐七十后所作　上博 51

许承尧(1874－1964),字际唐,亦作霁塘,号疑庵、疑盦,又号悔盦、侯盦,晚年别号芚父(甫)、芚叟、芚翁、涤玄叟,安徽歙县人。1904 年为清翰林。1913 年冬受甘肃都督张广建聘请,赴陇任甘凉(今甘肃张掖)道尹。许氏居西北十年,1924 年回歙县时,带回以薪俸收购的经卷几百卷,他从中选择 40 件精品,庋藏在老家大厅楼上,并将收藏处命名为"晋魏隋唐四十卷写经楼",其余则分赠友人或与有人交换,还有一部分出售,其中出售给龚心钊、叶恭绰的有七八十卷。辞职归故里后,致力于乡帮文献资料的搜集。1926 年至 1937 年,任县志总修纂,修成上自秦汉,下迄清末,长达百余万字的《歙县志》,还著有《歙故》《歙事闲谈》等。晚年寓居上海,撰写记游诗。出版有《疑庵诗集》。工书法,其书有唐人风格。

许承尧　傅斯年图书馆 49

许承尧印　BD14635　BD15125　上图 078

歙许芚父游陇所得　BD14504　BD14514　BD14573　BD14739　BD15368　东大 4699　台北 127　台北 95　台北 85　台北 64　浙博 003　上博 36　上图 100　上图 040　上图 042　上图 043　上图 030　上图 016　北大 D063　津艺 167　津艺 062　津艺 074　香港中文大学文物馆 1 件　日本天理大学图书馆 183－53

疑盦　BD14647　BD14739　BD15125　上博 36　浙博 004　台北 64　台北 85　启功先生藏品　傅斯年图书馆 49

际唐　浙博 004　启功先生藏品　傅斯年图书馆 49

霁堂　上图 078

悔盦　津艺 180　津艺 206　上图 043　台北 85　台北 95

许家栻(1892—1955?),字伯龙,号樗翁,许承尧长子。1914 毕业于北京高等法律学堂。历任成都高等法院审判厅、安庆地方法院、上海会审公厅推事,兰州、宜昌地方法院院长,武山县知事,上海特区地方法院刑庭庭长兼上海持志大学和东吴大学法学院教授等职。1934 年任福建高等法院厦门分院院长时,因追随胡汉民,同情蔡廷锴在福建建立人民政府,被国民党所忌而去职。1936 年在沪任律师,后出任歙县旅沪同乡会会长。收集不少书画精品,一部分并入其父书藏,新中国成立后悉归国有。

许大　BD15125

歙许伯龙收藏　上图 017

伯龙　上图 017

晚晖楼许氏收藏　上图 017

许家栻印　上图 017

许以栗(1885—1967),字忍盦,浙江省杭州人。清光绪三十一年(1905)岁试杭州府学邑庠生。后赴日留学。清宣统三年(1911)在日加入中国同盟会,追随孙中山参加辛亥革命。民国后历任北平京兆尹秘书、甘肃省秘书、西北十三军政治部长、南京内政部视察、霸县(今霸州市)县长、天津市府秘书。新中国成立后为民革成员,北京书法研究会会员,中央文史馆馆员。擅长书法、金石篆刻。

许以栗　甘博 023　甘博附 049　甘博附 081

许以栗印　津艺 064

琴伯　甘博 023　甘博附 049　甘博附 081

琴伯长寿　津艺 064

杨守敬(1839—1915),字惺吾,号邻苏,湖北宜都人。同治元年(1860)举人,曾两次为出使日本大臣的随员。在日期间,搜集中国古籍,归国后,历任黄冈教谕、黄冈教授、两湖书院地理教习及勤成学堂总教长。

杨守敬　BD14505　BD15371　BD15376　BD15377　BD15380

杨星吾东瀛所得秘笈　BD15371　BD15377

星吾海外访得秘笈　BD14505　BD15376　BD15380

浩劫之遗　BD15371　BD15376

飞青阁　BD15377

卿云轮囷盖覆其上　BD15371　BD15376

叶德辉(1864－1927),字焕彬,一字奂彬、奂份,号直山、直心、直水、西园、郎园,湖南湘潭人。光绪十八年(1892)进士,官吏部主事,不久便辞官归里,以著述、藏书为事,并以提倡经学自任。著有《书林清话》,藏书目录有《观古堂藏书目录》四卷,主持修纂过《吴中叶氏族谱》。叶德辉也是清末的大刻书家,曾刻有《观古堂汇刻书》《观古堂所刊书》《丽楼丛书》《双梅景闇丛书》《观古堂书目丛刻》等。

叶德辉　BD14737

丽廔　BD14737

叶恭绰(1880－1968),字裕甫、玉甫、玉父、誉虎,号遐庵、遐翁,晚年别署矩园,原籍浙江余姚,后迁广东番禺。早年毕业于京都大学堂。曾任芦汉铁路督办、北洋政府交通总长兼交通银行经理、孙中山大本营财政部长。国民党政府成立后,出任铁道部长,后任北京国学馆馆长。1949年从香港回到北京,历任中国文字改革委员会常委、中央文史馆副馆长、北京书画院院长、全国政协常委。出身金石书画世家,富收藏,精于艺事及诗文。工书法,用笔结体,自成一格。编有《全清词抄》,著有《遐庵汇稿》《交通救国论》《历代藏经考略》《叶恭绰书画集》等。

遐翁　上图064

恭绰之印　上图064

叶　上图064

叶景葵(1874－1949),近代实业家、藏书家。字揆初,号卷庵,别称存晦居士。浙江杭州人。光绪二十九年(1903)进士,受维新思想影响,赴赵尔巽幕下,掌理财政、商矿、教育,因代为起草《条陈十策》,而闻名当时。民国间主持兴业银行。擅长诗文,对草药、畜牧亦有研究。撰有《刍牧要诀》《太康物产表》。晚年立意搜罗文献,收藏图书2800余部,3万余册,其中有唐写本两种,宋元本9种,稿本、抄本600余部,有"手稿收藏家"之称。每得异书,必加以整理,详加考证,经他手校的古书数百种。有《卷庵书跋》,收题跋之作近350篇。抗战爆发后,目睹江浙藏书大量散佚,于1939年与张元济、陈陶遗等在上海创办合众图书馆,将全部藏书捐入。著作经顾廷龙整理编为《叶景葵杂著》。

景葵秘笈印　上图001

杭州叶氏藏　上图002

俞陛云(1868－1950),字阶青,号乐静居士,浙江德清人,经学大师俞樾之孙,俞平伯之父。光绪二十四年(1898)进士,殿试以一甲三名赐探花及第,授编修。1912年任浙江省图书馆馆长。1914年被聘为清史馆协修,编修清史,由此移居北京。俞陛云在文学、书法方面都有很高的建树,尤精诗词。著有《小竹里馆吟草》《乐青词》《蜀輶诗记》《诗境浅说》《诗境浅说续编》《唐五代两宋词选释》等。

阶青　BD15237

戊戌探华　BD15237

于右任(1879－1964),原名伯循,晚年号太平老人,陕西三原人。早年参加辛亥革命,是著名的教育家、诗人、书法家。嗜爱好碑铭金石,所见古刻名碑,竭力保护。1924年,从洛阳古董商手中买下出土的古代墓志近300方,因其中有7对北魏贵族夫妇的墓志,因名其所居为"鸳鸯七志斋"。1941年赴西北考察,参观千佛洞,倡议设立敦煌研究院。

于　故宫新199431

右任　甘博006　甘博029　敦研328　故宫新199431

余绍宋，字越园。浙江龙游人。清末东渡，入日本东京政法大学法律科，宣统二年(1910)回国，授外务部主事。民国间曾任司法部次长，浙江省副议长等职。退食之暇，精研金石，尤工书画，著有《书画书录解题》等。

越园鉴藏　浙图 01

余绍宋　浙图 01

越园　浙图 01

宝胡堂印　浙图 01

袁克文(1890－1931)，字豹岑，因收藏《蜀道寒云图》，又字寒云。袁世凯的次子。工书善画，喜好戏曲，同时又爱好收藏金石、甲骨、古泉、古籍、邮票和各国金币。古书收藏，袁克文以精取胜。所藏善本古籍后因生计日窘，抵押、出卖，终至散佚。

寒云秘笈珍藏之印　BD14628　上图 022　上图 031

抱存藏书　BD14628

豹岑　BD14628

寒云　上博 40

袁克文　上博 40

洹上寒云　台北 98

川女　上图 022

居仁堂鉴赏(袁世凯印鉴)　故宫故 4774

曾熙(1861－1930)，字子缉，晚号农髯。近代杰出的书法绘画大师和著名的教育家。辛亥革命后，孙中山偕同曾熙的好友谭延闿两度登门拜访，请他共襄国是，曾熙认为人才是富国强兵的关键，于是回湖南办教育。1915 年应挚友李瑞清邀请至上海，鬻书画，卖诗文，以劳易食，兼授门徒，从此定居上海，直至去世。

曾熙之印　BD14711

张道来，现代人，曾将收藏文物 300 余件捐赠浙江博物馆。

张道来先生捐赠　浙图 10　浙图 14　浙图 17

张广建(1867－?)，字勋伯，安徽合肥人。历任山东布政使兼管漕仓事务、山东巡抚兼提督、京兆尹,1914 年为甘肃巡按使,并督理甘肃军务。攫取敦煌写经数百卷,经白坚转手,出售给日本人。

勋伯　北三井 022　北三井 049　北三井 065　北三井 104　北三井 105

张广建　北三井 104　北三井 070　北三井 105　北三井 108

合肥张氏閤家收藏经　津艺 021　津艺 283　日国会 WB. 32 - 16(604490)

合肥张氏收藏　津艺 283

张勋锡藏　北三井 065　北三井 070　北三井 104　北三井 105　北三井 108

修炼僧珍藏印　北三井 065

合肥磨炼僧张氏伯子勋帛父收藏历代金石古书字画碑帖经卷之印

启功先生藏品

张建(1878 — 1958),字质生,甘肃临夏人。少为诸生,后弃科举,游幕四川。辛亥革命之后,投奔宁夏护军使马福祥,佐宁夏、绥远军幕,曾任绥远烟酒事务局局长、临时参政院参政。其所藏书画,1966 年由其后人张思温捐献给甘肃图书馆。

枹罕张建鉴藏书画章　甘图 006

张珩(1915 — 1963),字葱玉,别署希逸,湖州南浔镇人。其祖父张均衡、伯父张乃熊,均为著名藏书家。1934 — 1946 年间,曾两度被聘为故宫博物院鉴定委员。1950 年,任上海市文物保管委员会顾问。同年调中央文化部,任文物处副处长,兼文物出版社副总编辑。在中国书画鉴定方面,造诣精深。

张珩私印　上图 164

张乃熊(1891 — 1942),字芹伯,一字莛圃,湖州南浔镇人。光绪三十一年(1905)秀才,承其父适园主人张均衡聚书之志,搜集善本。《芹圃藏书志》记所藏善本有宋本 88 种,元本 74 种,明本 407 种,清黄丕烈校跋本 101 种。长于书画鉴赏与收藏。张氏藏书在抗战南浔沦陷前,全部运沪,经郑振铎、徐森玉介绍,售予重庆中央图书馆，后运台湾。

莚圃收藏　BD14955　BD14960

张维（1889—1950），字维之，别号鸿汀，甘肃临洮人。曾任甘肃省政务厅厅长、甘肃省参议会会长，参与创办敦煌艺术研究所。其所藏敦煌写卷后分藏敦煌研究院、上海图书馆。

鸿汀张维　上图 007　上图 008　上图 009　上图 010　上图 011　上图 012　上图 013　上图 014　上图 015

陇人张维　敦研 323　敦研 330　敦研 331　敦研 332　敦研 333

鸿汀　敦研 323　敦研 330　敦研 331　敦研 332　敦研 333　敦研 334

张维鸿汀　敦研 329

乐天知命　上图 010v　上图 011

砥庐　敦研 331　敦研 332

寿伯　上图 014

张叔诚（1898—1995），名文孚，别名忍斋，直隶通县（今属北京）人，清工部右侍郎、总办路矿大臣张翼之子。1913 年入天津南开中学就学，曾与周恩来同学，后因父兄相继去世而辍学。18 岁时担任山东枣庄中兴煤矿公司监察人，1922 年董事会改组后任董事，1934 年任常务董事。抗日战争爆发后，张叔诚隐居天津，闭门谢客，日以欣赏古玩为乐。1949 年后，曾任天津市国际信托投资公司董事、天津市政协委员、天津文史研究馆馆员。

通州张文孚所藏　津艺 039

潞河张氏家藏　津艺 197

忍斋主人　津艺 039

张延礼（1870？—1937），原名扆，字丹斧，号丹甫、丹翁，江苏仪徵人，有金石古董癖，善书法，辑有《敬敬斋古玺印集》。

丹父氏　上博 40

文学侍从　上博 40

友三心赏　上博 40

张宗祥(1881—1965),字阆声,号冷僧,海宁人。学者。1914年赴北京教育部工作,兼京师图书馆主任。1922年任浙江教育厅厅长,曾主持文澜阁《四库全书》补抄工作。1949年后,历任浙江图书馆馆长、西泠印社社长。精于书法,善绘画,喜爱诗词、戏剧,治学严谨,著有《书法源流论》《临地随笔》《冷僧书画集》等。

张宗祥　浙博062　浙博087

冷僧七十岁后作　上图006

盐官张氏　浙博110　浙博158

张子高(1886—1976),原名张准,又名芷皋,湖北枝江人。清华学堂第一届(1909届)直接留美生。归国后,任教清华,历任南京东南高等师范学院、东南大学、金陵大学、浙江大学教授。1929年起任教清华,历任化学系教授、系主任、教务长等职。对中国古代科学史甚有研究,曾先后在《考古学报》等刊物上发表《中国古代化学的成就》《六剂别解》《原子分子理论的历史发展》等论文多篇,1964出版专著《中国化学史稿古代之部》。收藏近千方古墨。

芷皋　敦研378

享荼　敦研378

赵惟熙(?—1917),字芝珊,江西南丰人。1912年前后任甘肃布政史。辛亥革命后任甘肃都督。1914年3月为张广建接替。

赵惟熙印　文保所02

惟熙私印　北大031

惟熙之印　北大031

赵　北大031

惟熙印信　北大031

赵氏[illegible]山所藏　北大031

赵熙　文保所02

芝珊　北大031

紫珊翰墨　文保所002

郑孝柽,字稚辛,福建闽县(今闽侯)人。清光绪举人。民国期间曾任福建省教育厅长及安徽省某厅长。饱学多才，有诗名。

稚辛（文保所02）

郑沅（？—1943），字叔进，晚号习叟，湖南长沙人。光绪二十年（1894）恩科探花（同科状元张謇，榜眼尹铭绶），以翰林侍讲入值南斋，1903年出任四川学政，辛亥革命后曾为总统府秘书，袁世凯称帝时，以疾力辞，袁克定百计挽之不起，客上海爱俪园。工诗善书，精于金石鉴赏。

郑沅之印　文保所002

叔进　文保所002

郑振铎（1898—1958），字西谛，笔名宾芬、郭源新等，福建长乐人。中国现代作家、文学史家、藏书家和目录学家。曾任燕京大学、北京大学教授、暨南大学文学院院长。抗日战争时期和抗战胜利后，在上海从事进步文化工作。中华人民共和国成立后，历任文化部文物局局长、中国科学院考古研究所所长、文化部副部长等职。曾主管过图书馆工作，对文献收藏及图书馆事业发展倾注了大量心力。1958年10月18日，出访途中因飞机失事殉职。郑振铎喜好藏书，收集图书不遗余力。所收偏重文学著作，对诗经、楚辞、明清人文集、戏曲、弹词、宝卷、版画等图籍收集尤其齐备。殉职后，其全部藏书由家属捐赠给北京图书馆。

长乐郑振铎西谛藏书　BD14966

长乐郑氏藏书之印　BD14966

周伯鼎，山东工业大学教授。收藏家。

周伯鼎鉴藏印　津艺079　津艺166

周叔弢（1891—1984），原名明扬，后改名暹，字叔弢，晚年自号弢翁。安徽建德（今东至）人，著名的实业家、藏书家。1914年迁至天津，1919年开始经营实业。1949年后曾任天津市副市长、第一至第六届全国人大代表、全国政协副主席、工商联副主席等职。一生经营所得大多用于购藏图书文物，聚书4万册，其中很多是宋元明精本。他曾精心收藏海源阁书达55种之多。是个人收藏海源阁书最多的。与南方陈清华并称“南陈北周”。1952 年将其毕生所聚,全部捐赠国家,现一部分在国家图书馆,一部分在天津图书馆。

周暹　津艺 060　津艺 061AV　津艺 061B　津艺 061C　津艺 061DV　津艺 061EV　津艺 061FV　津艺 061G　津艺 061H　津艺 107

叔弢　津图 147　津图 148　津图 149　津图 150　津图 151　津图 152　津图 153　津图 154　津图 155　津图 156　津图 157　津图 158　津图 159　津图 160　津图 161　津图 162　津图 163　津图 164　津图 165　津图 166　津图 167　津图 168　津图 169　津图 170　津图 171　津图 172　津图 173　津图 174　津图 175　津图 176　津图 177

弢翁珍玩　津艺 065

伟大的佛教　津艺 067　津艺 240　津艺 241

果忏行甫　津艺 067

果忏行弌　津艺 240　津艺 241

周铣诒,字仲泽,斋号为岳色堂、共墨斋,湖南永明(今湖南江永县)人。与其兄周銮诒辑有《共墨斋藏古玺印谱》。

永明周铣诒字仲泽印　BD15158

周肇祥(1880 — 1954),字嵩灵,号养庵、退翁,室名宝觚楼、娑罗花树馆。浙江绍兴人。清末举人,肄业京师大学堂。民国成立,任四川补用道、奉天劝业道、署理盐运使、临时参政院参政、葫芦岛商埠督办。一度任湖南省长,旋辞归北京,任清史馆提调、北京古物陈列所所长,并主办中国画学研究会。工诗画、古文辞。精于鉴藏。著有《游山》《山游访碑目》《辽金元古德录》《虚字分类疏证》《覆辑录庄教馆金石目》《辽文拾》《宝觚楼金石目》《宝觚楼杂记》《重修画史汇传》《辽金元官印考》《石刻汇目》《画林劝鉴录》《退翁墨录》等。

周肇祥　BD14554

周肇祥曾护持　BD14554　故宫新 153365　故宫新 153372　故宫新

153373　故宫新153376　故宫新153380　《中国历史博物馆法书大观》第十一册晋唐写经47

周印肇祥　BD14637　故宫新153366　故宫新153369

绍兴周氏鉴藏　故宫新153368　故宫新153370　故宫新153374　故宫新153375　故宫新153381

养庵　故宫新153377

退翁　故宫新153377

曾在山阴周养庵家　故宫新153379

启经盥读　上图095

养盦　上图095

周肇祥曾过目　《中国历史博物馆法书大观》第十一册晋唐写经42

山馆周五　故宫新153377

诸宗元(1874或1875－1932)，字贞壮，一字贞长、贞庄，号大至，别署大至居士、迦持、长公，室名大至阁、心太平室等，浙江绍兴人。同盟会会员，南社发起人之一。与黄节等人在上海创国学保存会，发刊《国粹学报》，曾游幕于湖广总督瑞澂任上，署湖北黄州知府。民国后曾任水利局总裁张謇秘书、浙江都督府秘书、国民政府教育部秘书等。平生工诗词，擅书法，重收藏，著有《大至阁诗》《中国画浅说》《中国书学浅说》《病起楼诗》等。

宗元　BD14765

迦持记萷　BD14765

庄蕴宽(1867－1932)，初字绒三，改字思缄，又名惜抱，号抱宏、南云，江苏武进人。江阴南菁书院肄业，捐资以知州指分广西。任职广西期间，以武功肇建广西。曾请曾汝景、钮永建、蔡锷、李书城等办法政学堂、陆军干部学堂，选拔了李济深等人去军校深造，掩护过黄兴等人在广西的革命活动。民国成立后，任江苏临时都督，为维持新政权的安定做了大量工作。北洋政府期间曾任都肃政使、审计院院长等职。是故宫博物院创建人之一，1925年10月10日，故宫博物院在乾清宫举行开幕典礼，任主席。为防国宝重器流失，向报界公开发表启示，要求组织清点，阻止了北洋政府用简单方式办理移交。任《江苏通志》编委会总纂，历经三年因经费短缺而未果。书家碑学，清劲超逸。

庄蕴宽印　BD14525

思缄长寿　BD14525

蕴宽　BD14716

思缄　BD14716

藏印中一些属于公藏，后收藏单位更名，仅做罗列。

敦煌县政府印　津艺093　故宫新154415　甘博028　甘博064　甘博065　敦研324　敦研328

甘肃省公立图书馆收藏　甘图001　甘图002

甘肃省图书馆珍藏金石图书章　甘图001　甘图002

兰州人民图书馆珍藏　甘图001　甘图002

国立兰州图书馆珍藏　甘图012

甘肃省文史研究馆图书　甘图013

甘肃省政府文物管理委员会印　甘博046

甘肃人民政府文物管理委员会　甘博051

甘肃省人民政府文物管理委员会藏　甘博105

合众图书馆印　上图001　上图002

酒泉县印　上图183AV

苏南区文物管理委员会藏　南图001　南图002　南图003　南图006

囿于学识，藏印中还有一些未能确定印主的，或印主生平不详者，一并罗列，供大方之家指教：

未能确定印主者：

阿成（上博51）　半生壮志被消磨（上博72）　苍茫斋鉴定金石书画记（BD14628）　长民（上博68）　臣天赐印（津艺200）　此不叚人（甘博011 甘博026 甘博038）　大吉羊（津艺153）　德珺印信（上图169）

敦煌古郡(津艺231) 二叟一香宝经室(北大031) 浮碧亭主人(上博13) 高世黄鉴赏章(BD14628) 古经堂藏(上博28) 关(招提01 招提02) 雀皋(上图166) 衡章(上图024) 红棉□(故宫新199431) 吉衡(上图182) 寄鸿斋藏(北京瀚海拍卖有限公司2005秋季拍卖会第2260号拍卖品) 经斋[日国会 WB. 32 - 39(566988)] 敬心雅事(津艺226) 觉皇宝坛大法师(上图168) 君啬(上图094) 赖山中人(傅斯年图书馆03) 兰(上图178) 老陶(台北79) 礼塔园(台北56) 刘□泉(浙图18) 乾真命九天勑(上图168) 勤慎(上博78) 秋声(津图145) 求志斋印(甘博036) 少香(津艺132) 沈观居士(傅斯年图书馆09) 绳祖(上图043) 圣遗(傅斯年图书馆09) 寀研斋考藏书画碑帖印(上博58) 受砚斋藏(傅斯年图书馆09) 双爰盦(台北98) 水出牂牁故且兰东北入江(上博05) 四香宧写記(故宫新199431) 松藏阁[日国会 WB. 32 - 10(604491)] 宋印小溓(上图182) 宿芳草堂(津图146) 孙藏眼福(上图182) 銕某(上图182) 玩物丧志(北大214) 万松塔下行者□堪(台北56) 问畊收藏(津图146) 咸萧室藏(津艺022) 湘乡曾氏收藏书画印(上图182) 荥阳会天宇字和君收藏记(津图115) 省弍(津艺080 上博61) 修之在京师时所买(上图165) 秀原(永博002) 虚维疆(傅斯年图书馆03) 勛辛(北三井062) 宜常吴宝炜(傅斯年图书馆28 傅斯年图书馆17) 矣宜(上图043) 幼赓(上博45) 与弥陀共一龛[日国会 WB. 32 - 17(566975)] 遇安(傅斯年图书馆17、傅斯年图书馆28) 源伯裔(北大031) 韫华(上博58) 斩邪(上图168) 正大光明(大东急107 - 15 - 1 - 1) 知默翁(故宫新199431) 直木(傅斯年图书馆09) 中文(北大031) 仲舒(永博001) □延龄印(浙图12) □□盦(津艺242)

印主生平不详者:

安湛若

安湛若章 津艺031

蔡德真

蔡德真印　南图 025

蔡钟济

蔡印钟济　上博 51

慎自廛　上博 51

乐此不倦　上博 51

高正玉

高正玉印　上博 46　上博 47

顾二郎

顾二郎　BD14967　BD14968　BD14969　BD14970　BD14971　BD14983　BD14984　BD14985　BD14986　BD14987　BD14988　BD14990　BD15005　BD15006　BD15007　BD15008　BD15009　BD15010　BD15011　BD15012　BD15013　BD15014　BD15015　BD15016　BD15017　BD15018　BD15019　BD15020　BD15021　BD15094　BD15095　BD15096　BD15097　BD15159　BD15160　BD15161　BD15162　BD15175　BD15177　BD15178　BD15179　BD15180　BD15181　BD15182　BD15183　BD15185　BD15186　BD15187　BD15188　BD15189　BD15191　BD15192　BD15193　BD15194　BD15195　BD15196　BD15197　BD15198　BD15199　BD15200　BD15201　BD15202　BD15203　BD15204　BD15205　BD15206　BD15207　BD15208　BD15209　BD15210　BD15211　BD15213　BD15214　BD15215　BD15216　BD15222　BD15223　BD15224　BD15225　BD15226　BD15227　BD15231　BD15290　BD15328　BD15329　BD15330　BD15340　BD15341　BD15342　BD15394　津艺 080　津艺 081　津艺 207

顾二郎印　故宫新 86979

何众德

何众德印　文保所 002

平斋　文保所 002

蒋絅裳

泉塘蒋氏　上图 006

絅裳长寿　上图 006

爱读生平未见书　上图 006

李班瑞

李班瑞印　故宫新 121248

裴麻贝扎

裴麻贝扎　上图 006

彭契圣

契圣　大东急 107－22－1－1

钱幼熙

锡城钱氏幼熙珍藏　浙图 19

子孙永保　浙图 04

钱氏家藏　浙图 04

王仁堪

仁堪王氏　浙博 170

王允若

王允若印　上博 63

人生弌乐　上博 63

弌思　上博 63

魏忍槎，室名宝梁阁、不因人热之室。生平待考。

宝梁阁　BD14527　BD14548　BD14571　BD14580　BD14584　BD14587　BD14588　BD14619　BD14728　BD14729　BD14794　BD14795　BD14796　BD14798　BD14800　BD14801　BD14840　上图 091　上博 17　上博 19　北大 010　北大 022　北大 050　北大 054　北大 062　北大 075　北大 085　北大 101　北大 118　傅斯年图书馆 21　傅斯年图书馆 05

曾在不因人热之室　BD14527　BD14548　BD14571　BD14580　BD14584　BD14587　BD14588　BD14619　BD14728　BD14729

BD14794　BD14795　BD14796　BD14798　BD14800　BD14801　北大 010　北大 022　北大 050　北大 054　北大 062　北大 075　北大 085　北大 101　北大 118　上图 091　上博 17　上博 19　台北 13　傅斯年图书馆 05

忍槎所藏　BD14619　北大 010　北大 022　北大 197　上博 17　上博 19

魏　BD14840

忍槎　BD14840

忍辱神仙　BD14840

吴曼公

吴曼公　敦研 322　上图 059

毗陵吴观海曼公审藏　敦研 322

珠字翁　敦研 322　上图 059

吴　上图 059

吴时

吴时　上图 006

张寿於

小松　文保所 02

张　文保所 02

张伟

张伟　（台北 65）

张运

张运　上图 071

原载于《文献》,2007 年第(2—3)期

国家图书馆藏元本述略

元统治中华大地不过90年,加上蒙古时期也不足百年,远远少于有200多年历史的宋代。而且由于时代较近,人心免不了贵远贱近,谈起元刻本来,人们也不像说起宋本那么肃然起敬①。然而元刻本在保护和传播文化遗产方面却功不可没。一则许多重要的典籍有赖元刻接续传承。从校勘意义而言,离文献产生年代越近的刻本,价值越高。中国的雕版印刷术在宋代开始盛行,宋刻在文献学和版本学史上的意义毋庸讳言。但是书籍的散佚几乎与书籍的生产同步,宋代翻刻宋版书的现象已经出现,到元代重刻古书一般多源于宋本,有时会增加校勘或增补内容,如元刻《事林广记》,就随时代进展而更新或增补;而宋本一旦不存,元本即为宋本的替身,便是该书最早的版本,如二十六卷本《梦溪笔谈》,最早当推南宋孝宗乾道二年(1166)扬州州学刻本,此本无《补笔谈》和《续笔谈》。每半叶12行,行18字。末有"左迪功郎充扬州州学教授汤修年跋",尾有乾隆甲辰、嘉庆丙辰南昌彭元瑞题识二条。后归汤竹儒,再归桐城萧穆。萧穆又用它和人换了别的书。据说傅增湘在苏州曾见过此书,因残破没有收。此后此书下落不明,很可能已经不存于世。这样,现存的最早的二十六卷本,就是元成宗铁穆耳大德九年茶陵陈仁子东山书院刻本了。相类似的还有元代刊刻的《诗外传》《白虎通》《风俗通》等,元本皆为最早刻本,具有重要的版本意义。

① 杨成凯:《元刻本的鉴赏和收藏(上)》,《紫禁城》,2009年第3期。

而元刻元人著述更理所当然成为该书最早刻本，可与宋刻宋人集媲美。如日新堂刻《伯生诗续编》便是虞集诗集最早版本，元至元五年(1339)花溪沈伯玉家塾刻《松雪斋文集》十卷《外集》一卷，也是现存赵孟頫诗文集的最早刻本。其行格疏朗，刻梓精良。明清两代曾经多次翻版。

元代建立了严格的刻印书管理体系。作为国家的政务中枢，中书省“典领百官，会决庶务”，直辖的山东西部及整个河北、山西，谓之腹里。而以岭北、辽阳、河南、陕西、四川、甘肃、云南、江浙、江西、湖广、征东 11 个行中书省，分辖全国 185 路、33 府、359 州、1127 县，享有从中央到地方的指挥权。元朝官方的刻书出版归中书省管，是由当时的这种体制决定的，也反应元朝对刻书的管理制度严格。国家图书馆藏有至正五年(1345)江浙、江西行中书省刻《辽史》《金史》，书前均有给江浙行中书省的牒文，称：准中书省咨右丞相奏，去岁教纂修辽、金、宋三代史书，“令江浙、江西二省开板，就彼有的学校钱内就用，疾早教各印造 100 部……钦此”。这是由皇上直接下令编纂刻印书籍的情况。至正六年(1346)刻《宋史》四百九十六卷《目录》三卷，书前牒文称：“精选高手人匠就用赍去净稿，依式镂版，不致差讹。所用工物，本省贡士庄钱内应付。如果不敷，不拘是何钱内放支，年终照算。仍禁约合属，毋得因而一概动扰违错。工毕，用上色高纸印造 100 部，装潢完备，差官赴都解纳。”①将当时官方刻正史的管理方式、制度、刻印用纸、印数、发行等都做了明确的规定，我们也可由此探究元代刻书制度。以版本重要著称的九路刻正史，则更是对刻书管理制度有明确的阐释。私家刻书在遵从政府的制度外，使尽浑身解数扩大影响，如元相台岳氏荆溪家塾刻九经三传，以及元至正九年(1349)俞氏读易楼刻公文纸印本宋俞琰撰《周易集说》等，校勘质量高，刻梓精良，成为对后世有重要影响的版本。

此外，元刻本以其厚实浓重的墨色和圆活流动的行笔，在印刷史

---

① 《宋史序》，元至正六年江浙行省刻本，国家图书馆藏。

上做出了新的探索，建立了特色分明的元刻风格。

总之，元刻承上启下，既传承宋本，同时又给明清重印古籍提供丰厚的资源，形成一个时代独有的风格，值得我们深入研究和更加重视。国家图书馆以丰富的元刻收藏，很好地诠释了元本的上述特点。

一、国家图书馆元本收藏概况

钱大昕《补元史艺文志》著录经部为 804 种，史部为 477 种，子部为 763 种，集部为 1098 种，共 3142 种，其中一部分元代刊刻。对于前后历史不足百年的元朝，有如此多的书籍出现并流播，可谓盛况可观了。根据 1996 年出版的《中国古籍善本书目》著录粗略统计，现存古籍中，元刻经部 231 款、史部 211 款、子部 205 款、集部 231 款，总 878 款，去除副本的因素，约 570 款左右，从绝对数量上少于存世宋刻。其实在明清藏书家手中，大多元本数量便不及宋本。

二、国家图书馆藏元本特点

1. 元刻数量大、种类多，藏品涵盖刻书地、刻书机构较为全面

国图藏元刻本数量为 700 余部，《中国古籍善本书目》著录之元本，国家图书馆所藏占总数的近 80%，占内地现存元本之大半。不论刻书地还是刻书责任者均种类齐全，成为今人研究元代出版史、编撰史和收藏史的重要依据。

元代刻书的地域，北方主要以大都为中心，另外承袭金代刻书传统，平水成为北方的刻书中心之一。南方以杭州最为兴盛，福州地区则承袭两宋之遗，一些著名书坊仍在继续。几大刻书地的刻本，国家图书馆均有实物留传。

元定都大都（今北京），元代中央的刻书机构，实际上也就是设

在大都的刻书机构。元朝中央级的刻书机构中,秘书监的兴文署、艺文监的广成局、太使院的印历局、太医院的广惠局或医院提举司等比较有名。所以大都在元代可以说是刻书机构最密集的地区之一。由于元朝对刻书的管理非常严格,著作要由本路进呈,经过大都相应的各机关逐级批准,才能出版。明代陆容《菽园杂记》卷十中描述:"尝爱元人刻书,必经中书省看过,下所司,乃许刻印。"清蔡澄《鸡窗丛话》对此也有记载:"先辈云:元时人刻书极难,如某地某人有著作,则其地之绅士呈词于学使,学使以为不可刻则已。如可,学使备文咨部,部议以为可则刊板行世,不可则止。"①因为所有书都经大都各机关批准后下令各行省刻印,这种管理方式,使大都的私家刻书没有繁荣起来。

平阳(今山西临汾)古称平水,自金代起印刷业就非常发达,私人开设的印刷作坊林立,元承金制,成为印刷中心,有人把平水比做江北之建阳麻沙。蒙古太宗年间在平阳刻印《道藏》,曾雇佣500多人,分27个局,历时8年完成,其经卷装成7800卷,足以证明平阳的印刷实力。元代连同元定鼎前的蒙古时期,平阳的印书作坊有平阳晦明轩张宅(即张存惠堂)、平阳府梁宅、平水中和轩王宅、平水许宅、平水曹氏进德斋、平水高昂霄尊贤堂、平阳段子成、平水刘敏仲、平阳司家颐真堂等。其中晦明轩张宅、中和轩王宅都是从金代就有的老字号。晦明轩张宅,店主张存惠,字魏卿,他的书坊在金代就刻了不少书,入元后继续从事刻书业,仍然用金代的年号,因此他刻的书常常被误认为是金刻本。他所刻《增节标目音注精义资治通鉴》《重修政和证类本草》三十卷、《经史证类大观本草》三十卷等,国家图书馆均有收藏。曹氏进德斋刻印过巾箱本《尔雅郭注》《中州集》《中州乐府》等,平阳段子成中统二年刻《史记集解》,刘敏仲的《尚书注疏》等,都是印刷史上非常著名的刻本。平水本的印刷质量,被赵万里先生评价为:字画刚劲,纸墨精莹,刀法遒劲,达到当时刻版印刷的最高峰。

---

① 转引自《书林清话》卷七。

元代南方的雕版中心，仍属杭州和建阳两大地区。元代杭州刻书盛况，比之宋代，有过之而无不及。这里不但汇集着一大批技艺精湛的刻工，而且盛产优质的纸张和印墨，再加上当地发达的商业和手工业以及水陆交通的便利，为印刷业的发展创造了非常有利的条件。虽然在元灭宋的战争中，杭州的印刷业遭到一些破坏，但是主要是印版的散失，生产力并没有多大的损失，进入元朝之后，杭州的印刷业仍然居全国之首。当时中央和地方政府刻书，如《文献通考》《大德重校圣济总录》《农桑辑要》《大学衍义》等，都拿到杭州组织刻印。在杭州雕版的最大工程，当属至正五年起陆续雕印的辽、金、宋三史。元刻精品《元一统志》《五服图解》《说文解字》《六书统》等，也都是在杭州雕印的。

福建刻书业在元代仍在全国领先，福建刻书业又以坊刻为主，以建阳为最盛。建阳书坊云集，有资料可考的就有40余家。一些刻书大族自宋入元，仍操旧业。其中最有名的有余氏勤有堂、刘氏日新堂、虞氏务本堂、郑氏宗文堂、叶氏广勤堂、刘氏南涧书堂、刘氏翠岩精舍等，都历史悠久。现存的元代坊刻本也多是这几家刻印的。如元代崇化余志安的勤有书堂所刻印的书籍，不仅数量多，而且质量好。从大德八年到元代末年，勤有书堂先后刻印《增注太平惠民和济局方》三十卷、《李太白诗集》二十五卷、《杜工部诗》二十五卷、《唐律疏义》《李杜诗》《国朝名臣事略》等。元末，余志安的勤有书堂逐渐衰落，一些书版被继之而起的叶日增广勤堂购去，广勤堂将勤有书堂的牌记改掉，换成自己的牌记，如余氏勤有书堂刻的《集千家注分类杜工部诗》二十五卷，原本目录后有“皇庆壬子余志安刊于勤有堂”木记。版归叶氏后，原牌记被剜去，改刻为“广勤堂新刊”鼎式牌记。到他的后代叶景逵，书坊改名为“三峰书舍”，于是又将广勤堂的鼎形木记改刻为“三峰书舍”钟式木印。明代正统年间，书版被叶氏转让给金台汪谅，牌记又换成“汪谅重刻”。一套书版，印出5种不同的版本，非常有趣。叶氏自己刻的书仅有天历三年的《新刊王氏脉经》和《针灸资生经》等医书。

再有刘氏书坊中最有名的翠岩精舍，从南宋开始建立，一直到明代，持续了200余年。元代翠岩精舍主人刘君佐所刻有延祐元年(1314)刻印《周易正义》十卷、《程朱二先生周易传义》二十四卷，泰定四年(1327)刻印《朱子诗集传附录纂疏》二十卷、《三家诗考》六卷，天历元年(1328)《新刊河间刘守真伤寒直格》三卷，天历二年(1329)刻印《新编古赋解题》十八卷，至正十四年(1354)《书集传辑录纂注》六卷、《注陆宣公奏议》十五卷，至正十六年(1356)《广韵》五卷，还有《国朝文类》七十卷目录三卷，《渔隐丛话前集》六十卷等。

翠岩精舍刻书中最具有代表性的是刻于至正十六年的《广韵》五卷，书的刻版和印刷都非常精美，封面版式已经突破了以往的格局，不但有书名、出版印刷者、印刷年代，而且有宣传性的内容，版面对称严谨，字体大小、布局十分讲究，在正文中还采用了反白字，使版面看起来非常活跃。

福建有名的书坊还有虞氏务本堂，务本堂主人名虞平斋，他刻印的书籍有《赵子昂诗集》《周易程朱传义》《新编四书待问》等。

除了上述刻书中心以外，元代的印刷业还分布在全国很多地区，新疆、西藏等地处偏远的地区都有分布。最发达的还是人文荟萃的长江中下游地区，今天的浙江、江苏、江西、湖北、湖南、福建等地分布非常广泛。较有名的如平江路(今苏州)天心桥南的刘氏梅溪书院，元代刻有《郑所南先生文集》《清隽集》等；茶陵(今湖南)东山书院刻有《增补六臣注文选》《梦溪笔谈》《文选补遗》《尹文子》等；庐陵(今江西)胡氏古林书堂刻有《黄帝内经素问》《黄帝灵枢经》《增广太平惠民和剂局方》等；庐陵武溪书院刻有《古今事文类聚》二百二十一卷，庐陵泰宇书堂刻有《草堂诗馀》等；今浙江有婺州三衢石林叶敦所刻《冷斋夜话》，括苍曾南阜书堂刻《东坡乐府》；在福建有潘屏山积庆堂(圭山书院)所刻《杜工部诗集》二十五卷，武夷詹光祖月崖书堂所刻《杜工部诗史》，熊禾武夷书堂所刻《易学启蒙通释》二卷。

实际上，元代的私宅坊肆刻书比我们上面列举的要多得多。日本学者长泽规矩也《元朝私刻本表》列出私宅、坊肆有118家，刻印图书

232 种。这个统计对于丰富的元代私雕、坊刻来说,也是远远不够的。

国家图书馆藏元刻本中涉及的刻书机构也非常丰富。元朝官刻的书籍,除了中央的刻书机构外,最主要的当属由各机关辗转下达给各路儒学、书院、郡庠、郡学、儒司刻印的书籍。这些地方政府、学校、书院的刻书活动在元代十分活跃,所刻精品为多,特别是书院刻书,是元刻的一个突出的特色。

书院,始于唐朝,经唐末五代,兴于宋朝,盛于元朝,明清两朝继续发展。作为中国封建社会特有的教育机构,书院对中国古代教育和学术文化的发展起到过重要影响,在世界教育发展史上也独具特色。中国历史上的书院既是教育机关,又是学术研究机构,著名的书院往往又是一个学派的学术研究和传播基地,有其在学术和学风上的特色。重视"讲明义理"的学术争辩和学术交流,允许不同学派讲学,体现学术自由的精神,阐扬思想,针砭时弊,是书院的特点。

由于书院与教育直接相关,所以也比较自然地成为历代不可忽视的刻书机构。书院刻书,宋代已经非常兴盛,所刻之书,校勘比较精审,多可称为善本。宋元之交,士人们带着"为往圣继绝学,为万世开太平"的使命感,在还没有统一全国的时候就开始建书院。元统治者颁令,"其他先儒过化之地,名贤经行之所,与好事之家出钱粟赡学者,并立为书院"。通过书院争取了一大批汉族知识分子。书院的官学化,是元代书院的一个显著特点。各级政府增加经费直接兴办书院,使书院的管理更加稳定。元代书院的藏书规模远远超过宋代,教育的职责之外,也大规模刻书。书院刻书有的是被动执行命令,如大德年间信州路的象山书院、道一书院、稼轩书院、蓝山书院受肃政廉访司之命,与信州路儒学、玉山县学、弋阳县学、贵溪县(今贵溪市)学、上饶县学合刻了《南史》和《北史》。但更多的书院刻书是为了表明本书院的学术源自,弘扬本书院宗师或山长的学术,满足书院教学和研究的需要。根据今人的统计,元代从事过刻书活动,并有书籍流传下来的书

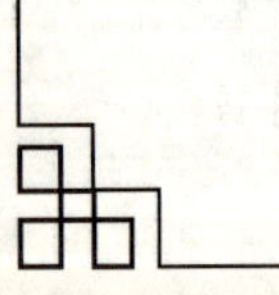

院约 50 家①。

元代书院刻书受到后世重视,清代顾炎武《日知录》卷十八中有如下论述:“闻之宋元刻书,皆在书院。山长主之,通儒订之,学者则互相易而传布之。故书院刻书有三善:山长无事而精于校雠,一也;不惜费而工精,二也;板不贮官而易于印行,三也。”其对书院刻书优点的评价还是比较准确的。

元代书院刻书留下的精品,如国家图书馆收藏的元大德九年(1305)陈仁子东山书院刻《梦溪笔谈》,校勘极精,反映了书院主人的学识;开本很大,版心很小,别具风格,就是书院的经济实力的反映。元泰定元年(1324)西湖书院刻本《文献通考》,为中书省奉诏命江浙行省缮写雕版印刷,至泰定元年西湖书院最早印行的。该书版心宽阔,字体于圆润中不失俊朗,颇寓宋刻遗风,刻印俱佳,可以说是元本的代表作。西湖书院是在南宋国子监的基础上建立起来,有较多的田产,规模大、存书版也多,成为其刻书、印书的有利条件。除《文献通考》外,西湖书院还刻印过苏天爵的《国朝文类》(至正二年)、岳珂的《金陀粹编》(至正二十三年)、程文的《蚊雷小稿》《师意集》《黟南生集》等。

再如辛弃疾的词集《稼轩长短句》,约成书于开禧三年(1207),辛弃疾辞世之后,自宋代起就有多种版本流行。传至现今的版本主要有两个系统,一是四卷本,一是十二卷本。四卷本基本上保持了宋本的原貌,有较高的文献价值,但收词比十二卷本几乎少了三分之一。国家图书馆藏元大德三年(1299)铅山广信书院刊本《稼轩长短句》为十二卷,共辑录辛弃疾词 573 首,系传世孤本,卷十二后有“大德己亥中吕月刊毕于广信书院,后学孙粹然、同职张公俊”两行。辛弃疾南渡后,居铅山、上饶两地时间最久,并于开禧三年卒于铅山。所以此处所说的广信书院,疑即铅山稼轩书院。此书卷一第一叶版心下镌“信铅畅叔仁刊”。信铅为信州铅山县之简称,铅山、上饶宋时均属信州。

① 徐梓:《元代书院研究》,社会科学文献出版社,2000。

《直斋书录解题》著录有“稼轩词四卷,又信州本十二卷”。宋代信州本不传,此广信书院刻本,疑为覆刻宋信州本。此书采用行书写刻上版,笔墨飞舞,字画圆润秀丽,疏朗悦目,独树一帜,是元代刻书中不可多得的艺术珍品,具有很高的艺术欣赏价值。

此外国家图书馆藏大德六年(1302)宗文书院刻印的《经史证类大观本草》三十一卷、《五代史记》七十四卷,泰定元年(1324)西湖书院刻印的《文献通考》三百四十八卷,元统二年(1334)梅溪书院刻印的《韵府群玉》二十卷、《皇元风雅》三十卷,至正十一年(1351)建安书院刻印的《蜀汉本末》三卷,二十六年南山书院刻印的《广韵》五卷,雪窗书院刻印的《尔雅注》三卷等,从校勘质量、书写上字、雕刻刀法、印纸墨色都令人称道,是元代雕版印刷技术先进水平的代表之作。

2. 孤本量大、名刻居多

笔者根据《中国古籍善本书目》统计,所著录元刻本中,仅国家图书馆一家收藏的有183部。尽管2007年以来中华古籍保护计划开展古籍普查,宋元刻本均有新的发现,但仍未打破国家图书馆藏元刻本中孤本多的格局。

国家图书馆藏元本中不乏学界普遍关注、存在争议的版本。如版刻史上的悬案——宜兴岳氏刻本《九经三传》,明末以来被定为岳飞之孙宋岳珂刊刻,《天禄琳琅书目》卷一著录《春秋经传集解》四函三十二册,提要称“诸卷末有木记,曰‘相台岳氏刻梓家塾’,或曰‘相台岳氏刻于荆谿家塾’。为长方、椭圆、亚字诸式。具大小篆隶文。盖南宋岳珂,乃飞孙,本相州汤阴人,故以相台表望。南渡后,徙常州。今宜兴有珂父霖墓,故家塾以荆谿名”,明确认定《春秋经传集解》是岳珂刊刻的。张政烺先生以翔实的证据认定刊刻者为岳飞的九世孙元人岳浚,与岳珂无关①,解决了历史上一段悬案。岳氏荆谿家塾刻《九经

① 读《相台书塾刊正九经三传沿革例》.载《张政烺文史论集》,中华书局,2004。

三传》，现存《孝经》《论语》《孟子》《春秋经传集解》《周易》《周礼》，均藏国图。各书在流传过程中历经聚散离合。其中《春秋经传集解》三十卷写刻俱精，有周叔弢先生跋；《孝经》一卷为周叔弢先生旧藏，他在收得此书欣喜若狂，专门治“孝经一卷人家”印；《周易》九卷历经明周天球、袁枢、民国涵芬楼等名家收藏；《论语集解》十卷、《孟子》十四卷都经明朱锺铉晋府、清季振宜、徐乾学、清宫天禄琳琅等官私收藏。

再如九路儒学刻十七史。江东建康道包括宁国路、徽州路、饶州路、集庆路、太平路、池州路、信州路、广德路、铅山州。大德九年（1305），江东建康道肃政廉访司副使伯都，以为“经史为学校之本，不可一日无之，板籍散在四方，学者病焉。浙西十一经有全板，独十七史未也。职居风宪，所当勉励”。由于伯都的提倡，江东建康道肃政廉访司亦以“十七史书艰得善本，从太平路学官之请，遍牒九路，令本路以《西汉书》率先，俾诸路咸取而式之，置局于尊经阁，致工于武林。三复对读者，耆儒姚和中辈十有五人，重校修补者，学正蔡泰亨。版用二千七百七十五面，工费具载学记，兹不重出。始大德乙巳仲夏六日，终是岁十有二月二十四日，太平路儒学教授曲阜孔文声谨书，承务郎太平路总管府判官刘遵督工，中顺大夫江东建康道肃政廉访副使伯都提调”①。据此，十七史应该是由江东建康道肃政廉访司组织九路联合刻印的。原藏于内阁大库，现藏国家图书馆的元大德九年宁国路儒学刻本《后汉书》中，有云谦跋称：江东宪副伯使公语谦曰：“浙西十一经已有全版，独十七史则未也，今文移有司董其役，庶几有成。”谦应曰：“此盛举也。”于是宛陵郡学分刊《后汉书》，自大德乙巳孟夏刻梓，至仲冬书成，版计二千二百四十有奇，字计一百二十余万，郡侯谨斋夏公力赞其成。该书装帧形式保留着原来的蝴蝶装，元刻元印，十分难得。在太平路和宁国路的带领下，大德九年建康路儒学刻有《新唐书》225卷、《晋书》130 卷、《新五代史》74 卷，饶州路刻有《隋书》85 卷，大德十年（1306）池州路刻有《三国志》65 卷，信州路刻有《北史》100 卷《南

① 孔文声：《汉书跋》，元大德九年太平路儒学刻本，国家图书馆藏。

史》80卷。这样江东道所辖八路加上铅山州,共刻成十史,其余则未付梓。现国家图书馆藏有《汉书》《后汉书》《隋书》《三国志》《北史》五种。至于各路内是如何分工刻史的,由于文献无征,已不得而知。而元大德饶州路儒学刻明正德十年重修本《隋书》,书口有“尧学”“番泮”“饶州学”“乐平”“浮学”“初庵学院”等字样,当时,饶州、鄱阳、乐平、浮学都属于饶州路。元大德信州路儒学刻《北史》版心上镌刻版机构有信州路儒学、信州路象山书院、稼轩书院、蓝山书院、上饶县学、玉山县学、弋阳县学、贵溪县学、永丰儒学等。上饶、玉山、弋阳、贵溪、永丰五县,元时俱属信州路。则这些镌刻在版心上的信息,将为我们研究刻书过程中的分工情况提供第一手的资料。

学术界还存在着一种说法,就是元谢应芳《龟巢集》卷十三中有《募朋友置十七史疏》,文中记载:“命甥女婿周朋举诣集庆路干托士友陈云心买纸,儒学内印制,共作四百六十册,所用装潢、作料、工直等费,计二百贯,澹泊斋藏贮诸史,时至元五年岁在己卯,余在鸣凤王氏家塾。”由这段记载可知,谢应芳藏十七史应该是后至元五年(1339)在集庆路儒学印造的。但集庆路儒学按分工只刻《新唐书》,何故出现十七史?据分析有两种可能:第一,可能是集庆路地处交通要道,九路史刻印完成后,将所有版片都集中在此地,以便过往学者刷印流传,如元张铉《至正金陵新志》著录,集庆路儒学有《史记》《汉书》《后汉书》《三国志》《晋书》《南史》《北史》《隋书》《新唐书》《新五代史》诸史的版片。可见版片后来集中于此,供学者刷印是完全可能的;第二,集庆路儒学在九路汇刻诸史30余年之后,后至元五年之前将十七史重刻行世。但不管是哪一种情况,十七史都已经刻齐了。九路儒学和十七史还有一些疑问,值得我们去探究。

3. 传承有绪,公藏、名家收藏居多,收藏富于传奇色彩

国家图书馆收藏的元刻本上多钤有前代藏家的藏印、题跋,由此可以了解藏书主要来源。就官藏而言,有元明清三代内府旧藏,部分钤有国子监崇文阁、文渊阁、大本堂、东宫书府、天禄琳琅等印章;来自

清内阁大库的百余部中，大多为直接划拨而来，也有从内阁大库散出后经藏书家收藏又归入国图的。没有钤印的收藏大多有明确的档案记载，应该说是传承有绪，来源清晰。就名家旧藏而言，经晋府收藏者20部，毛晋汲古阁旧藏35部，黄丕烈收藏或题跋者38部，汪士钟旧藏68部，铁琴铜剑楼旧藏140部，张元济涵芬楼旧藏86部，周叔弢藏过者32部，傅增湘18部，陈清华藏过者5部，可见国家图书馆元刻收藏多传承有绪。

国家图书馆藏元刻收藏史上还有很多故事：

如宋词双璧辛弃疾《稼轩长短句》和苏轼《东坡乐府》的聚散。清著名藏书家黄丕烈曾从古董铺中获元刻《稼轩长短句》，称绝无仅有之宝物，倍加珍视。后无力购书，遇宋元刻又不忍释手，常典质借贷以购。听闻黄丕烈欲卖词换书，顾千里反而力劝其购入一部元刻词集。黄跋记录二人对话："余曰，此必宋刻矣。千里曰，非宋刻，却胜于宋刻。"面对卅金之价，黄丕烈毅然检书一二种售与友人，得银廿四两，益以日本刻《简斋集》，凑得卅金。所换来的乃是元延祐七年（1320）叶辰南阜书堂刻本《东坡乐府》，加上原藏士礼居的元大德三年（1299）广信书院刻本《稼轩长短句》，遂使黄丕烈将两位大词人的最佳刻本合成双璧，也是书林的一段佳话。其后两书从黄丕烈家散出后，又到汪士钟艺芸书舍，后归至杨氏海源阁。海源阁书散后，被周叔弢先生购得，在新中国成立后捐赠给国家图书馆，让两部珍贵的古籍找到一个好的归宿。

再如梅花双璧。《梅花字字香》为元郭豫亨集古人咏梅诗句而成的一部咏梅诗集。书名也是取宋晏殊词"唱得红梅字字香"句。此书刊刻风格还有宋刻遗韵，行格疏朗，字画古劲，"亦如梅之老干虬枝，亚影疏窗，殊可爱也"①，为元刻中之上乘之作。此书原藏清圣祖玄烨第二十二子允祥府邸怡府，后入明善堂。从清宗室散出之后，为山东聊城海源阁所得，成为海源阁的秘籍。《楹书隅录》卷五著录此书，称：

① 钱遵王：《读书敏求记》。

"近时胡君珽得五砚楼袁氏钞本,刻入琳琅秘室丛书。其跋云:遵王所藏元刻已归内府,世少传本,此本为怡邸旧物,即至大原刊。纸墨古雅,信遵王所评不虚也。胡刻舛误颇多……非见此原刊,几无从是正矣。前集诗五十首,后集诗四十八首,豫亨序言百首,盖举成数。……余藏韦珪《梅花百咏》亦元刊,与此恰堪璧合,皆仅见之书也。"话语之中洋溢着自得的意味。海源阁衰落后,著名藏书家周叔弢先生对其收藏的珍贵秘籍极为关注,直至1934年12月,周叔弢终于将海源阁收藏的《梅花百咏》《梅花字字香》收入囊中,成就心愿。1952年,周叔弢将双璧捐赠国图。

三、国家图书馆藏元本的特点及价值

1. 全面的收藏,为研究元代印刷史、出版史提供了翔实的资料

国家图书馆收藏的元代刻书,数量大、种类多,不同刻书地、刻书机构几乎均有保存,为元代印刷史、出版史的研究提供了大量一手材料。如上文已经提及,中央经中书省札付礼部下各路儒学刻书的制度,通过元代官刻的宋、辽、金三史可略见一斑。

元代由各道肃政廉访司发起下各路儒学刻书的方式,也在藏书中有全面反映。使用这种方式最著名的就是上文提到的大德九路儒学刻印十七史。此外还有后至元五年(1339),江北淮东道肃政廉访司根据本道廉访使苏嘉的呈请,移文扬州路总管府,照行本路儒学刻印马祖常的《石田先生文集》十五卷;至正二十五年(1365),江南浙西道肃政廉访司据平江路守镇分司牒请,下平江路儒学,刻印鲍彪注《战国策》十卷等。

其余各路儒学,或自有著述文字,经本路儒学提举司考校,或因山长崇信某书,由各路儒学刻印的,更是不胜枚举。如大德九年(1296)无锡州学刻印的《白虎通德论》十卷,大德三山郡庠刻印的《通志》二百卷,至正四年(1344)集庆路儒学、溧阳州学、溧水州学合资刻印的

《金陵新志》十五卷，至正二十三年（1363）吴郡庠刻印的《通鉴总类》二十卷等，都是非常有名的元代儒学刻本。元代官刻书，从各个渠道最后都落在儒学付梓印行，既是管理体制决定的，也是元朝儒学具有经济条件的具体反映。

孔子五十一世孙孔元措所编《孔氏祖庭广记》，成书于金正大四年（1227），并镌版于金都南京（今河南开封）。书中保存了大量阙里文献，前人目录中也罕有著录，是研究孔子和曲阜史地的珍贵资料；两汉以来孔氏庙林碑刻，旧书只录碑目，此书则尽载旧碑全文，可补诸家碑录之阙。该书初版久失，蒙古壬寅（1242）耶律楚材奏准皇帝，令孔元措赴阙里奉祀，元措归阙里后，即增补校正，重雕此书。当时蒙古未建年号，以干支纪岁。传世的蒙古刻本极为罕见，国图收藏仅 11 部而已。此本则代表了蒙古时期雕版印刷的水平，纸墨古雅，字划精美，是金元时期雕版印书的上品。见多识广的黄丕烈在《孔氏祖庭广记》的跋语中称之为“惊人秘籍”，钱大昕称“予所见金元椠本，未有若是之完美者”。

国图历经百年收藏，特别是 1949 年以来，公私藏家几代收藏如百川归海入藏国图，使国家图书馆收藏着丰富的印刷史、出版史史料，也是研究者的幸运。

2. 研究辽金元历史文化最早的资料

契丹虽然有文字，但只是注音拼音，流行在民间，用来著书的并不多；且辽代有禁书令，有关辽国史事的书很少能流入中原，因此可以流传到今天的辽国史料就更加罕见。《辽史》一百六十卷，历时十一个月修成，是二十四史中成书最快的一部。成书仓促，内容缺略，而至正本又已不存，我们只能从现存的至正江浙行中书省所刻《宋史》《金史》中寻找同时修撰刊刻《辽史》的记载，故现存《辽史》的明南北监本和道光殿本成为辽代史料的遗存。而《契丹国志》，又称《契丹志》《辽志》，成书于元朝初年，全书共二十七卷。该书是除了元修《辽史》之外，现仅存的纪传体辽史，共记载了辽代 218 年的史事，几乎囊括了有关辽的重要史料,对研究辽代历史具有不容忽视的价值。国家图书馆收藏有一部元刻本《契丹国志》,是现存最早的版本,也是研究辽史最珍贵的一手史料。

元代国祚短促,文化艺术相对于其他朝代不甚发达。不过也有号称儒林四杰的虞集、柳贯、黄溍、揭傒斯,并称元诗四大家的虞集、杨载、范梈、揭傒斯等人物出现,还有著名画家、楷书四大家之一的赵孟頫。元后至元六年(1340)刘氏日新堂刻《揭曼硕诗集》三卷,是揭诗最古的版本;又刻虞集诗集《伯生诗续编》三卷,在虞诗中亦为最古之本。赵孟頫的集子则以后至元五年(1339)花溪沈伯玉家塾刻《松雪斋文集》十卷《外集》一卷本流行最广,也是现存赵氏诗文集的最早刻本,行格疏朗,刻梓精良,极为精致。后至元七年(1341)建安虞氏务本堂刻《赵子昂诗集》七卷,与沈伯玉家塾刻本多有异同,诗也多出了十数首,为最古之别本,极为罕见。

元曲、杂剧是元代文学宝库中最辉煌的创作,大量通俗文艺书如平话小说、杂剧、戏文等都刻印流传过,只是由于时间的久远,很多书籍没有能流传下来。元杂剧作品集《古今杂剧三十种》三十卷之元刻本为现存最早刊本,所收元杂剧有关汉卿、高文秀、郑廷玉、马致远、武汉臣、尚仲贤、纪君祥、石君宝、张国宾、孟汉卿、王伯成、岳伯川、狄君厚、孔文卿、杨梓、宫天挺、郑光祖、金仁杰、范康、无名氏的作品。从内容上看,既有历史剧,如《西蜀梦》《单刀会》《气英布》《赵氏孤儿》《夜追韩信》《博望烧屯》,又有爱情剧,如《拜月亭》《调风月》,谴责剧,如《冤家债主》,宣扬王权天授的,如《陈抟高卧》,宣扬禁欲的,如《三度任风子》,反映王位之争的,如《三夺槊》,还有传说故事,如《火烧介子推》《铁拐李还魂》,等等。由于刻印年代久远,书中误字、漫漶、变形、残损、空缺、墨丁、脱漏、衍文、倒错较多,阅读不便,但为最早刻本,于考察元杂剧的演变、发展过程具有非常重要的价值。根据《中国古籍善本书目》,此元刻本,仅国家图书馆有藏。

《朝野新声太平乐府》九卷,亦称《太平乐府》,是元散曲集。元杨朝英辑。杨朝英生平事迹不详,仅知道他曾经和贯云石交游。书编选于至正年间,选录了关汉卿、马致远、钟嗣成等 80 余家作品,按宫调顺序编排。元人散曲编成专辑的非常少,除本书外,杨朝英还曾选辑《乐府新编阳春白雪》,合称“杨氏二选”,是元人散曲得以保存至今的最重要的两个选本,更是治曲者不可缺少的两部重要资料书。元刻本《朝野新声太平乐府》传世二帙,一为朱彝尊旧藏本,存前八卷,国家图书馆藏。另一部为毛氏汲古阁旧藏,今藏上海图书馆。

3. 承上启下,传承文明

一些古籍宋刻散佚,假元本得以传承。如《梦溪笔谈》,是北宋沈括撰写的一部笔记著作,共二十六卷,另有《补笔谈》三卷,《续笔谈》一卷。《梦溪笔谈》内容有故事、辩证、乐律、象数、人事、官政、权智、艺文、书画、技艺、器用、神奇、异事、谬误、讥谑、杂志、药议 17 类,总结了作者多年来对科学技术、历史、考古、文学艺术等方面的研究成果,保存了很多非常有价值的历史资料。书中还记录了许多当时劳动人民在工业、工程上的杰出发明,如布衣毕升创造的活字印刷技术、有关中世纪指南针的装置方法、喻皓的建筑技术、陕北鄜延境内的石油等,史料价值极高。《笔谈》一书宋代有扬州刻本,乾道二年又重刻行世。宋刻今不传,现存以国家图书馆藏元大德九年(1305)陈仁子东山书院刻本为最古。陈仁子刻本二十六卷全,前有乾道二年扬州州学汤修年跋,可知据乾道本重刻,成为宋本的接续。同时此书开本很大,天头地脚极宽,而版框却很小,在版式安排上极为特殊,装帧形式则保留了元时的蝴蝶装,也使此书独具特色。刻印刀法娴熟,初印精美,令人叹为观止。文献价值、文物价值、艺术价值具备,使这件《梦溪笔谈》的版本价值就显得非常特殊。

元本在传承宋本的同时,一些刻本作为该书最早刊本流传于世,一些则为明清再次刊刻留下了可资信任的底本。《元丰类稿》是唐宋八大家之一曾巩的诗文集,成书于北宋年间,宋代已经有刻本。《郡斋读书志》著录有《元丰类稿》五十卷,《直斋书录解题》著录有《元丰类稿》五十卷《续元丰类稿》四十卷。元季兵燹，唯有《元丰类稿》五十卷留传下来。而流传至今最早最完整的刻本是元大德八年(1304)东平丁思敬刻本。此本纸质细润，版式宽大，字画精整，尤其是校勘精审，是元刻本中的精品。可惜此本并不多见，明代藏于内阁，连士大夫也很难见到。正统十二年(1447)，宜兴县令邹旦从赵琬处得到《元丰类稿》的抄本，又设法从其他途径见到官本，彼此参校，刻印成书，是最早的明刻本，卷后有大德八年丁氏后序，可知应源于元大德本。明成化八年(1472)，南丰县令杨参取宜兴本重刻成书，虽错讹较多，但在明代曾多次修版补刻，印刷量大，对后代的影响也大，自此《元丰类稿》才开始广为流传。而元刻本则是明清诸本之源，且与明清诸本相比，更能够反映曾巩著作的原貌。

4. 特点突出，异彩纷呈

在版本学史的专门论述中，述及元代刻书一般总结为以下几个特点：黑口、赵体、无讳、多简①。

元刻多为黑口，或为当时经济比较拮据，或为刻工追求速度所致。但也有不少是白口，特别是元代初年南方刻印的书籍，因为主持刻书者由宋入元，习惯使然。

对于元刻本的字体，一般认为“元刻书多用赵松雪体字”②。实际上，元代初年刻书的字体仍承袭了宋代的风范，多用颜体、欧体、柳体，这在政府刻印的书籍中就更为明显。中后期刻书字体渐渐倾向使用赵体，但还有一种例外，就是请当时的书法名家写刻上版，于是刻本就带有书家独有的艺术风格。如至正二十六年(1366)刻《渊颖吴先生集》就是由当时著名书法家宋璲誊写的。此本为初刻，字体古雅，尤足珍贵。明嘉靖元年(1522)，祝鸾曾据此本重新翻刻，但翻刻不佳。再如元刊本《茅山志》十五卷，原本为张雨所书。张雨(1277－1348)，字

① 李致忠：《历代刻书考述》，巴蜀书社，1989。
② 叶德辉：《书林清话》卷七。

伯雨,号句曲外史,钱塘(今浙江杭州)人。年二十余弃家为道士,道名嗣真,道号贞居子。博学多闻,善谈名理。诗文、书法、绘画皆工,风格清虚雅逸,有晋、唐遗意。书法初学赵孟頫,后师李邕,怀素等。张雨写样上版的《茅山志》,在很大程度上保留了其手迹。后至元六年(1340)刊刻《伯生诗续编》则采用了手写体草书写版的方式。还有当时有名的书法家周伯琦的《六书正讹》,就是著者亲自写版的。还有一种行书写体,活泼流利,是元代印刷字体的创新,其中大德三年(1300)广信书院刊刻的辛弃疾的《稼轩长短句》即是这种行书写刻上版。上文所及《梅花字字香》《梅花百咏》也都是写刻,字体稚拙,特点明显。

基本不行避讳也是元刻的另一个显著特征。避讳在中国前后2000余年,但在元朝,蒙文译音不再是汉字的原始意义,元代便只有讳法,而无讳例。加上元代人的礼制观念薄弱,查禁不严格,所以在元代刻书中几乎见不到避讳的痕迹。

元刻书中更多地使用简体字和俗字也是特点。汉字使用从规律上讲,历来都是删繁就简,况且简体字刻起来也比繁体字简单得多,省事得多,所以在这样的形势下,书铺图快,书手图简,刻工图省,使得元刻本俗体字、简体字出奇的多。元代还有大量坊刻本,出于成本的考虑,多密行小字,字与字紧连,间有简体字。如元后至元五年(1339)胡氏古林书堂刻本《新刊补注释文黄帝内经素问》十二卷、元刻本《古今杂剧》三十卷等。

四、研究空间很大,需要充分利用

多年来对元本的研究,一直不及宋本那么全面和深入,这既是缺憾,也给我们留下继续探讨的空间。杨成凯先生评价元本,有如此高论:“对收藏家而言,元刻本是一个不乏神秘色彩的世界,随便看看好像没有多少光景，认真考究却又有许多地方尚无人迹，值得认真探索。”①对研究者又何尝不是如此呢?!

原载于《文献》,2013 年第 3 期

① 杨成凯:《元刻本的鉴赏与收藏》,《藏书家》第 13 辑。

名家写版考述

就现存的中国古代典籍而言,雕版印刷方式占绝大多数。雕版印刷一般经过写工写板、刊工雕版、印工印刷、表褙工装潢等环节。写工负责原稿写样,写样敷于版面后刻工负责根据版样刻字;印工负责敷墨刷印;表褙工又叫作装潢匠,负责书籍的装订。有些书的刊刻是集写、刻、印等工序由一人完成,有的是分工各行其职,合作完成。在刻书业兴盛的宋代,往往在书中留有或繁或简的刻工姓名,刻工姓名大都在刻书版面中缝的下方。刻工姓名除表示一定的责任之外,在当时可能仅为统计工作量以便发放报酬的依据。但由于一个刻工的工作有一定的时间性和地域性,为后人考查一部书籍刻印地区或刻印时间,进而进行版本考定及研究提供了线索。而刻板前的重要环节写板的信息在书中记载却极为少见。

近人叶昌炽曾经有诗云:“难得临池笔一枝,东津可比宋曹司。从来精刻先精写,此体无如信本宜。”①认为古人刻书必先妙选书手,精写上版,故其首尾如一,毫发不苟。宋本留存下来的诸多精品,与其刻书必用巧手,写手必选名人有极大的关系。由此可见前人不仅重刻工,也重写样人。版印是否精致,印刷水平的高低与写样密切相关。作为雕版印刷的第一道工序,写样上版在很大程度上决定着刻印的质量,版面是否赏心悦目,内容是否准确,多取决于这一环节。宋代刻书一般版心处多见刻工姓名,鲜有写工姓名。直到明代这种情况才有所

① 《藏书纪事诗》卷七。

改变,在版心记书手的,才逐渐增多。

有宋一代,随着印刷需求的增长,印刷术得到普遍利用,技术不断发展,无论对选材、制版、书写、镌刻等各项工作,都积累了丰富的经验,培养出大批优秀的写版、刻版、印刷的能工巧匠。在宋代形成的几大刻书中心——两浙、四川、福建,由于雕版印刷业长期稳定的发展,培养出一批职业写工和刻工,这些工匠世代传承,形成了独特的字体和刊刻风格。两浙以欧体笔法者为多,四川以颜体字占主流,而福建则流行柳体字写版。地域特征非常明显。

元代,赵孟頫书法深得朝廷赏识,也使得元代刻书的书体深受影响。书家写版多仿赵孟頫,人称吴兴体。事实上,赵孟頫书法的结构精严,风神潇洒,书手们只能追求形似,所以前人把元本之陋,也归结为吴兴体之盛行。

明代前期,由于写手、刻工经元入明,写刻风格多沿袭元代的风格。明中期,写刻量的增大,逐渐形成了以所谓的"宋字"为主流的方块字,这种字标准统一,适合普通工匠的写样和刻版,虽然从风格上看,比较呆板,但大大提高了写刻的效率,在当时受到欢迎和重视。随着这种匠体字的大量使用,写样的个性在逐渐淡化。

清代初期刻本,字体仍沿袭明末的风格,字形长方,直粗横细。康熙之后,写刻上版盛行着两种写样字体。一种是软件字,也称写体,多出于名家手笔,字体优美,刻印俱佳,为后世称为精刻本。另一种称仿宋字,这种字体与明仿宋不同的是横轻直重,撇长而尖,捺拙而肥,右折横笔粗肥,道光以后,字体变得呆板,世称匠体字。清代前期由于大兴文字狱,曾经有一段时间刻书工人不敢在书上刻记姓名,嘉道以后,逐渐有所改变。这一时期的雕版书籍多私家刻书,大体上可分两类:一类是著名文人刻印自己的著作及前贤诗文,这类书大都是手写上版,即所谓写刻,选用纸墨都比较考究,是刻本中的精品,世称精刻本。另一类则是考据、辑佚、校勘学兴起之后,藏书家和校勘学家辑刻的丛书、逸书,或影摹校勘付印的旧版书。写刻大多沿用明代的方体字,也有一种软件字与其并行,软件字实际上就是一种正楷的书写体,比仿宋字看起来显得美观得多。

存世的印刷品中程式化作品居多,而那些经过著者本人或其后人写样、经过学者或书法家写样的古籍,或版面令人耳目一新,或校勘质量更加精审,或在一定程度上为我们留下了书法家、画家的几乎真迹般的作品,使书成为令人爱不释手的艺术品,成为版本史上个性化的佳作精品。综合文献记载与所见版刻,按照写样人与成书的关系,粗略划分,大致有以下几种类型。

一、写刻本人文集者

这种自刻的情况,往往是著者本人或工于书法,或擅长诗文创作,对其他匠人写样或颇有不满,或情趣所致,而亲自写版付刻。根据目前所掌握的材料,最早自己写样刊刻的应为五代时期有"曲子相公"之称的和凝。和凝(898—955),字成绩。郓州须昌(今山东东平东)人。后梁贞明二年(916)进士。后唐时官至中书舍人,工部侍郎。后晋天福五年(940)拜中书侍郎同中书门下平章事。入后汉,封鲁国公。后周时,赠侍中。和凝著作甚多,有《演纶》《游艺》《孝悌》《疑狱》《香奁》等,惜今多不传。新、旧《五代史》均有和凝小传,称"和凝平生为文章,长于短歌艳曲,尤好声誉。有集百卷,自篆于版,模印数百帙,分惠于人"。在刻版兴起之初,把自己长达百卷的集子写板样,进行刊印,和凝花费的精力很难想象。和凝或可视为自刻的第一人。

宋岳珂的《玉楮诗稿》八卷,据记载为作者自己写刻,卷八后作者自记云:"此集既成,遣人誊录,写法甚恶,俗不可观,欲发兴自为手书,但不能暇。二月十日,偶然无事,遂以日书数纸。至望日,访友过海宁,携于舟中,日亦书数纸,殆归而毕。通计一百零七版,肃之记。"按:肃之,岳珂字。这段文字清楚地表明作者亲自写样的原因。此书至明代始有裔孙岳元声、岳和声、岳骏声正式刊刻。嘉庆十三年(1808)吴骞跋明刊本云:"右《玉楮诗稿》八卷,据岳倦翁跋,自写清本,凡百零七版，今正合其数。每卷首题‘十六世孙元声等藏墨’，殆明时即依倦翁手录传写付梓，故版数适符，而字句间犹不免晋豕。”是集刻于明嘉靖间，为后来各本之祖，于传本中最具权威。国家图书馆收藏此书为郑振铎先生旧藏，书皮上有郑先生题跋，称“此集系他（指元声）从珂的稿本录刻的……”（图一）。据此分析，当年刊刻时元声是藏有岳珂稿本的。

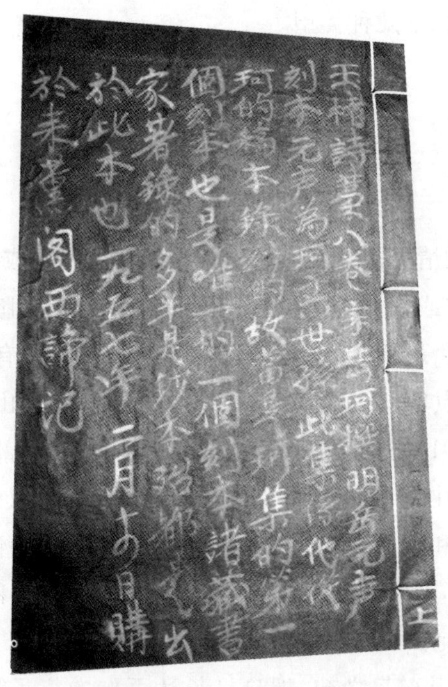

图一

宋淳祐年间刊刻的宋俞松辑《兰亭续考》据考订亦为俞松自书上板。俞松字寿翁，自署吴山人。吴山在今浙江杭州西南，春秋时为吴国的南界，东去一水之隔即为绍兴，东晋王羲之曾在此写下《兰亭序》，王羲之亲笔写序，书体为行书，向被推为王羲之的代表作，传本较多，故历来的书法爱好者争相购藏，频加品题。品题汇编成书，成为有关《兰亭序》的专著，《兰亭续考》即为其一。此书卷二后原有一篇跋文，跋的原貌现已不可复见，在《四库全书》及鲍廷博集刻的《知不足斋丛书》中仍可见跋文内容，跋称《兰亭续考》经秀岩李先生（按：为李心传）品题后命工锓板。淳祐甲辰中秋日书于景欧堂。景欧堂主人为俞松①。

陆心源《仪顾堂续跋》著录有元刊周伯琦《六书正讹》五卷，称"此本为元刻元印，每叶八行，篆文约占小字六格，小字双行，每行二十字。篆文圆劲，楷书遒丽，盖以伯温手书上版者"。周伯琦（1298—1369），字伯温，饶州（今江西上饶）人。博学工文章，书法尤以古篆、真书擅名当时。著有《论篆书》等。《六书正讹》由其手书上版，不仅校勘质量高，而且还让读者领略到书法家篆书的圆劲、楷书的遒丽之美。

另据瞿镛《铁琴铜剑楼藏书目录》著录，元刊杨桓《书学正韵》三十六卷，分韵编排，先篆次隶省，次讹体，条理周详，字画端整，元刊杨桓《六书统》二十卷、《六书溯源》十三卷，均为作者杨桓手写上版，并因写刻精美，向被世人所重："桓夙工篆籀，全书皆其手写，故世特重之。"这些珍本国家图书馆均有收藏。

宋元古籍手写上版的刊本，今天更多地见于典籍的记载。明清以后的著者手写上版的留存相对丰富。如：清代著名画家、"扬州八怪"之一的郑燮（1693—1765，字克柔，号板桥），诗、书、画皆有成就，号称"三绝"。其画秀丽苍劲，随意挥洒，妙趣横生，尤善兰、竹、石；书法则揉楷、行、草、隶而为一，圆润古秀。著有《板桥文集》《板桥家书》《板桥诗钞》等。其《板桥集》在刊印时，板桥亲自写版、门徒司徒文膏镌刻。在一定程度上保存了郑板桥的书稿，堪称版刻绝品。清代著名画家"扬州八怪"之首金农（1687—1764，字寿门，号冬心），嗜奇好学，工诗文书法，诗文古奥奇特，并精于鉴别。书法创扁笔书体，兼有楷、隶体势，时称"漆书"。他收藏的金石文字多至千卷。53岁后工画。其画造型奇古，善用淡墨干笔作花卉小品。著述有《冬心诗钞》《冬心随

---

① 《四库全书·兰亭续考提要》。

笔》《冬心杂著》等。其《冬心集》由金农自己写样刊刻，一向为藏家称道。还有胡介祉谷园自己写刻的《王司马集》《陶靖节诗》《谷园印谱》在清代的印本书中也一向被推为艺术品。

由作者自己写样刊刻的作品一般都具有字体秀美，笔力遒劲，刊印精工的特点，纸墨版式亦无不精雅悦目。同时具有校勘精审，刻印精良、个性化强的特点。

二、晚生、后学为前辈著者写样

尊师重道是中国的传统，所以在中国版刻史上，名儒的晚生后学或家族的后裔为恩师、先祖刻书的事例或见于记载，也多有实物流传。作为著者的后人，写样人本着对先人的尊崇，写样更加认真严整，所以从现在见到的实物来看，这部分刻书一般校勘精审、刻梓精良，令人赏心悦目。

如国家图书馆藏俞琰《周易集说》不分卷，元至正九年(1349)俞氏读易楼刻本。存下经、爻传上下、彖传上下、象辞上下、文言、说卦、序卦、杂卦。下经卷末有刊刻识语三行："嗣男仲温点校，孙贞木缮写。锓梓于家之读易楼。至正九年(1349)岁在己丑十一月朔旦志。"(图二)《爻传上》卷末镌一行："男仲温校正，孙男肃书。"《文言》末镌一行："嗣子仲温点校，孙机缮写。"俞琰(1253－1314)字玉吾，江苏吴郡人。自号古吴石涧道人、林屋山人、洞天紫庭真逸等，道号全阳子。为宋末元初的著名易学家与道教内丹修炼家。元至正九年(1349)俞氏读易楼刻《周易集说》，由俞琰之子俞仲温进行点校，俞琰之孙俞贞木等为之写样，俞贞木，初名桢，字贞木，号立庵，工古文词，著有《立庵集》。这样一家三代人合作进行一部书的撰写、点校、写样，流传至今者，在宋元以来刻书中并不多见。

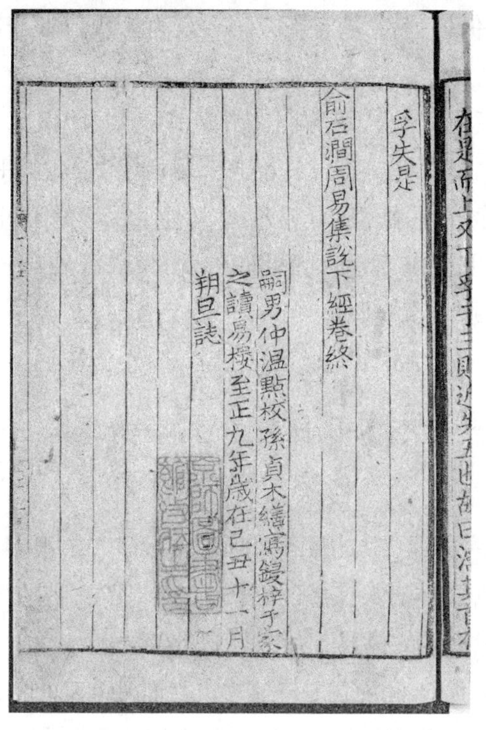
字失是

俞石澗周易集說下經卷終

嗣男仲温點校孫貞木繕寫鋟梓于家

之讀易樓至正九年歲在己丑十二月

朔旦誌

图二

再如,国家图书馆藏有宋唐仲友撰《帝王经世图谱十卷》残本六册,宋嘉泰元年(1201)金式、赵善鐻庐陵刻本。在宋《周益公文集·平园续稿》中保留有此书序文,称:其门人金式缮写成122篇,又得仲友犹子烨别本,相与校雠,厘为十卷。会分教庐陵将锓版。郡子赵善鐻助成之。署题嘉泰元年七月日,前进士周某书。说明此书为唐仲友门人金式为其写样,又经过与唐仲友之犹子手中别本进行核校,再行刊刻。为校勘精审的佳本。

又如被明太祖朱元璋推为"开国文臣之首"的明初散文家宋濂(1310－1381)的文集《宋学士文粹》,由刘基编选,由宋濂的学生方孝孺、郑济、刘刚、林静、楼琏等人写样,郑济刻板印行。名人的作品,编选、写样、刊印各环节的执行者也汇聚众多名人,实堪称书林一绝。

明文林撰《文温州集》,据《士礼居题跋续记》著录:"相传为其子文徵明手书以付剞劂者,故于明人集中最为珍重。”在当时就得到收藏者的赏识。

明沈启撰《南船纪》,堪称图文并茂,写、刻、印俱精。写刻者吴江沈守义为沈启之孙,刊刻祖父作品自当尽心竭力,此书书写精劲,镌刻工整,印刷匀净,纸白墨润,开卷怡人。卷四后有刻工姓名:江宁黄子俊刻船,李咸怀、吴省南、张廷献刻字。均为徽派后裔,金陵良工。写刻俱佳自然得到藏家的喜爱。

三、擅长书法的书家的写样

中国传统一向是美与用并重,所以在写样人中很多在当时是书法水平较高者,由这样的人完成的书样,不但保留文献的内容,也保留了书法大家的书法作品,满足了后人欣赏的需要。

据记载,五代时期冯道主持监本九经的雕印时便首先召能书者,根据《唐石经》文字,端楷写样,然后找寻良刻工进行刊刻,写样的人中有当时擅长书法的李鹗(隶书)和郭嵠。

五代以后,历代都有名家写刻本存在。宋本注重以擅长书法的人书写上版。如宋初赵安仁,善于写楷书和隶书,就曾经用一年多的时间书写国子监刻《五经正义》的书板①。

张金吾《爱日精庐藏书志》著录的旧抄本《文苑英华》一千卷,后有记云:“吉州致政周少傅府,昨于嘉泰元年春,选委成忠郎新差充筠州临江军巡辖马递铺权本府使臣王思恭,专一手抄《文苑英华》,并校正重复,提督雕匠。今已成书,计一千卷。”此书以一人之力写千卷之书,尤为难得。

元至正二十六年刊本元吴莱《渊颖吴先生集》十二卷,卷末有“金华后学宋璲誊写”一行。宋璲,元末明初书法家,字仲珩,浦江

① 事见《宋史》。

（今属浙江）人。濂次子，官中书舍人。《名山藏》称其精篆、隶、真、草，小篆之工，为国朝第一。陶宗仪《书史会要》称："璲大小篆纯熟姿媚，行书亦有气韵。"由宋璲写样的《渊颖吴先生集》古雅可爱。

元刊本刘大彬《茅山志》十五卷，瞿镛《铁琴铜剑楼藏书目录》称：此书还曾有"明永乐刻本，胡俨序谓原本为张雨所书，至为精洁。"张雨（1277－1348），钱塘（今浙江杭州）人。早年名泽之，一名天雨，字伯雨，号句曲外史。年二十余弃家为道士，道名嗣真，道号贞居子。博学多闻，善谈名理。诗文、书法、绘画皆工，风格清虚雅逸，有晋、唐遗意。书法初学赵孟頫，后师李邕、怀素等。由张雨写样上版的《茅山志》，保留了这位著名书画家的手迹。

瞿镛《铁琴铜剑楼藏书目录》明刊本《云仙杂记》十卷，为菉竹堂叶氏得到旧刻本后，"倩友人俞质夫写而刻之"。并注明"质夫名允文，工书"。此为又一书家写样之实例。

清代著名的书家写版，著名刻工施刀的结合，更是产生了让人过目难忘的版刻精品。如侯官著名书家林佶手写上版，吴郡良工程济生镌刻的汪琬《尧峰文钞》、林佶手写上版、成文昭施刀镌刻的王士桢的《古夫于亭稿》，林佶手写上版、鲍文野所刻的王士桢的《渔洋精华录》，以及林佶手写上版的陈廷敬的《午亭文编》，更是把书法家写样上版、名刻工精雕细刻的优势互补发挥到极致，深为藏家推重。林佶写样的这四部书被藏书家称为"林氏四写"。

与此同时，还有不少这样的版刻精品，如与林佶同门的程哲"七略书堂"写刻的《带经堂全集》、黄晟写刻的《水经注》都是精致绝伦的刻品。

另外还有一些书法极佳，推测亦应为工楷法者写样的版印书籍，因未注其姓氏，无法确定写版人姓名的。如杨慎《升庵全集》，还有王世贞《弇州山人四部稿》，字体雅近欧、柳，首尾如一笔书。这些擅长书法的人写样的刻书佳品，令人爱不释手。

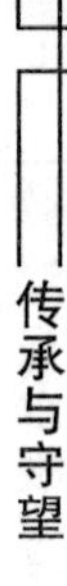

四、藏书家的杰作

由于藏书家鉴赏能力多胜于常人，所以藏书家主持或亲历亲为的版刻作品常常出现令人叹服的精品。如嘉庆间著名藏书家、鉴赏家黄丕烈，曾经手写上版《季沧苇书目》，此本字画圆润苍劲，刻字印刷不失原字神韵，保留了黄丕烈的真迹，亦为校勘精审的刻书珍品。（图三）还有嘉庆十年（1805）所刻《百宋一廛赋》，亦为黄氏手写上版，夏天培刻字，刻印俱精，乃书中珍品。

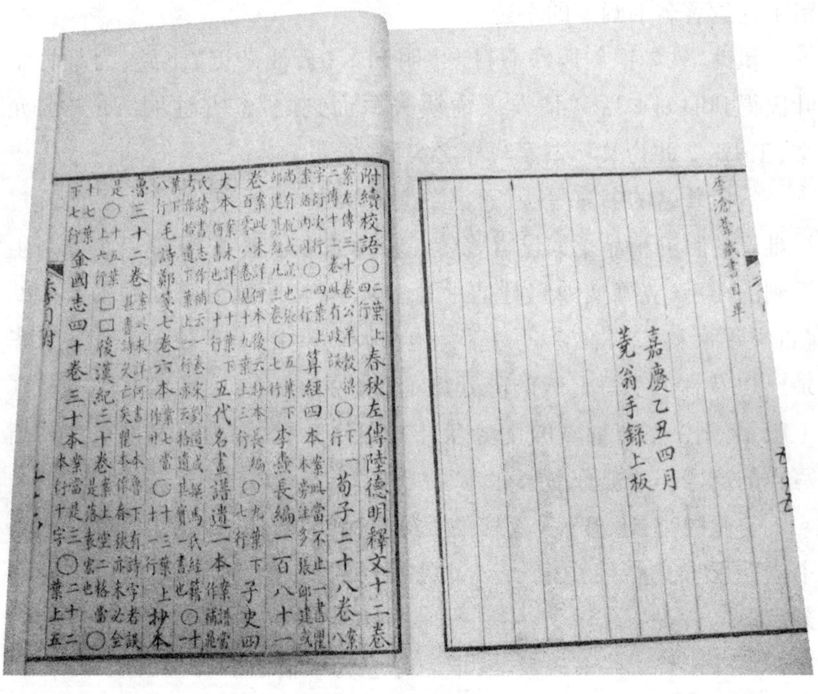

季滄葦藏書目

嘉慶乙丑四月
蕘翁手錄上板

附續校語

图三

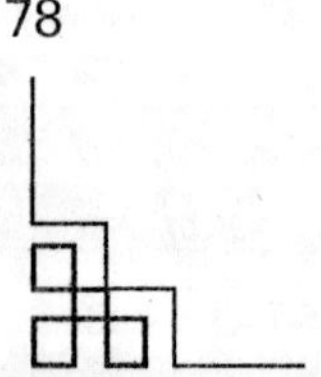

五、画家画稿的精彩再现

清代初期，随着写刻技术的成熟和发展，官方或民间，大多注重由著名画家提供画稿底本，由镌刻名匠雕版印刷，两方面的优势结合，成就了一批保持较高水平的版画印刷品，成为藏家追逐的艺术珍品。

在中国版画的黄金时代，明代至清初，版画作品以萧云从、陈洪绶两位大家之作为著。陈洪绶（1598－1652），字章侯，幼名莲子，号老莲，浙江诸暨枫桥人。诗书画均能独树一帜，其人物画创作，自清以来，一直被奉为楷模。陈洪绶所做版画画稿，主要是书籍插图和制作纸牌（叶子）用，著名的有《九歌图》及《屈子行吟图》十二幅，《水浒叶子》四十幅，《张深之正北西厢》六幅，《鸳鸯冢娇红记》四幅，以及他去世前一年所做的《博古叶子》四十八幅等。其中顺治年间刻印的《张深之正北西厢秘本》，陈洪绶绘制了六幅插图，由名匠项南洲（浙江杭州人。明代木刻版画名手，所刻画面流利，细入毫芒，房屋、竹树、花鸟，布置适当，对人物造型的把握既有个性，又生动细腻，非常好地再现作者的画意。）镌刻，成为版画的优秀代表作品。《博古叶子》，四十八幅，为陈洪绶去世前一年所做。陈洪绶的好友、明末徽派最著名的刻工黄建中为其刊刻。黄建中的精湛技艺，与陈洪绶的设计堪称珠联璧合，忠实地展现了老莲晚年的画风和精神状态。人物造型高古，人物头大身短，颇有稚趣，线条布置愈趋自然、散佚、疏旷，更加苍老古拙，勾线也十分随意，意到便成。其人物及笔墨的舒缓状态，达到了中国传统文人审美的最高境界。

萧云从：中国明末清初画家。字尺木，号默思、无闷道人等，安徽芜湖人，一作当涂人。工诗文、书画，曾入复社。擅山水、人物，师法唐宋元明诸名家。其山水构图繁复，行笔方折枯瘦，格调疏秀苍润。他创作的以屈原为题材的《离骚图》由清代木刻版画名手汤复（安徽歙县人）在木板上精彩再现，成为清代初期著称于世的人物版画巨制。

这种情况的代表作品还有焦秉贞绘、朱圭刻的《耕织图》。(图四)焦秉贞,清代画家。山东济宁人。康熙时官钦天监五官正,供奉内廷。擅长画人物,吸收西洋画法,重明暗,楼台界画,刻画精工。作品由鸿胪寺属班朱圭镌刻印行。朱圭,字上如。江苏苏州人。清康熙时刻版名工,也善绘画。除完美再现《耕织图》外,还曾刻有康熙八年刘源绘的《凌烟阁功臣图》,康熙五十二年王原祁、宋骏业画的《万寿盛典图》,康熙四十四年南陵诗人金史撰的《无双谱》,僧石濂编《石濂和尚离六堂集》附图等。刻工技艺的高超,把画家原作表现得美轮美奂。

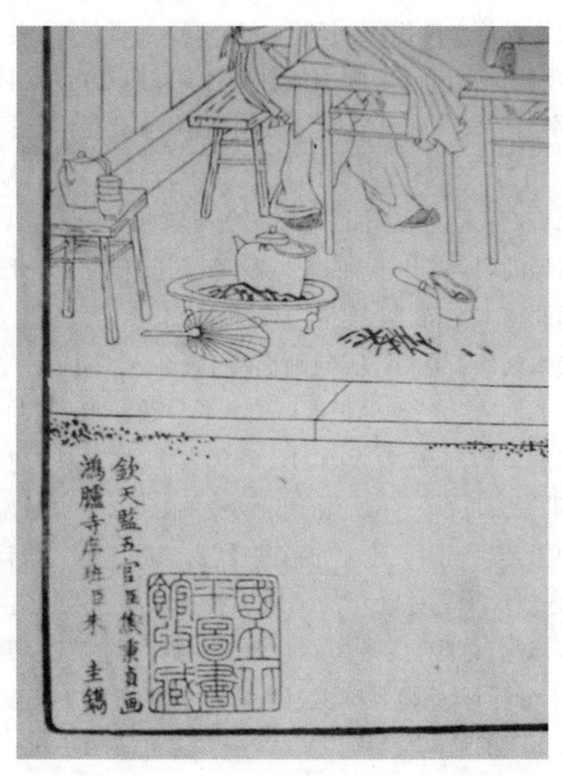

图四

然而何谓“写样”,何谓手写上版?是将作者、书家、画家原稿,覆于板上依样雕刻,还是像拓印那样双钩、描摹,如石刻般将原稿再现板上,由于文献无征,无法一概而论,从而给出统一一律的让所有人都认为合理的结论。笔者认为,至少可以认定两者并存,否则何以体现写样大家的兴之所至,又如何解释化身千百,广为流传的珍贵写刻本之原稿本尚存世间的事实?但是,无论是原稿还是临摹,都不影响我们视之为书画家精美画稿通过刻书者神奇刀法的精彩再现,这种方式使珍贵书画在更广泛的范围得到传播,使这些艺术珍品化身千百,保证了祖先艺术创作安全有效的传承。

综上所述,对中华民族的生活哲学而言,美用结合一向是人们追求的,上述由名儒、著者后人、藏书家、著名书画家等特定人群写样上版刊刻的图书,由于具有校勘精审、版面美观、保存名家墨迹等诸多特色和特殊价值,比较完美地彰显出中国善本古籍的资料性、文物性、艺术性三大特性,使读者可以从多方面领略中国古籍之美。

原载于《文献》,2006 年第 2 期

《永乐大典》600年

《永乐大典》是我国古代编纂的一部大型类书，全书22 877卷，目录60卷，共11 095册，书中保存了我国上自先秦，下迄明初的各种典籍资料达七八千种。《永乐大典》是中华民族珍贵的文化遗产，也是全人类的宝贵财富。

《永乐大典》永乐六年(1408)正式成书，至今已经跨越600年风雨历程，其成书、收藏、流通、散佚、研究、复制出版、传播、修复等，是一部传奇，备受世人关注。在每一位炎黄子孙眼里，《永乐大典》已不仅仅是一部普通的古代典籍，而是中华民族的智慧结晶和尊严。

图1 《永乐大典》外观

一、《永乐大典》的成书

1.《大典》的成书时间

《永乐大典》成书于明成祖永乐年间，实际上，其蓝图早在明太祖朱元璋统治时期就已勾画出来。朱元璋虽是“马上得天下”的封建帝王，但他对文化教育极为重视，不仅亲自指导编撰《历代驸马录》等，还在定都金陵的第二年(1369)诏儒臣梁寅等撰修了《集礼》五十三卷。由此可见，明王朝自立国伊始，就极为重视图书的修撰整理。在这种情况下，中书庶吉士解缙于1388年(洪武二十一年)曾上书朱元璋，提出“臣见陛下好观《说苑》《韵府》杂书与所谓《道德经》《心经》者，臣窃谓甚非所宜也”，建议：“陛下若喜其便于检阅，则愿集一二志士儒英，臣请得执笔随其后，上溯唐、虞、夏、商、周、孔，下及关、闽、濂、洛，根实精明，随事类别，勒成一经，上接经史，岂非太平制作之一端欤?”以此迎合朱元璋“文治”政策的需要，很受朱的赞赏。但终因当时立国未久，许多条件尚未成熟，被搁置起来。

1398年，朱元璋死后，传位于皇太孙朱允炆，即建文帝，次年其叔父燕王朱棣(即后来的明成祖)发动“靖难之变”。1402年，燕军攻占南京。第二年，朱棣称帝，迁都北京，改元永乐。

1403年(永乐元年)7月，朱棣谕翰林侍读学士解缙：“天下古今事物，散载诸书，篇帙浩穰，不易检阅，朕欲悉采各书所载事物，类聚之而统之以韵，庶几考索之便，如探囊取物耳……尔等其如朕意，凡书契以来，经史子集百家之书……备辑为一书，毋厌浩繁。”正式下达了修书的敕命。要求非常清楚：一是全，采摘书契以来的百家之书；二是大，备辑为一书，不厌浩繁。

解缙受命后，汇集学者百余人，仿照宋人阴时夫的《韵府群玉》和钱讽的《回溪史韵》二书体例，历时17个月，将书编成进呈，赐名“文献大成”。显然,在这样短时间内急就成章,绝不可能是名副其实的“文献大成”,更重要的是,它没能满足朱棣敕修这部书大而全的要求。“上览所进书,向多未备,遂命重修。”

据记载,重辑“命太子少师姚广孝、刑部侍郎刘季篪及缙”为总裁,学士王景等28人为副总裁,“简中外官及四方宿儒有文学者充纂修,缮写三千人”。大典编纂时首先采用皇家图书馆文渊阁的藏书,同时又派人分赴各地采购图书,共集中了经、史、子、集、释藏、道经、戏剧、平话、工技、农艺各类图书七八千种,按《洪武正韵》将所辑图书,一字不易,整部、整篇或整段分别编入。1408年(永乐六年)冬,书成进呈,总22 877卷,目录60卷,分装11 095册。以卷数而论,比现在存世最大的类书《古今图书集成》,还多出近13 000卷。

书成之后,仍题《文献大成》,由朱棣更赐名《永乐大典》:“朕嗣承洪基,缅想缵述,尚惟有大混一之时,必有一统之制作……乃命文学之臣,纂集四库之书,及购募天下遗籍,上自古初,讫于当世,旁搜博采,汇聚群分,著为奥典……用韵以统字,用字以系事。……包括宇宙之广大,统会古今之异同,巨细粲然明备,其余杂家之言,亦皆得以附见。盖网罗无遗……名之曰:《永乐大典》。”这样六易寒暑,这部中国编纂史上的大类书总算问世了。

2.《大典》编修的起因和条件

一是消除“靖难之变”的影响。朱棣是以武力从侄儿手中夺得帝位,这在程朱理学盛行的当时,很多朝臣和知识分子都认为是倒行逆施。朱棣对此采取了恩威并施的办法,一方面对拒不从命者开杀戒,另一方面提倡文教、振兴学术,加以怀柔。编撰群书可以把大批知识分子置于中央政府的直接控制下,埋头于断简陈编之中,可以使他们钳口不言,无暇多问政事。同时,又可减少人们对“靖难”的关注。因此,明成祖即位不久,即敕修《大典》。

二是《大典》的编修不仅是永乐初年政治斗争的需要,也是明王朝立国以来“文治”政策发展的结果。据《明史·成祖本纪》记载，朱棣是一个“雄武之略，同符高祖”的封建帝王。他即位后，“六师屡出，漠北尘清”“幅员之广，远迈汉、唐”。但他并不满足于此，他还要把自己的“文治”也推到“远迈汉、唐”的高峰。因此，用一部“序百王之传，总历代之典”的“一统之制作”来标榜“大混一之时”的盛世，显得非常必要。

三是《大典》的编修也是社会文化发展的需要。明王朝取代元朝，一个重要的任务就是复兴元代不甚发达的文教业。通过《大典》这样一部类书，对汉民族的传统文化进行系统的整理与总结是这一任务的组成部分。不过，《大典》也绝非像某些文章称誉的那样将所有典籍悉收并载。据《东林列传》所载，永乐初年，饶州儒士朱季友进呈了一部“专诋周、程、张、朱之学”的图书，结果，不仅人被杖谴，书也被焚毁。据《宾退录》记载，朱棣也曾命解缙等清理建文朝的奏议文章，将“有关农、桑、礼、乐者，存之；其有干犯‘靖难’事者，焚之”。可见，对上述这类图籍，《大典》也要毫不客气地予以摈弃。称之“奥典”，也是相对而言。

四是具备了修纂《永乐大典》必备的文化和经济条件。据记载，明军攻占元都后，将元政府典藏全部运往南京。元朝先后得到宋、辽、金三代在北京的藏书，数量极多。同时，太祖、成祖两朝，还曾多次诏求民间藏书。因此，明立国不久，就拥有了极为宏富的政府藏书，这在中国藏书史上极为罕见。后来，《大典》的纂辑工作，就在当时的皇家图书馆——文渊阁中进行，所有这些藏书，都成为《大典》辑录的底本。此外，唐、宋两代，学术发达，撰著飞速增长，而宋代雕版印刷业繁盛，使书籍的传播更加广泛，公、私撰著流传极快，这些著作也都被《大典》所汇录。所有这些，必然使它在规模上远逾前代；而且朱元璋和朱棣都极为重视文化教育，当时各级学校遍设全国，这也为《大典》的编修创造了浓厚的学术气氛和坚实的人才基础；朱棣即位后，兴修水利、广开漕运，奖励农桑，社会经济日趋繁荣，为编制《大典》这样工费浩繁的大类书，提供了可靠的经济基础。

综上,在明成祖统治时期,编修《大典》所需的各方面条件都已具备。

3. 编修方式

第一,《大典》属于类书还是百科全书?

什么是类书呢?目录学家认为,类书是一种采辑抄录各类图书资料,按一定方法分门别类地加以整理编排,便于人们查阅的工具书。它是古代学术文化发展到一定阶段,积累了数量浩繁的图书文献,并有专人进行整理以后才出现的。《永乐大典》是当时最大的一部类书。

类书肇始于魏文帝曹丕敕修的《皇览》。魏曹丕篡汉称帝后,于黄初元年(220),组织名臣学士王象、桓范、刘劭、韦诞等人负责,广泛采辑内府及公私所藏经书、史传、诗文各类图书千余种,分为40余部类,编纂成的一部有800万字的综合性类书,命名《皇览》,并用缣帛抄写完成若干卷藏于宫中。

此后,不少帝王喜其便于寻检,纷起效法。如唐代的《艺文类聚》,宋代的《太平御览》,清代的《古今图书集成》,都是敕修的一代巨制。但是,这些类书和《大典》相比,无论在规模上还是采辑范围上都相去甚远。

郭沫若先生从编排形式上,认为西方的百科全书与《永乐大典》相近,于是在影印《大典》的《序》中说:“大典之成,不仅在我国文化史上提供了一部最早最大的百科全书,而且在世界文化史中也是出类拔萃的。”张忱石先生在《永乐大典史话》前言中也说:“《永乐大典》是明成祖(朱棣)永乐年间编纂的一部大型百科全书……比法国狄德罗、达兰贝尔主编的百科全书和著名《大英百科全书》都要早三百余年。”所以,《大典》又有了中国古代最大的百科全书之誉。实际上,说《大典》就是明代编纂的一部百科全书,还有值得商榷之处。

永樂大典卷之一萬四千三百八十 四霽

寄 詩十三

劉脊虛詩寄閻防（特在終南山豐德寺讀書） 青暝南山色君與緇錫鄰深路入古寺亂花隨暮春紛紛對寂寞往往落衣巾松色空照水經聲時有人晚心複南望山遠情獨親應以修往業亦唯立此身深林度空夜煙月資清真莫歎文明日彌年從隱淪 辛愿詩寄裕之 青雲一別阮家郎甚欲題詩遠寄將好句眼前常蹉過佳人心上不曾忘誰家秋月茅亭底何處春風錦瑟旁昌谷烟霞久寂寞歎遊還肯到三鄉 次王無競見寄 客中重倚仲宣樓白草黃雲塞上秋山色不隨塵世改水聲還抱故城流隙中畏景那堪玩鏡裏衰顏秪自羞多愧詩人苦相憶遠傳佳句弔清愁 毛達可詩寄陳子高 秋來日送鴈南飛不似春風鴈却歸慚愧宜興老居士一生只在釣魚磯 何應龍詩寄胡雪江 借得官亭小似船六橋風月友三賢芙蓉未發荷花老一點詩情若箇邊 李濤詩寄范稅院倚衡 清敏當年寧寶唐至今遺愛在甘棠稅苗有例分三等吏卒無因下六鄉時

图2 按韵编排的类书

第二，按韵编排的资料汇编与百科全书的差异。

中国古代类书编排方法，主要有按事物分类的，有以书名或条目首字按韵目排列的。《永乐大典》则是先按字韵再分类的编排方法。

《永乐大典》等类书与西方百科全书存在差异主要有以下几方面：

首先，《永乐大典》是把自古到当时所有的图书资料全面地加以搜集，将相关内容一句、一段或整篇、整部书地摘引抄录下来，甚至同一事物可以有不同说法全部汇编，供人参考，不分辨是否正确。西方百科全书则是按知识门类确定成若干卷、若干条目，然后延请权威学者撰述自己的观点或推荐研究成果，介绍正确的知识、学术观点和著作。

其次，按照现在掌握的情况，唐以前的典籍姑且不论，在雕版印刷大量使用的宋代，出版的书籍应有万种以上，元代也有3000多种，在《永乐大典》纂修时还能收集到七八千种，而今日所知在世界范围的宋元善本也仅仅保存了3000余部。也就是说，透过《永乐大典》，我们可以看到大量后来已经失传先秦至明初的秘籍史料，对于学人辑佚和校勘古籍可发挥重要作用。清代四库馆臣曾从中辑出佚书300多种，加上后来学者所辑已达600种，今后辑佚还将继续。而百科全书则具有当时学者撰述、面向大众的教科书的特性，随着社会文化的发展和科学知识的更新，还会不断修订再版。

再次，从编辑目的功用来看，《大典》等古代类书，主要目的在保存整理历史文献，方便查询，为封建统治者服务。百科全书则是近代教育的产物，发挥着对全民的教育作用。

我国古代的类书，对保存数千年的传统文化，发挥了极大作用，《永乐大典》的评价虽学界也有不同看法，但“辑佚古书的渊薮”的评价应是当之无愧，这也是西方文化所无法企及的。这种中国特色的文化典籍，当然应该在世界文化史上占有一席之地。

此外，按韵编排中国古代类书编排方法，主要有按事物分类的，有以书名或条目首字按韵目排列的。《大典》则是将当时古今各类图书七八千种，依《洪武正韵》韵目，“用韵以统字，用字以系事”，汇编成一书。与现在的字典词典按声部排序不同，应该说按韵部编排的方式倒是符合古代中国文人诗词歌赋创作的要求。但如此庞大的一部类书，按韵编排查阅起来并不便捷。难怪当世的学者对大典有另外一种评价，认为她大而无当。明代自大典成书后几代皇帝都置之不理，直到嘉靖皇帝才把他视为宝物，或许这是原因之一。不过在保存典籍，辑佚和校勘的作用上，《永乐大典》的作用和价值绝不可忽视。

二、《大典》的收藏及流散

1. 正本与副本

《永乐大典》是明成祖朱棣命太子少师姚广孝和翰林学士解缙主

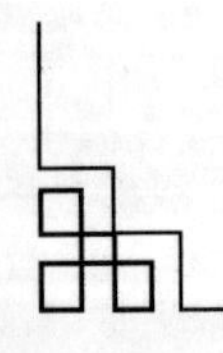

持,3000多人参加,历时四年,于永乐六年(1408)修成的大型类书,参与编校、誊写圈点者3000余人,辑入古今图书七八千种,包括经、史、子、集、释藏、道经、戏剧、平话、工技、农艺等,搜集极为宏富。至永乐六年(1408)冬成书,全书目录60卷,正文22 877卷,装成11 095册,总字数约在3.7亿字左右,赐名《永乐大典》。

《大典》成书于南京,书成后未能刻板,只抄写一部,永乐十九年(1421)朱棣迁都时,命令撰修陈循将文渊阁藏书每种挑选一种,共装100柜及《大典》正本一起运至北京皇宫。《大典》到京,贮于文楼,其他100柜图书则暂存左顺门北廊。正统六年(1441),文渊阁建成,于是将左顺门北廊的书运入阁中,《大典》则仍贮文楼。正统十四年(1449)南京文渊阁不幸失火,《大典》所据原稿及所藏其他图书均付之一炬。自此,《大典》遂成孤本。

《大典》由于种种原因,从成书起,便束之高阁。《野获编·补遗》记载:"(明成祖)多修马上之业,未暇寻讨,列圣亦不闻有简阅展视者。"有明一代277年,历16帝,其间除明孝宗为使自己长命百岁,曾将《大典》所辑金匮秘方书录给太医院外,只有明世宗"按韵索览,几案间每有一、二帙在焉"。

嘉靖三十六年(1557),北京宫中失火,奉天门及三大殿均被焚毁。世宗怕殃及附近的文楼,严令将《大典》全部抢运出来。为了预防不测,他还决定重录一部副本。此事搁置了几年,嘉靖四十一年(1562)秋,才召选书写、绘画生员109人,正式开始抄绘。重录前,世宗与阁臣徐阶等经周密研究,制定出严格的规章制度,誊写人员早入晚出,登记领取《大典》,并完全依照《大典》原样重录,做到内容一字不差,规格版式完全相同,每天抄写三叶,不得涂改,也不允许雇人抄写。这样最大限度地保留了正本的原貌。

重录工作在嘉靖四十五年(1566)十二月朱厚熜辞世时尚未竣工,到隆庆元年(1567)四月才算大功告成,共费时五年。

明亡后发现,永乐正本已不知下落,正本去了哪里?后人不断推测,主要有以下几种不同的看法:一是随明世宗殉葬永陵说。因为在明代帝王中,曾阅读过《永乐大典》的,仅孝宗、世宗两人。世宗对《永乐大典》“殊宝爱之”,所以正本极有可能殉葬于永陵。在明代,生者所爱书籍殉葬不乏其人,如上世纪山东发掘鲁荒王朱檀墓时就有《黄氏补千家集注杜工部诗史》等典籍。而明永陵的宏伟超过明代诸陵,以其建筑规模,也存在殉葬《大典》正本的可能。但嘉靖四十五年十二月朱厚熜逝世,次年隆庆元年三月办完丧事,而《大典》录副工作到四月份才告结束,没有正本录副就无法进行,永陵说疑问重重。

二是有研究认为她藏于皇史宬夹墙。著名历史学家、山东大学教授王仲荦先生等认为修成于明世宗嘉靖十三年(1534)的皇史宬,大殿墙壁奇特,东西墙厚3.5米,南北墙厚6.1米,为建筑中所罕见。《永乐大典》正本有可能藏于皇史宬夹墙内。

图3　皇史宬

三是郭沫若等先生大典毁于明亡之际的看法,认为明末,正本付之一炬。更具体一点,正本是被李自成率领农民起义军焚毁。起义军在占领北京42天后被迫撤离,撤走时,曾放火焚烧宫楼。

四是毁于清朝乾清宫大火一说。据《鲒埼亭集外编》记载:雍正间,《永乐大典》副本由皇史宬移藏翰林院,全祖望在翰林院看时发现有缺，于是猜测正本“乃知其正本尚在乾清宫中，顾莫能得见者”。到清末，缪荃孙不但承袭此说，还进一步发挥：嘉庆二年(1797)，乾清宫一场大火，正本被烧毁了。有的学者指出这没有根据。因为乾隆曾清理宫藏图书，所有善本全部集中乾清宫旁的昭仁殿。但是《永乐大典》有1万多册，如正本在乾清宫是极易被发现的，《天禄琳琅书目》中未编入《大典》，证明正本当时并没有藏在乾清宫中。

目前我们见到的《永乐大典》都是嘉靖年间抄录的副本，正本在哪里？是否还在天壤之间，由于史籍没有明确记载，我们不妨寄一线希望，某一天我们还会见到她。

2. 认识副本

《永乐大典》副本迄今400余年，经历兵燹火厄，人为偷盗等，不完全统计，散落在国内外的《大典》仅400册左右，继续搜寻，不排除天壤间还会有新的发现。

既然《大典》副本是按正本原样重录的，正本已不存在，就让我们介绍一下副本的情况：

(1)载体材料：

纸张：《大典》使用的是以桑树皮和楮树皮为主要原料制成的皮纸，当时北方习惯称为白棉纸。因“其纵纹扯断如棉丝，故曰‘棉纸’”。(明宋应星《天工开物》)这种纸在嘉靖前后产量很大，纸质洁白柔韧，是印书的佳选。藏书家们习称“白棉纸本”。《大典》本用纸厚度为0.12毫米的白棉纸。

墨：明代以徽州墨最著名，产量也大，以黄山松烟加多种配料制成，销售全国。程氏、方氏等徽墨商世代经营，驰名海外。朱墨则以朱砂矿物质制成，颜色经久不褪。

(2)字体插图

字体：除标题首字用多种篆、隶、草体书写外，正文为楷书台阁体。明清时对科举试卷文字，要求端正整齐，大小一致。所以生员和经过科考任命的馆阁、翰林院官员都擅长这种字。明代楷书一般横竖撇捺都比较张扬,不甚拘谨,有宋元遗韵。明末以后,受董其昌影响,字体追求圆润,馆阁体字日渐平庸。《大典》字体端正整齐,而又洒脱精神,实为写本精品。

插图:《大典》中各类插图包括人物故事、博古器物以及宫室建筑、园艺花木、山川地图等,用传统白描线条笔法,人物景象,生动逼真,工致精美。嘉靖录副时,也由画工以原图摹绘而成。因此,这些插图是宋元和明初画家们的绘画作品的遗存,在绘画史、书籍插图史方面也极具价值。

(3)栏格版式

全书为手绘朱丝栏本,框高 35.5 厘米,宽 23.5 厘米,四周双边。8 行,大字单行十四五字,小字双行不顶格 28 字。版心上下大红口,红鱼尾。上鱼尾下题"永乐大典卷×××",下对鱼尾之间题叶次。其边栏、书口象鼻、鱼尾都系手绘,《大典》用纸需数十万张,手绘栏格也是大工程。有推测,如果不用工具既慢又不齐,可能是用薄板将边栏、书口处镂空,加以固定,再在板上用笔刷上红色而成,栏内的直格是另一次完成,中国古代卷轴制度的写本多打乌丝栏格,据说也有专用的笔床。书内文字,正文为墨色,引用书名及书口文字用红色。断句用红色小圆戳钤印,朱墨灿然,便于阅读。

(4)装订形式

《大典》为包背装,即每叶纸,字面向外由中缝对折,书脊先用纸捻订牢,外面用硬纸板裹一整块黄布连脑包装作书皮。装裱后在书皮左上方贴长条黄绢镶蓝边书签,题"永乐大典×××卷"。右上方贴一小方块黄绢边签,题书目及本册次第。每册 30－50 叶不等,每册多为二卷,也有一卷或三卷的。全书高 52cm、宽约 31cm。

3. 副本的流散

据记载,《大典》嘉靖副本贮藏皇史宬配殿约 150 年,到清雍正间(1723－1735)被移贮翰林院敬一亭。从此这部内府藏书开始被大臣们借阅辑录佚书,从而不断遗失并遭受各种破坏。乾隆三十八年

(1772)修《四库全书》曾利用此书,清查时发现已缺失 2422 卷,约 1000 册。此次共从中辑佚书 300 余种。

嘉庆、道光间修《全唐文》和《大清一统志》时又利用《大典》,这期间由于监管制度不严,又被官员大量盗窃。另外,咸丰十年(1860),英法联军侵占北京,翰林院遭到野蛮破坏和抢劫,丢失《大典》不计其数。尤以英侵略军抢掠最多,作为战利品运回该国。光绪元年(1875)修缮翰林院建筑时,清查所存《大典》已不足 5000 册。

另据记载,次年翁同龢入翰林院检查《大典》只剩 800 册。最后是光绪二十六年(1900)八国联军入侵北京时,翰林院成为战场,《大典》除战火焚毁破坏以外,再加上人为抢劫,使翰林院所藏副本至此化为乌有。各国侵略者将抢劫的大量财富文物盗运回国,《大典》从此散布在世界各国图书馆和私人手中。国内一些文人书贾也竞相购买收藏,以为奇货可居。这部曾藏于明内府、清官署的万余册《大典》,不到百年几乎是灰飞烟灭。宣统二年(1910)京师图书馆成立时,教育部只拨交劫余的 60 册《大典》,作为京师图书馆最初的收藏。

4. 国家图书馆的《永乐大典》收藏

《大典》的毁灭,不仅是中国学术的重厄,也是世界文化的巨大损失。为搜寻《永乐大典》做出巨大贡献的郑振铎先生在 50 年前就曾经感慨地说道:假如《永乐大典》全部保存到现在的话,我们对于中国古文学史的面貌是可以看得更完全的。……仅仅就这百存三四的《大典》说来,我们已经可以从那里边得到不少的珍罕而且重要的资料了。

经过国内外学者调查,现藏《永乐大典》400 册左右。作为国家图书馆的四大专藏,《永乐大典》在国家图书馆的收藏和保存过程充满了传奇色彩。经过百年的努力搜求,今天,国家图书馆的《永乐大典》数量已达 222 册,在架书为 162 册,其中 60 册暂存台湾。

实际上在清末筹建京师图书馆时,学部就提议将翰林院残存的《大典》移交京师图书馆庋藏,但未得办理。1912 年,中华民国政府成立,周树人(鲁迅)任教育部社会教育司第一科科长,主管图书馆、博物馆等部门的工作。在他的建议和努力下，教育部咨请国务院，将翰林院所存《大典》残本送归教育部，交由京师图书馆储藏，获国务院批准。教育部当即派员前往陆润庠处，将64册《大典》运至教育部。除4册置于教育部图书室展览外，另60册送往京师图书馆，这是国家图书馆入藏的第一批《永乐大典》。

京师图书馆在细心整理，妥善保护这60册《大典》的基础上，四处征集，广为搜罗，其间，京师图书馆几易馆名，但大典的收藏工作却从未停止过。到1934年，馆藏《永乐大典》的数量已达93册。

1931年，“九一八”事变以后，华北局势动荡不安，政府下令古物南迁。北平图书馆先将敦煌写经、古籍善本、金石拓片、舆图及珍贵的西文书籍装箱后存放在天津大陆银行等较为安全的地方。1933年5月，教育部电令北平图书馆将宋元精本、《永乐大典》、明代实录及明人文集挑选精品南迁，以防不虞。接电后，北平图书馆即将包括《永乐大典》在内的善本典籍运往上海，存放于公共租界仓库，并成立国立北平图书馆上海办事处负责管理。在今天我们保存下来的装箱单上，可以清楚地看到当时《永乐大典》南运的情况。

1937年“八一三”事变以后，上海沦陷，不久欧战爆发，国内局势进一步恶化，国家图书馆存放在上海的图籍的安全遭到威胁。代理馆长袁同礼先生和上海办事处钱存训先生通过驻美国使馆与美国联系，决定将这批善本再做挑选之后运往美国寄存。选取的3000种书中有60册《永乐大典》。于太平洋战争发生之前运抵美国，由美国国会图书馆代为保管。1965年，这批善本转运台湾，目前暂存台湾。

八年抗战，国难当头，但爱国文化人士抢救、搜集古籍善本的工作一直没有停止过。困居上海的郑振铎先生不停地出入书肆，寻找善本，并和国家图书馆保持联系。袁同礼馆长则四处筹措购书经费。那一段时间收集的善本中有两册《永乐大典》。

1949年，中华人民共和国成立之后，党和政府更加重视文化遗产的保护，《永乐大典》的收集也出现了一个崭新的局面。

1951年，苏联列宁格勒大学东方系将11册大典赠还中国政府。

文化部接收后即拨交国家图书馆。为纪念这一举动，国图举办了一次《永乐大典》展览，宣传《大典》的价值及其惨遭劫掠的遭遇。展览极大地激发了各界群众的爱国热情。一些爱国人士和藏书单位纷纷将自己收藏的《大典》交由国图集中收藏。

1951 年 8 月 20 日，周叔弢先生将家藏的一册《永乐大典》无偿捐献给国家并致信国图："仆旧藏《永乐大典》一册，杭字韵，卷 7602 至 7603，谨愿捐献贵馆……珠还合浦，化私为公，此亦中国人民应尽之天责也。"几乎与此同时，在张元济先生的倡议下，商务印书馆董事会一致通过，将商务印书馆所属东方图书馆所藏 21 册《大典》赠送国图。随之，赵元方先生也将家藏的 1 册《大典》捐赠出来。1958 年，北京大学将 4 册《大典》移送国图。广东文管会也移送 3 册。向国图捐赠大典的还有张季芗先生、金梁先生、徐伯郊先生、陈李蔼如先生以及赵万里先生。

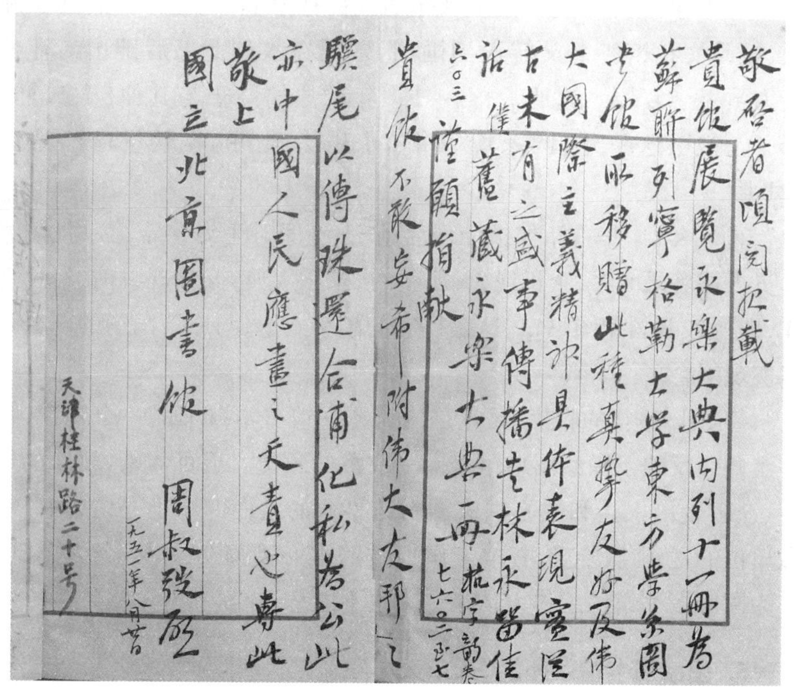
敬啓者：頃閲報載
貴館展覽永樂大典內列十一冊為
蘇聯列寧格勒大學東方學系圖
書館取移贈此種真摯友好及偉
大國際主義精神具體表現實足
古未有之盛事傳播藝林永留佳
話。僕舊藏永樂大典一冊（杭字韻，卷七六〇二至七六〇三）謹願捐獻
貴館，不敢妄希附偉大友邦之
驥尾以傳，珠還合浦，化私為公，此
亦中國人民應盡之天責也。專此
敬上
國立北京圖書館
周叔弢啓
一九五一年八月廿日
天津桂林路二十號

图 4　周叔弢先生捐赠《永乐大典》时致国家图书馆函

此后在1954年,苏联国立列宁图书馆又送还我国52册,1955年,德意志民主共和国送还我国3册,苏联科学院也通过中国科学院图书馆送还1册。这样67册曾经远离故国的《永乐大典》又回到了祖国怀抱,在国图"团聚"了。

更值得我们感怀的是,在五六十年代,在共和国经济十分困难的情况下,日理万机的周恩来总理对文物的收藏给予了极大的关注,特批专款从香港著名藏书家陈清华手中购回了一批珍贵古籍,其中有4册《永乐大典》。至1965年,馆藏永乐大典达到220册。

大典的收集过程中还有一段富有传奇色彩的故事。1983年,在山东掖县农民孙洪林家中发现了一册《永乐大典》。发现时,这一册《永乐大典》的天头地脚部分已经不存,书里夹着花样、鞋样。幸运的是,当时的农家妇女虽然不识字,但从祖上因袭的敬字惜纸的传统,使这册《大典》得以保存了下来,也可以算做《大典》流传过程中的一件幸事。得知此书的重要价值后,孙家将书送到了掖县文化馆,掖县文化馆将书又转送到国图,国图在收到此书后即由专业修复人员做了复原。这册流落在外多年的典籍终于与其他《大典》聚合了。截至这一年,国家图书馆《永乐大典》的收藏量已经达到221册。

2007年,中华古籍保护计划启动,在专家赴上海鉴定第一批国家珍贵古籍名录时,一个机缘,一册新的《永乐大典》又呈现眼前,经过运作,即将入藏国家图书馆,这是模字韵湖字一册,与原藏国图的部分可以实现缀合。

《永乐大典》的收集、保藏是国家图书馆善本藏书的一个缩影,从一个侧面反映了国家图书馆善本书收藏的历史。近百年来,政府的支持、众多爱国人士和关心国家图书馆事业的人们的奔走寻访、国外收藏单位的送还、几代图书馆工作人员的呕心沥血,无一不令人感动。作为国家图书馆的工作人员是一刻也不能忘怀的。

5. 国家图书馆以外的《永乐大典》

除国家图书馆的收藏外,上海图书馆、四川大学,以及英国、日本、德国、美国等国家和地区的公私藏家手中，还藏有近 200 册《永乐大典》。根据已经了解的情况，《永乐大典》主要有如下藏家：中国国家图书馆、上海图书馆、四川大学图书馆、台湾汉学研究中心、台湾历史语言研究所、日本国会图书馆、日本东洋文库、日本京都大学人文科学研究所、日本京都大学附属图书馆、日本天理图书馆、日本静嘉堂文库、日本斯道文库、日本大阪府立图书馆、日本武田长兵卫、日本石黑传六、日本小川广己、英国大英博物馆、英国牛津大学图书馆、英国伦敦大学东方语言学校、英国剑桥大学、英国马登、德国汉堡大学图书馆、德国科隆基莫图书馆、柏林人种博物馆、美国国会图书馆、美国哈佛大学图书馆、美国康奈尔大学、美国波士顿图书馆、越南河内远东学院、韩国旧京李王职文库。

（以上主要依据张忱石《永乐大典史话》以及中华书局影印本等统计。）

我们看到英国、日本藏家更多一些。因为八国联军入侵北京时，翰林院成为战场，而英使馆与翰林院围墙之间隔不到 1 米，所以很容易解释为什么英国收藏的《永乐大典》会多一些。在翟兰斯日记中，记载现藏美国国会图书馆的一卷《大典》，就来源于英国。1989 年曾在爱尔兰发现 5 册《永乐大典》的信息，2002 年，《永乐大典》600 年国际研讨会上还有 1 册阿伯丁的《永乐大典》扫描件赠送给国家图书馆，也是未见著录的。还有在会上学者透露在纽约公共图书馆也收藏有《永乐大典》。而日本藏《永乐大典》的数量或许是占了地利的因素，东洋文库曾经 1920 年曾经一次在田中庆太郎的文求堂书店购买了 10 册《永乐大典》，之后到 1943 年共 6 次购入《永乐大典》，总共 63 卷 34 册。大约在 1940 年，东洋文库曾想一次购买刘氏嘉业堂的 49 册，但因时逢战乱、资金短缺、未能遂愿。通过当时的满铁，将其收藏在了大连图书馆。大战后，它们经过旧苏维埃联邦归还至北京图书馆。也许通过我们的古籍普查，还会有新的发现。

三、《永乐大典》的价值和研究工作

1. 价值

《永乐大典》,“用韵以统字,用字以系事”。但在具体编排时,由于定韵标准不一,选择不精,为检索增加了不少困难,招致后人不少訾议。不过,在我们今天看来,《大典》在文献保存方面的价值,远过于它作为工具书的实用价值。这正如《四库全书总目》所说的“元以前佚文秘典,世所不传者,转赖其全部全篇收入……正不必以潦草追咎矣”!

那么,《大典》究竟保存了多少佚文秘籍呢?从知识门类上讲,则“经史子集百家之书”,包括阴阳、医卜、僧道,技艺等杂家之言,真可谓包罗万象;从辑录范围上讲,则“上自古初,迄于当世……包括宇宙之广大,统汇古今之异用”,都被网罗无遗;以数字而言,则辑录图书七八千种,将明朝皇家图书馆——文渊阁藏书囊括净尽。文渊阁所藏图书,到万历间重修书目时,就已“十不存一”,清康熙朝徐健庵修一统志时,更已“寥寥无几”。因此,《大典》就成了保存这些佚书的独一无二的宝库。

《大典》在文献保存方面的巨大价值,在修《四库全书》时充分体现出来。当时,安徽学政朱筠奏请从《大典》内辑录佚书,共辑出“经部66种,史部41种,子部103种,集部175种”。尽管如此,袁同礼先生还批评说:“宋元以来所亡之书,虽赖得传,然当时编校者,遗漏之处尚多。”从后人仍时有辑出的情况看,袁先生的批评是合乎实际情况的。

从《大典》辑出的佚书,不仅种数甚多,且大都具有极高的文献价值。其中如北宋薛居正所撰《旧五代史》,主要依据五代诸帝各朝实录,史料价值极高。所以“司马光作《通鉴》,胡三省作《通鉴注》,皆专据薛史而不取欧史(欧阳修《新五代史》)”。但元、明以后,传本湮没,幸赖邵晋涵等从《大典》录出原文，仍按原书卷数，勒成一编，才使二十四史没有缺遗。

为此乾隆皇帝非常高兴，特意做了《题旧五代史八韵》，文津阁《四库全书》的架子上刻有乾隆御笔的此诗。

题旧五代史八韵

上承唐室下开宋，五代兴衰纪欲详。
旧史原监薛居正，新书重撰吉欧阳。
泰和独用滋侵佚，永乐分收究未彰。
四库蒐罗今制创，群儒排纂故编偿。
残缣断简研摩细，合璧联珠体裁良。
遂使已湮得再显，果然绍远藉搜旁。
两存例可援刘昫，专据事曾传马光。
序以行之诗代序，惕怀殷鉴念尤长。
乙未仲秋月上　御制

再如《宋会要辑稿》，是宋代几种会要的辑佚本。宋代很重视编撰会要，前后共十余次，但多未刊行。元灭南宋后，稿本北运，成为修《宋史》各志的依据。《大典》将明初残存的《宋会要》所载史事，分隶各韵，后由清嘉庆间《全唐文》提调总纂官徐松辑出，总366卷。其中所存史料，见于《宋史》各志的不过十之一二，遂使《辑稿》成为研究宋代典章制度案头必备的工具书。其他如《建炎以来系年要录》《东观汉记》《大元海运记》《农桑辑要》《水经注》《永徽法经》《续资治通鉴长编》等，都是脍炙人口的名著，也都或由《大典》辑出，或经《大典》校补。《大典》在文献保存方面的价值，由此可见一斑了。

卷13 965—13 991就收有戏文33种，卷20 737—20 757又收杂剧90种（赵万里先生所做《记永乐大典内之戏曲》一文，列有上述作品篇名，可资参阅）。

《大典》内辑录的久无传本的文学作品，更是不可胜数。其中如宋代李希声、徐师川等人的诗歌以及宋元许多诗人的作品，就有不少是人所未闻的。再如南宋浙江一带民间流传的南戏，大都亡佚，流传下来的也不过《琵琶记》《杀狗记》《拜月记》《荆钗记》等，而残存的《大典》中就辑出《小孙屠》《张协状元》《宦门子弟错立身》三种。这些作品的发现，无疑给我国文学史增添了新的内容。

2004 年出版的《永乐大典方志辑轶》从《永乐大典》中辑录了失传已久的全部方志，凡 900 余种，其中宋元及其以前方志约 180 余种，700 余种明初方志，记载了宋元及明初各地行政建置沿革、地理方位、城池坊乡、学校选举、田赋户口、仓廪铺舍、矿产土贡、宫室寺观、风土民情、名胜古迹、人物遗事、诗词文章等，研究宋元明初的历史文学、语言哲学具有重要价值。

2. 国家图书馆对永乐大典的研究

国家图书馆不但收藏着 200 余册《永乐大典》，而且从很早就开始了对《永乐大典》的关注和研究。

《永乐大典》的最重要的贡献就是保存了很多明初以前各学科的文献资料，可以说是辑佚的渊薮。国家图书馆的缪荃孙先生、袁同礼先生、赵万里先生很早以前就开始了对《永乐大典》的辑佚工作。缪荃孙先生曾辑出《曾公遗录三卷》《十三处战功录一卷》《明永乐顺天府志》《明泸州志二卷》《中兴行在杂买物杂卖场提辖官》《中兴东宫官僚题名一卷》《中兴三公年表一卷》等书，赵万里先生曾辑出《陈了翁年谱》《元一统志》《析津志辑校》《薛仁贵征辽事略》等，这些工作使很多几乎已经失传的典籍再现学林。

2002 年，《永乐大典》国际研讨会召开，激发国家图书馆对《永乐大典》更多的关注，在筹备研讨会的几个月的时间，就收到了一批研究性的文章，如《永乐大典》中的佛教文献、《永乐大典》的主题标引等，都反映了新一代图书馆工作人员对《永乐大典》研究的关注。

图5 参加《永乐大典》600 年国家研讨会的学者一睹国家图书馆藏《永乐大典》

让更多的人关注、研究《永乐大典》,必须让更多的人有机会看到这部书的全貌。1959 年,中华书局将当时已收集到的 730 卷《永乐大典》影印出版,使这部孤本秘籍重见天日,得到学界称誉。

袁同礼先生在 80 年前曾经说过:一、藏于国外之各卷亟宜择要影摄,仿今西法影印,无刊刻校勘之劳,时间经济两皆省便,虽属吉光片羽,当亦为嗜古者所同珍。二、国内公私所藏……应怂恿公布。我国藏书家每以藏有秘本自诩,不愿公之于世,一有错失焚毁,天壤间遂不复存,其阻碍学术也何限。今宜借出影印,俾不湮没,他日次第刊行,流布海内,固艺林之快事也。国内藏书家,其有意乎。将影印出版《永乐大典》的意义表达得非常明白。

北京图书馆出版社(现国家图书馆出版社)希望将现存于世的《永乐大典》全部仿真影印出版,目前已经完成 163 册。有出版商将中华书局影印本外的境外藏《永乐大典》出版,而近年又陆续有发现,希望能有更多的大典现身,我们能够看到更多的资料。

《永乐大典》寄托着太多的民族情感，国家图书馆现藏的《永乐大典》作为国家图书馆的四大专藏之一，近年做了整体修复，并特别制作了《永乐大典》新书柜，让她们拥有了更好的保存条件。同时我们也期待能够了解由于历史原因散落在世界每一个地方的《永乐大典》更多成员的消息，以各种方式促成这个《永乐大典》大家庭的团聚。

图6 国家图书馆《永乐大典》新书柜

原载于《光明日报》，2009年7月1日

《玄都宝藏》与《太清风露经》

国家图书馆藏有《太清风露经》一卷，题无住真人撰。是蒙古太宗九年(1237)至乃马真后三年(1244)宋德方等刻道藏本，即我们通常所说的《玄都宝藏》中的一种。此书每半叶六行，行十七字。半叶框高二十二厘米，宽十一厘米。有“长春宝藏”等藏印。

《玄都宝藏》为蒙古太宗九年(1237)至乃马真后三年(1244)宋德方开局于平阳玄都观镌刻的道藏，凡七千八百余卷，亦曰《宋德方藏》。蒙古定宗间(1246－1248)，蒲州永乐镇纯阳万寿宫建成，号称全真教东祖庭，遂将《玄都宝藏》及其木版移放于此。

《玄都宝藏》现可见于著录的还有国家图书馆藏《云笈七籤》零叶。“云笈”在道家是书箱的意思，“七籤”指道书的七个组成部分，其内容包罗全面，多是采集旧集，分类辑录，在内容上集宋以前道藏主要内容之大成，是研究道教的重要资料。人称“小道藏”。惜《玄都宝藏》中此书已无全本留存。但我们在瞻仰《云笈七籤》零叶时依然可以见到，字体工整，刻板清晰。此外，2002年的拍卖市场曾出现过一叶《云笈七籤》，标价不菲，不知落入谁家。

元代初年，披云真人宋德方，承其师丘处机遗意，倡议汇刻道藏，与其门下讲师秦志安，谋为锓木统布之计。先后设立了栖霞宫八卦局等二十七个分局，招募五百多刻工，总局设在平阳玄都观，命秦志安于平阳玄都观总领其事。宋德方亲自校勘，坐镇玄都观近十年，手不释卷，日课校雠，三洞四辅一万八千余种著作，多出其手，到乃马真后三年竣工。从太宗九年(1237)倡刊，至乃马真后三年(1244)，一部宏伟的道藏终于传播于世。

此藏所据底本为管州本金藏。管州即今山西静乐县。这次刻书总局在平阳玄都观,据《【乾隆】绛州志》古迹门,玄都观在城西北正平坊,元初时还有宋德方祠,嘉靖初毁,在平阳府志中找不到玄都观。这里的平阳指的是平阳府。《道藏历代尊经纲目》把永乐镇也说是平阳永乐镇,并说:"披云子真人收搜到藏经七千八百余帙,锓梓于平阳永乐镇东祖庭。"盖初藏版于玄都观,万寿宫建成后,宫宇宽敞,为全真教的东祖庭,版存在此处保存。

赵万里先生《中国版刻图录》之《云笈七籤》条称:宋张君房撰,蒙古乃马真后三年刻道藏本。元初宋德方遵其师长春真人丘处机遗志,太宗九年倡刻道藏,开局于平阳玄都观,据管州所存金藏付刻,乃马真后三年金藏告成,凡七千八百余卷,名《玄都宝藏》。定宗时,平阳永乐镇纯阳万寿宫建成,即庋经版于宫内。

元世祖崇佛排道,至元十八年(1281)诏令除《道德经》外,其余道藏经文印版尽行焚毁。这一年的十月,在燕京悯忠寺集百官焚道藏经,并遣使诸路俾遵照执行。至此,元刊《玄都宝藏》经版遂被焚尽,而藏经也因此亡佚甚多,元以前所刻几乎绝迹,幸存者寥寥无几。所以平阳所刊的道藏经版只存在了三十六年。北方地区的各地的道藏在元末多毁于战火,所以今天想见到当时刻的道藏本实属不易。

2002 年中华再造善本工程将《太清风露经》影印出版。

原载于《中国道教》,2007 年第 4 期

郇斋藏书与国图的深厚渊源

2005年4月18日至6月18日,在中国国家图书馆举办了题为"百川归海　泽被万代"的国图古籍工作展览,展出了国图近百年发展史上通过各种途径入藏的善本古籍中的部分精品。其中著名藏书家陈澄中的藏品,引起了参观者的极大兴趣。半个世纪以来,原藏陈澄中先生郇斋的珍贵古籍碑帖百余种,在政府的关怀下分三批入藏国家图书馆,成为共和国文物收藏史上的一段传奇。

南陈北周

陈清华(1894—1978),字澄中,湖南祁阳人。陈氏以金融银行业起家。公余喜收藏古籍善本。在善本古籍的收藏上,陈氏受南海宝礼堂潘宗周影响,嗜宋元旧椠、明清精抄、名人校跋之本。所藏毛抄、黄跋品种之多,非同侪藏家能比。

陈氏藏书是因购得宋刊《荀子》及宋廖刊《昌黎先生集》等而逐渐名扬天下的。20世纪30年代,他以万金购得宋版《荀子》后,曾拜见当时著名藏书家傅增湘先生,傅先生笑称:"君非以万金得熙宁《荀子》者乎?是可以'荀'名其斋矣。"陈氏遂将藏书处命名为"郇斋"。陈先生在先藏宋廖莹中世綵堂刊《河东先生集》后,又访得潘氏宝礼堂藏有廖刊《昌黎先生集》,即与潘先生协商:"世人向以韩柳两家并称,故韩柳二集亦应以并置一处为宜。倘两书分居两家,能无失群之感耶？鄙意两书各作现大洋二万元，或以柳文归君，或以韩文归我，胥以二万元偿其值，未知尊意如何？”潘沉吟良久，答道：“予目前手头拮据，实无力得韩文，君既有此议，又属朋好，君其取柳文而有之矣。”于是旷世之宝被陈氏重金购归插架，两绝妙宋刻珠联璧合，此购书之豪举与痴迷，一时为书林传诵。

以后陈先生又陆续收进韩氏读有用书斋、袁氏后百宋一廛、瞿氏铁琴铜剑楼、傅氏双鉴楼等旧藏秘籍，藏书数量迅速增长，宋元善本、明清钞校稿本、罕见善拓，逾五百部，普通善本古籍无计其数。于是，陈澄中藏书与天津周叔弢先生藏书被世人并称“南陈北周”。周叔弢，名暹（1891－1984），安徽东至人。著名的民族实业家。出身书香门第，受其祖父两江总督周馥熏陶，从十六岁即开始买书。其藏书室曰“自庄严堪”，所藏善本珍稀精美。近代四大藏书楼之旧藏均未能逾其右。而郇斋藏书能以后起之秀与周氏藏书并称，足见其藏书品格之精，质量之高及世人对其藏书之看重。

1949年陈先生移居香港。离开上海时，大部分书暂时留沪，而一批非常珍爱的善本秘籍则随身带到香港。1956年、1965年，他两次出售珍贵藏书，当时海内外一些公私藏家非常关注，有的甚至想将其藏书全部囊括自己手中。最后两批均在周恩来总理的关怀下，从香港购回，拨交北京图书馆（今国家图书馆）庋藏。

陈澄中第一次出售的八十余部善本古籍中，包括宋廖莹中世綵堂刻本《昌黎先生集》《河东先生集》、宋蜀刻本《丁卯集》、蒙古刻本《孔氏祖庭广记》等，国家文物局局长郑振铎、上海市文管会副主任徐森玉、国家图书馆善本部主任赵万里、香港大公报费彝民、徐伯郊等具体经办，购回后，拨交北京图书馆。第二次出售善本古籍二十五部中，有海内孤本宋拓《神策军碑》、宋拓《蜀石经》、宋刻本《荀子》、元刻本《古迂陈氏家藏梦溪笔谈》等，当时国家经济十分困难，但周总理亲自过问，动用库币，买下全部书籍，拨交北京图书馆庋藏，避免了这批国宝散失海外。这批书回北京的时候，周总理派人亲自接站，并把书提到中南海一一过目，事过多年，文化界对此仍然是津津乐道。

1967,陈先生移居美国,余下的部分善本古籍也随身带到美国。2004年,陈先生哲嗣陈国琅先生,又把手中父亲遗留给他的藏书送到祖国,并同意整体转让。在各方努力下,陈氏藏书第三次入藏国家图书馆,与前两批合璧,堪称盛世书缘。

综观陈氏藏书的特点,一是数量大,二是质量高。他的收藏中有大量的宋元佳刻、碑帖精华、稿抄校本,现仅采撷其中有代表性的部分,予以介绍。

宋元佳刻

北宋刻递修本《汉书》

汉班固撰,唐颜师古注(卷三十配宋庆元元年建安刘元起刻本、卷三十九配宋嘉定蔡琪家塾刻本)。清代学者钱大昕、王念孙所谓北宋景祐监本,即指此书。赵万里在《中国版刻图录》中否定了这一观点:“此书嘉道间藏黄丕烈家,《百宋一廛赋》著录。黄氏别藏一本,内多补版,补版刻工程保、王文、孙生等人,绍兴十九年又刻福州开元寺《毗卢大藏》。程保等既是南宋初年人,则此书原版刻于北宋后期,即据北宋监本覆刻,而非景祐监本,当是事实。”

此本传世二部,清中叶俱归黄丕烈,一部全,有“贞元”“仲雅”“觞露堂图书印”“云间潘氏仲履公图书”“汲古阁”“毛晋秘籍”“毛氏奏叔”“隐湖毛表图书”“季振宜印”“沧苇”“御史之章”“乾学”“徐健庵”“士礼居”“复翁”“老荛”“百宋一廛”“广圻审定”“思适斋”“汪士钟印”“阆源真赏”“铁琴铜剑楼”等印,即《百宋一廛赋》著录之本。早年自铁琴铜剑楼散出,为陈澄中所得,1956年从香港购回,今藏国家图书馆。另一部不全,亦黄氏所藏,黄丕烈初写目录,后归张蓉镜、丁日昌递藏,有李兆洛、钱天树、孙云鸿跋,由丁氏归商务印书馆涵芬楼。中华人民共和国建立之初,涵芬楼藏书捐献国家,现亦藏国家图书馆。

南宋本至明代即以叶论价,北宋本更如凤毛麟角,其珍贵稀罕可

以想见。况此本尚有元代倪瓒、清代黄丕烈、顾广圻亲笔跋文，更增其珍贵。（图一）

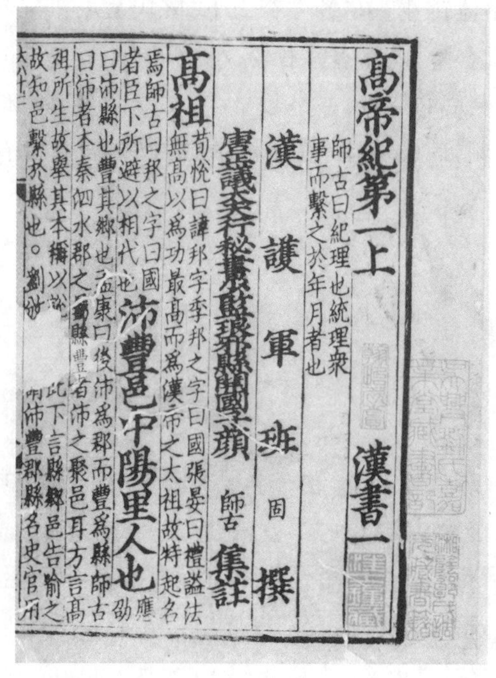
高帝紀第一上　漢書一
師古曰紀理也統理衆事而繫之於年月者也
漢　護　軍　班　固　撰
唐正議大夫行秘書少監琅邪縣開國子顔　師古　集註
高祖荀悅曰諱邦字季邦之字曰國張晏曰禮謚法無高以爲功最高而爲漢帝之太祖故特起名焉師古曰邦之字曰國者臣下所避以相代也沛豐邑中陽里人也應劭曰沛縣也豐其鄉也孟康曰後沛爲郡而豐爲縣師古曰沛者本秦泗水郡之屬縣豐者沛之聚邑耳方言高祖所生故舉其本稱以說故知邑繫於縣也劉……此下言縣鄉邑告喻之明沛豐郡縣名史官所……

图一

宋咸淳廖氏世綵堂刻本《昌黎先生集》《河东先生集》

宋咸淳（1265 — 1274）时廖莹中世綵堂所刻的唐韩愈、柳宗元文集。20 世纪 50 年代从香港购回。二集因字体隽秀，刀法剔透，纸质莹洁，历来被藏书家誉为无上神品。二集字体版式完全相同，均为半叶九行，行十七字，细黑口，四周双边，版心上镌字数，下刊刻工名，下鱼尾下方镌“世綵堂”三字。各卷后有篆文“世綵廖氏刻梓家塾”牌记。书中刻工有孙沅、钱珙、翁寿等，也同见于两集，可知应是同时刊版。书中避讳谨严，宋讳慎、敦、廓等字均缺笔。廖莹中，字群玉，邵武人，为南宋奸相贾似道门客。两集纸莹墨润，字体在褚柳间，精雅绝伦。周密《志雅堂杂钞》《癸辛杂识》称廖刻诸书，用抚州萆钞清江纸，造油烟墨印刷者，当指此二书。

两集向称双璧，传世或合或分，观其藏印，可辨其分合之迹。《昌黎集》有“项氏万卷堂图籍印”“少溪主人”“项笃寿印”“汪印士钟”“阆源真赏”“郁印松年”“泰峰审定”“田耕堂藏”“四陶居”“陶南布衣”“海源阁藏书”等印。《河东集》有“项氏万卷堂图籍印”“项墨林鉴赏印”“天籁阁项元汴印”“项笃寿印”“牧翁鉴定”“商邱宋荦收藏善本”“纬萧草堂藏书印”“沈鸿祚印”“载猷”等印。两集明代同藏项氏万卷堂。《昌黎集》入清由汪士钟而归郁松年，由郁入丰顺丁氏持静斋，由丁入杨氏海源阁，海源阁书散后为陈澄中收得。《河东集》由项氏入宋至纬萧草堂，由宋入沈氏，近代归潘氏宝礼堂，由潘氏而归陈澄中所有，在陈澄中手中两集复合。今日收藏在国家图书馆的廖刻韩、柳集，为世间孤本，开卷光洁如新，墨若点漆，让人醉心悦目。（图二）

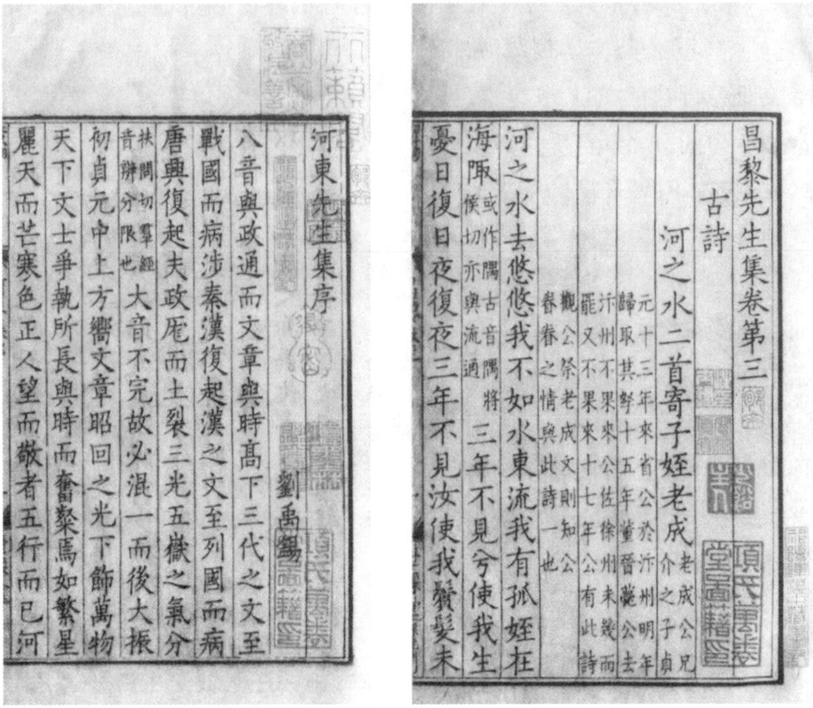

图二

宋刻《荀子》

1965年从香港购回，陈氏室号“郇斋”即因此书而得。此书雕镂之精，不在北宋监本之下。而对此书版本，学界尚有不同看法，一种观点认为系南宋初唐仲友刻于台州之本。宋淳熙间，台州守唐仲友动用公使库钱，指令蒋辉、王定等工匠十八人雕版印制《荀子》《扬子》二书。借刻书之机，唐仲友命金婆婆诱使要挟匠人蒋辉伪造会子版，私印会子（宋代钱钞）二十次，共印二千六百余道。唐仲友因此为朱熹弹劾罢官。故事从另一侧面记录了宋版《荀子》刊印的经过，为后世人鉴赏此书提供了更多的遐想。另一种观点认为宋南渡后，书籍缺毁严重，淳熙八年（1181）唐仲友知台州，令公使库“视熙宁之故”重刻《荀子》，保持了监本的原始面貌。唐仲友遭劾后，板归南宋国子监，再印即成国子监本。是版嘉定十一年（1218）曾重修。淳熙八年，钱佃于江西亦据熙宁本重刻此书，只是行款变化，今其传本仅藏海外。陈氏所藏，避讳、刻工与唐本、钱本并不相同，所以推断为宁宗间之重刻本。但版式格局不失监本规制，仍属监本系统。不管哪种说法更为确切，此书书品宽广、墨如点漆，字大如钱，疏朗阅目，刻印精美，古朴大方，为版印极品，而且海内仅一存，至为罕见。此书曾为孙朝肃、黄丕烈、汪士钟、韩应陛等著名藏书家收藏，流传有绪，卷末又有顾广圻跋，更使其身价倍增，无怪藏家珍视。（图三）

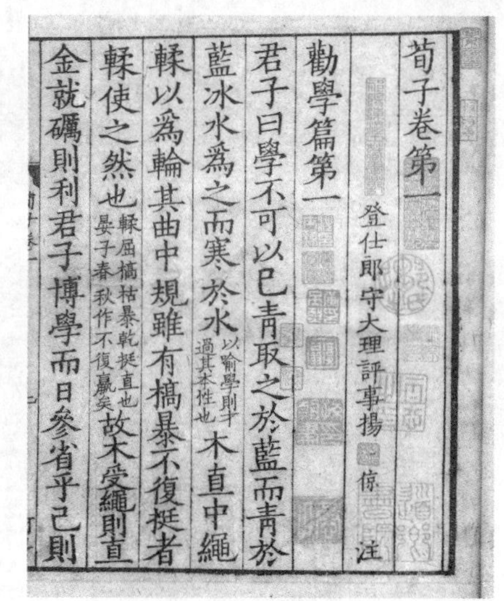
荀子卷第一
登仕郎守大理評事楊倞注
勸學篇第一
君子曰學不可以已青取之於藍而青於
藍冰水爲之而寒於水以喻學則才過其本性也木直中繩
輮以爲輪其曲中規雖有槁暴不復挺者
輮使之然也輮屈槁枯暴乾挺直也晏子春秋作不復贏矣故木受繩則直
金就礪則利君子博學而日參省乎己則

图三

南宋嘉定六年（1213）淮东仓司刊本《施顾注东坡先生诗》

宋刻宋印，字俊体秀，纸白墨浓，版阔疏朗，“各卷前后，遍钤印记，至无隙地”，斑斑朱印，钤满过火纸面，光彩夺目，原藏翁方纲(1733—1818)，其号宝苏斋，即以此书得名。

翁方纲收藏之前，明嘉靖万历时在锡山安国家藏，明末清初，落入常熟毛晋的汲古阁，清初康熙间，商丘宋荦收藏。乾隆间，谦牧堂揆叙收藏。翁方纲得后珍若拱璧，视为镇宅之宝，每在东坡生日，请士人贤达欢庆，书上留下了诸如桂馥等近百人手迹，或题诗歌咏，或题跋盛赞，或题画添彩，全书各册，首叶末叶，护封扉页，或墨迹，或朱印，或丹青，遍布当时名贤笔墨，盛况空前。清末，此书辗转归湘潭袁思亮收藏。然至袁宅后不久，袁家藏书惨遭绛云之厄，袁家人拼死冒火抢救此书，虽各册书口书脑严重受损，但终归保留下来。

2004年入藏国家图书馆的陈澄中先生之子陈国琅先生藏书中的《施顾注东坡先生诗》就是这部书中的一册，同一部书的其余残卷有二十卷左右藏于台湾汉学研究中心。国图这一卷上钤有：“大明锡山桂坡安国民太氏书画印”“汲古阁”“毛晋私印”“汲古主人”“毛晋”“商丘宋荦收藏善本”“谦牧堂藏书记”“听雨楼”“翁方纲”“覃溪读本”“苏斋”“翰墨缘”“南海吴荣光书画之印”“荷屋所得古刻善本”“英和私印”“海山仙馆”“藏之海山仙馆”“潘仕成收藏金石文字之印信”“曾在潘德畬家”“德畬”“梦庵”“永宝用”等印鉴，还有宋葆淳、陈庆镛、易顺鼎、王仁俊、张曾畴、吴湖帆等人题画。其版刻之精美，流传之鲜见，无怪被称为宋版书的极品，为众人神往。(图四)

註東坡先生詩卷第四十二
吳興施氏
吳郡顧氏
追和陶淵明詩五十三首
讀山海經
淵明讀山海經十三首其七皆仙語余讀
抱朴子有所感用韻賦之
今日天始霜衆木斂以疎幽人掩關卧

图四

元大德九年陈仁子东山书院刻本《古迂陈氏家藏梦溪笔谈》

1965年香港购回。目录后有:“茶陵东山书院刊行”牌记,首有大德乙巳(九年,1305)茶陵古迂陈仁子刊于东山书院序。此书开本版式独具特色,纸幅宽大,开本宏朗,而版心极小,别具风格,为元代书院刻书之杰作。蝴蝶装,元刻初印,现存宋元版书中,保存此种开本的,极为稀觏。

《梦溪笔谈》是沈括晚年见解和见闻的笔录,书中科学地记录了中国劳动人民工业、工程上的许多杰出发明,如布衣毕昇创造活字印刷技术、有关中世纪指南针的装置方法、喻皓的建筑技术、陕北鄜延境内的石油等,因撰于润州(今江苏镇江)梦溪园得名。《梦溪笔谈》一书宋代旧有扬州刻本,乾道二年又重刻行世,陈仁子刻本前有乾道二年扬州州学教授汤修年跋,可知据乾道本重刻。《梦溪笔谈》在宋代有两个系统的本子在流传,一为三十卷本,一为二十六卷本。只是三十卷本历久散佚,而二十六卷本则因宋、元、明、清递有刊刻而流传至今。《笔谈》宋刻今不存,此本为现存最古刻本,二十六卷全。

陈仁子,字同俌,一作同甫,号古愚,一作古迂,陈天福孙,衡州茶陵(今属湖南)人。博学好古。南宋度宗咸淳十年(1274)举漕试第一。入元不仕,营别墅于东山,号为东山书院,专事讲学与刻书。清顾炎武曾评价元代书院刻书有三善,山长无事而勤于校雠、不惜费用而工精、版不贮官而易印行,此书可谓三善皆备。

此书开卷有“东宫书府”及“文渊阁”两朱文方印,卷首有“杂部”朱文长方印,还有“汪印士钟”“甲子丙寅韩德均钱润文夫妇两度携书避难”等印记,说明此书曾为官书,元代藏在宫中。朱元璋灭元得之,贻懿文太子朱标,后又归宫中文渊阁。卷四及卷二十六后有“万历三十三年查讫”朱文长方印,当为万历时整编《内阁藏书目录》勘查群书时所钤。至清代中期,此书为汪士钟所有,后归松江韩氏,继归陈澄中。1975年,为方便学界利用,文物出版社曾据此影印行世。(图五)

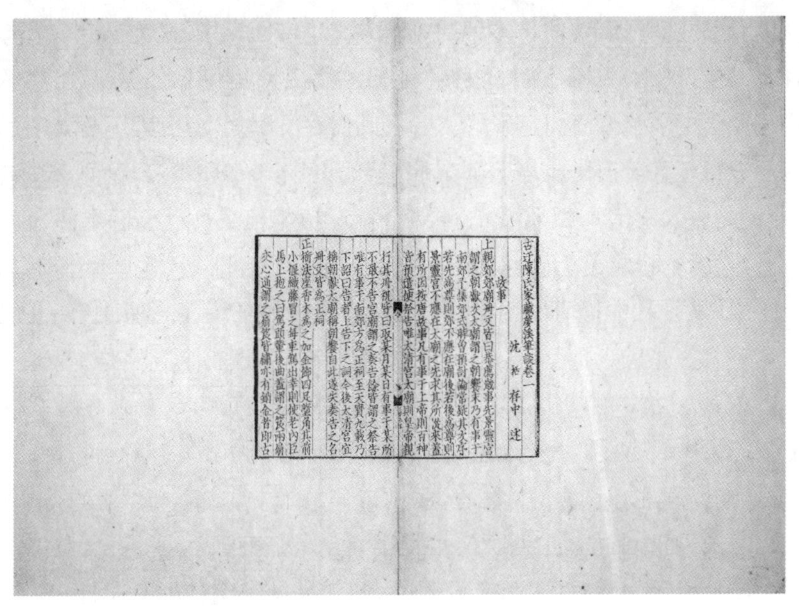
古迂陳氏家藏夢溪筆談卷一
沈 括 存中 述
故事一
上親郊廟冊文皆曰恭薦歲事先景靈宮
謂之朝獻次太廟謂之朝饗末乃有事于
南郊予集郊式時曾預討論常疑其次序
若先為尊則郊不應在廟後若後為尊則
景靈宮不應在太廟之先求其所從來蓋
有所因按唐故事凡有事于上帝則百神
皆預遣使祭告唯太清宮太廟則皇帝親
行其冊祝皆曰取某月某日有事于某所
不敢不告宮廟謂之奏告餘皆謂之祭告
唯有事于南郊方為正祠至天寶九載乃
下詔曰告者上告下之詞今後太清宮宜
稱朝獻太廟稱朝饗自此遂失奏告之名
冊文皆為正祠
正衙法座香木為之加金飾四足墮角其前
小偃織藤冒之每車駕出幸則使老內臣
馬上抱之曰駕頭輦後曲蓋謂之筤兩扇
夾心通謂之扇筤皆繡亦有銷金者即古

图五

蜀刻唐人集

四川是我国古代刻书最发达的地区之一，宋代以来尤为突出。蜀刻本以纸质莹洁，校勘精审为特点，惜因兵燹之乱，流传较浙本、建本稀少。南宋中叶四川地区刻印的若干种唐人诗文集。世称蜀刻唐人集。蜀刻唐人集版本有两系统，一为十一行本，约刻于北宋南宋之际，现存骆宾王、李太白、王摩诘三种；一为十二行本，约刻于南宋中期，据考证当为南宋中四川眉山地区刻唐六十家集本，现仅存十九种，国家图书馆现藏的十六种中，来自陈澄中旧藏的就有六种。他们是 1956 年购回的《李长吉文集》《张文昌文集》《许用晦文集》《孙可之文集》《权载之文集》和 1965 年购回的《张承吉集》。

上述各本钤有“翰林国史院官书”“刘体仁印”“颍川镏考功藏书印”“郇斋”“祁阳陈澄中藏书印”等藏印。翰林国史院是元代特有的建置，宋亡后，一些宋版书曾归藏此处，故蜀刻唐人文集便成了这里的官书。明、清为内府藏书。清初刘体仁，为顺治进士，历官吏、刑两部郎中，可以入阁看书，随看随借，便将多种蜀刻唐人文集带回家中，据为己有。郑振铎跋其所撰《七颂堂诗集》曾称：“宋蜀刻诸唐人集每有公勇藏印，令人想见此公的风流好事，且鉴赏力甚高，其保存文献之功甚伟。”书散出后，一部分辗转为陈澄中收得。蜀本的特点是字体多似颜鲁公，字划肥劲朴厚，蜀刻唐人集诸本纸质莹洁，校勘精审，初印精美，行格疏朗，古朴大方，可与浙本相媲美。而且其传世孤罕，极具版本价值。其中十卷本《张承吉集》又是其中价值最突出的一种。张承吉即张祜，又号张处士，中唐著名诗人。张氏一生留下多少作品很难详考。《唐书·艺文志》著录有《张祜诗》一卷。明朝朱警辑嘉靖十九年刻成《唐百家诗》中，中唐二十七家诗人中收有《张处士诗集》五卷。清席启寓琴川书屋康熙四十一年辑刻《唐诗百名家全集》中收的《张祜诗集》为二卷。清刘世珩辑刻《贵池先哲遗书》中收的《张处士诗集》五卷。《增订四库简明目录标注》著录拜经楼吴氏旧抄本《张承吉集》为六卷。可见张氏文集的通行本为二卷本和五卷本，最多亦不过六卷。而这部宋蜀刻本《张承吉文集》却多至十卷，四百六十九首。不但在收诗数量上超过通行本，文字上也远胜通行本。为研究张承吉的创作思想、艺术风格乃至校正通行本的谬误等方面提供了最早最珍贵的版本。（图六）

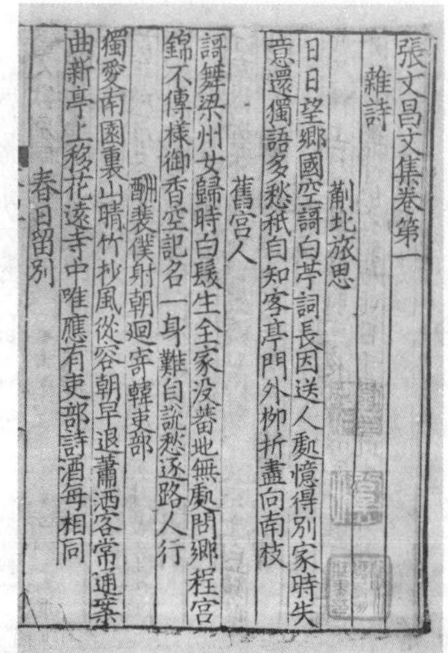

張文昌文集卷第一
雜詩
薊北旅思
日日望鄉國空謌白苧詞長因送人處憶得別家時失
意還獨語多愁秖自知客亭門外柳折盡向南枝
舊宮人
謌舞梁州女歸時白鬢生全家没蕃地無處問鄉程宮
錦不傳樣御香空記名一身難自說愁逐路人行
酬裴僕射朝廻寄韓吏部
獨愛南園裏山晴竹杪風從容朝早退蕭洒客常通
曲新亭上移花遠寺中唯應有吏部詩酒每相同
春日留別

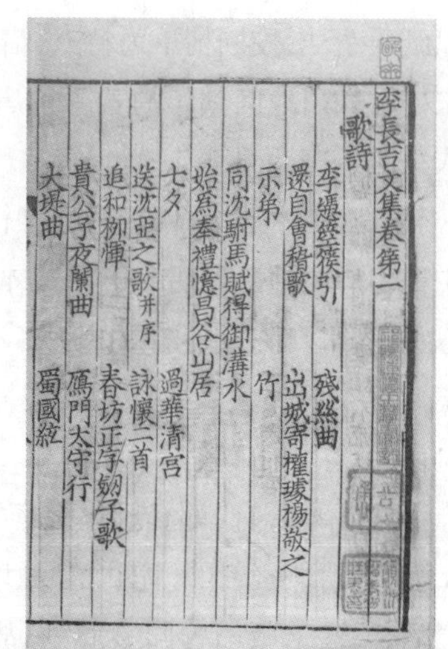

李長吉文集卷第一
歌詩
李憑箜篌引　殘絲曲
還自會稽歌　出城寄權璩楊敬之
示弟　竹
同沈駙馬賦得御溝水
始為奉禮憶昌谷山居
七夕　過華清宮
送沈亞之歌并序　詠懷二首
追和柳惲　春坊正字劍子歌
貴公子夜闌曲　鴈門太守行
大堤曲　蜀國絃

图六

蒙古宪宗六年赵衍刻《歌诗编》

唐宗室远支李贺的诗集,1956 年香港购回。李贺才情横溢,诗用字奇险,过于雕琢。蒙古宪宗六年(1256)赵衍刻本。黄丕烈跋,陆拙生题款。框高 18.9 厘米,阔 12.8 厘米。每半叶十行,行二十字,白口,左右双边。

此集当李贺自编,唐集贤学士沈子明寄送到杜牧处。李集世所通行者为《昌谷集》《李长吉集》,《歌诗编》行世者罕。《歌诗编》宋代曾有刻本,今不存。此蒙古宪宗六年赵衍刊行本,是现存《歌诗编》的最早刻本,也是海内孤本。黄丕烈曾将此书误定为金刻本。赵衍为今河北秦皇岛碣石人,亦称北平赵衍,乃鸿儒硕学,主持刊印的《歌诗编》版印极为精美,是北京地区早期书刻的上乘之作。

此书钤有"士钟""汪印士钟""阆源印""阆源审定""虞山瞿绍基藏书之印""绍基秘籍""铁琴铜剑楼""郇斋""祁阳陈澄中藏书记"等印记,表明流传有绪。(图七)

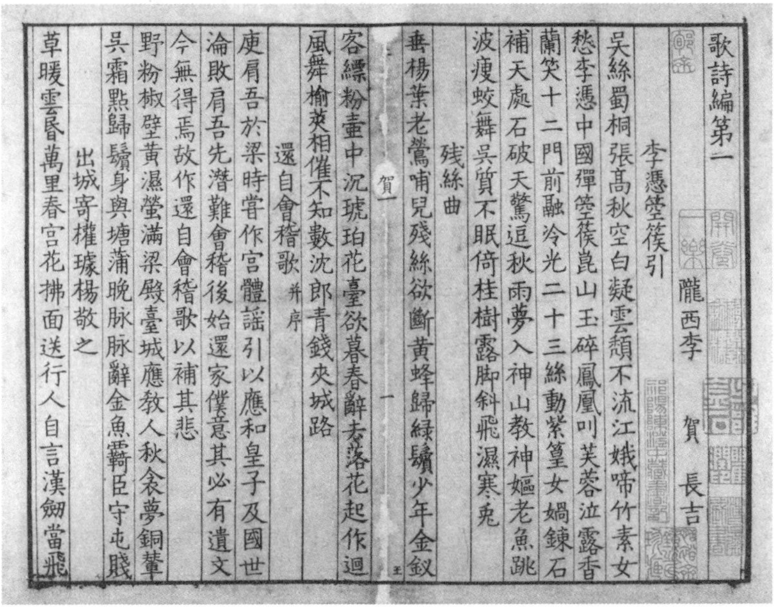

图七

碑帖精华

在1965年从香港购回的一批陈氏藏书中，有七种碑帖，非常引人注目，包括海内外闻名的宋拓《神策军碑》、宋拓《蜀石经》《二体石经》《东海庙残碑》《佛教遗经》、宋拓残帙《大观帖》和《绛帖》。

宋拓《蜀石经》

《蜀石经》初刻于五代十国时期后蜀广政元年(938)，故又称《广政石经》，毕工于北宋宣和六年(1124)，前后历时186年。其中《易》《诗》《书》《三礼》《春秋左传》《论语》《孝经》《尔雅》等十种经书，为广政年间刻成。至北宋初又续刻了《春秋公羊传》《穀梁传》和《孟子》。十三经全部刻竣，经石立于成都府石经堂。元、明之间屡遭战乱，经石湮没无闻，全经拓本也极罕见。郇斋旧藏《蜀石经》计有宋、元两朝拓本之《春秋左传》《穀梁传》《周礼》各二册，《公羊传》一册，又附清木刻印本《石经》一册，写本《石经题跋姓名录》一册。这些仅是《蜀石经》全部的不足三分之一，却是现存的《蜀石经》唯一最佳拓本。清代著名学者金石家翁方纲、段玉裁、瞿中溶、钱大昕、顾千里等数十人为石经亲笔题款跋文，更增加了书的文献价值。

当时亲历陈氏书接收过程的国家图书馆研究员丁瑜先生对《蜀石经》有一段生动的回忆。他说，这批书籍碑帖虽仅有二十五种，但多为天壤间之至宝。从香港运回不久，即在北京图书馆(今国家图书馆)三号楼的会议室安排了一次内部展览，邀请有关中央领导和极少数的专业人员参观。由赵万里主任和左恭副馆长亲自接待来宾。徐平羽、杨秀峰、吴仲超、郑裘珍、谢国桢、王冶秋、唐弢、丁秀等知名人士都曾光临。康生也来了，他对这批书、帖发表了不少意见，尤其对陈列的碑帖看得更为仔细。他较认真地欣赏浏览了五代北宋拓唐柳公权书《神策军碑》中的十几方藏印及题记，对宋拓《蜀石经》尤为注意，展出的九册他都逐册检阅。除对其中原宋拓《左传》《穀梁传》《公羊传》《周礼》很仔细地观赏外,对配补的清木刻印本一册和题写的《蜀石经题跋姓氏录》也不轻易放过。此后不久,周恩来总理特意把《蜀石经》等调到中南海,并留阅了一段时间。周总理在日理万机政治斗争风起云涌的60年代,为什么指定要检阅这部石经,且留阅经年,那将有待于后人的研究探讨了。(图八)

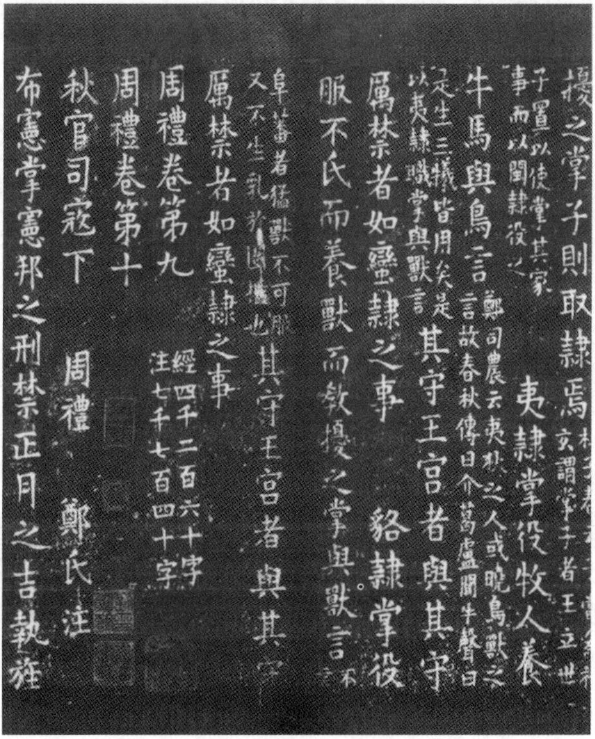
擾之掌子則取隸焉
子置以使掌其家事而以聞隸役之
夷隸掌役牧人養
牛馬與鳥言
鄭司農云夷狄之人或曉鳥獸之言故春秋傳曰介葛盧聞牛聲曰
是生三犧皆用矣是以夷隸職掌與獸言
其守王宮者與其守
厲禁者如蠻隸之事
貉隸掌役
服不氏而養獸而教擾之掌與獸言
阜蕃者猛獸不可服又不生乳於國擾也
其守王宮者與其守
厲禁者如蠻隸之事
周禮卷第九
經四千二百六十字
注七千七百四十字
周禮卷第十
秋官司寇下
周禮
鄭氏注
布憲掌憲邦之刑禁正月之吉執旌

图八

《神策军碑》

全名《皇帝巡幸左神策军经圣德碑》,崔铉撰文,柳公权正书。会昌三年(843)立于皇宫禁地,外人很少能得见者,椎拓更为困难。从宋至今只传此一种,世称"宋拓孤本"。

此本流传有绪,递藏分明,在现存拓本中是少有的。可考的最初入藏者,南宋时为权相贾似道所有,拓本首页有"秋壑图书"印记可证。入元后为官书,有"翰林国史院官书"印。明初,先归内府,后入"晋王"家,拓本中有"洪武六年闰十一月十八日收"的小金字记载和"晋府图书"印。清初,又归北平孙承泽,后为梁清标、安岐、张蓉舫、陈介祺等递藏。

柳书《神策军碑》记载的是唐武宗李炎巡幸左神策军时的情形。内容当然是歌功颂德,史料价值外。在保存柳字方面,也有很高的艺术价值。

我国书法的发展,到唐时已形成一种独立的艺术。欧、褚、颜、柳即为当时各派书家代表,被人们誉为唐代书法四大家。柳公权、字诚悬、生于大历八年(773),卒于咸通元年(860),为唐代后期著名书法家。柳字笔法瘦劲,自成一派,为历来学大楷者的范本。此碑据考证为柳公权六十六岁所书,比人们熟知的代表作《玄秘塔》,笔法更为精练遒劲。加之摹刻精工,拓碑时代较早,拓工手法亦佳,比较真实地反映了柳字神韵,实为现存柳书中最佳者,是我国书法艺术的珍品。北平孙承泽《题柳学士帖》记一篇,书在另副八栏笺纸上。称"柳学士所书神策军纪圣德碑,风神整峻,气度温和,是其平生第一妙迹。……屡经兵火而完好,故真鬼神护之,人间至宝也"。

欧阳中石先生在珂罗版复制《皇帝巡幸左神策军纪圣德碑》出版序中称:诚悬书从右军入手,博涉诸家,得益鲁公而又一脱雍厚不灵之所失,卓然以遒媚劲健为势。质朴而峻朗,爽厉而腴润,挺而丰秀,工而灵动,神采溢于笔墨之外,隽雅聚于结体之中。可谓集古而出新,乃成书体之一特支。并称柳楷遗迹甚多,仅刻石亦不下六七十种之多。流传最广者为《玄秘塔碑》,而最被称道者则是《神策军碑》。《神策军碑》为公权六十六岁所书,已到人书俱老通会之际,已是从心所欲信手入玄之极处。此作字径较大,距行之间疏朗开阔,神采驰骋纵横,气韵深邃空灵,是诚悬花甲后之力作。更可贵者,原石既佚,得不可再。现存古拓自是凤麟之绪。字口去初不远,形神宛然犹新,后之览者,由此庶几可以拾级而上矣。(图九)

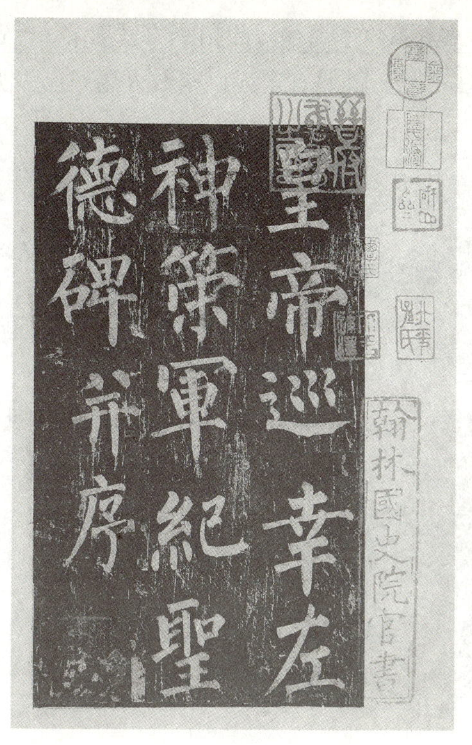

图九

《佛遗教经》

全称《佛垂般涅槃略说教言诫经》，亦作《佛临般涅槃略说教诫经》《佛临般涅槃经》。后秦鸠摩罗什译。唐道秀正书。道秀，唐德宗时人。工正书，建中三年（782）尝书《观无量寿佛经》。关于此经书者，又传为王羲之书，宋欧阳修疑为唐写经生作，或作道常书。宋代麻纸毡拓、硬镶、剜裱、墨镶边。曾是明代永乐宣德年间官吏袁忠彻的家藏，后归范氏天一阁。清初归安岐所有，以后则被清廷内府收藏，乾隆、光绪、宣统等皇帝均钤有鉴赏玺印。

此碑在宋初盛传为王右军书，独欧阳修认为不然。以后，虽也常说："大字莫过瘗鹤铭，小字莫过遗教经。"因见其笔法遒媚，也仍把它传为王羲之所书；但其实《瘗鹤铭》乃陶弘景笔迹，《遗教经》乃唐释道常所书，均与王右军无关。不过，此拓本书法甚精，有晋唐小楷风韵，确为重要的书法珍品。惜原有宋元以来数人题跋已失去。（图十）

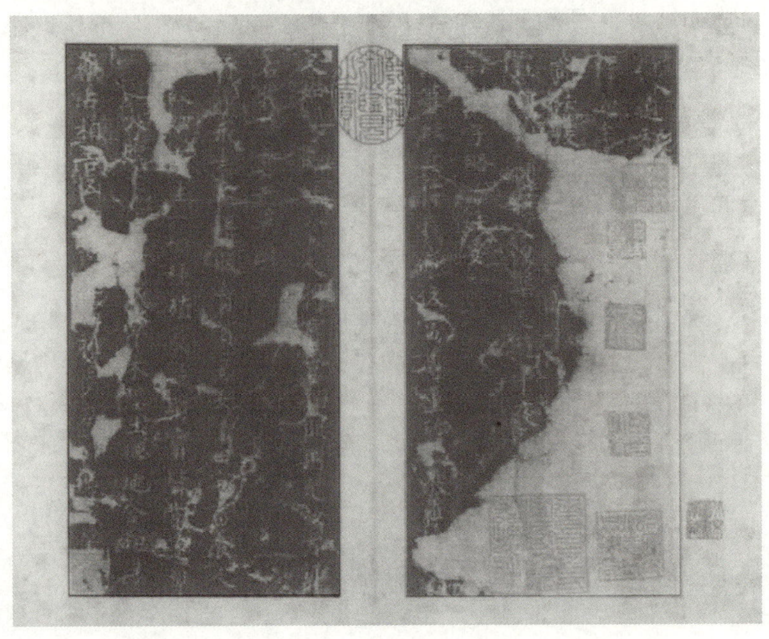

图十

稿抄绘本

《永乐大典》

《永乐大典》是公元 1403－1408 年间编纂的大型类书，是中国古代最为成熟、最为杰出的“百科全书”。由于《永乐大典》几乎一字不改地保存了当时能够见到的 14 世纪前几乎全部中国典籍和档案文献，大多为今世所不存，因此它堪称中国古代典籍和文献档案的宝库。

《永乐大典》修成于明永乐六年，辑入古今图书七八千种，全书目录六十卷，正文二万二千八百七十七卷，装成一万一千九十五册，总字数约在三亿七千万左右。由于卷帙浩繁，一直未正式刊印，仅在内府使用。嘉靖四十一年(1562),明世宗令人又重录与永乐正本的格式、装帧完全一致的一部。明亡之后,永乐正本不知下落,副本由于种种原因也渐渐亡佚,目前统计,世界范围现存《大典》仅为四百册左右,仅占全部册数的百分之四。他们分藏在八个国家和地区的三十个藏书单位或私人手中,其中,中国国家图书馆收藏《大典》数量超过半数。在国家图书馆藏的这部分《大典》中,有卷五千二百四十八至五千二百四十九、卷五千二百五十一至五千二百五十二、永乐大典卷七千二百一十三至七千二百一十四、永乐大典卷八千七百零六等四册来自陈澄中旧藏,1956 年从香港购回。(图十一)

图十一

《虞山毛氏汲古阁图》《江山无尽图》

1956 年入藏的陈氏藏品中,有一幅《虞山毛氏汲古阁图》,为明崇祯十五年(1642)王咸绘本。此绘本为钱大昕题额,集中收录了何元锡、段玉裁、陈廷庆、黄丕烈、钮树玉、瞿中溶、袁廷梼、夏文焘、顾广圻、顾莼、戈襄、徐渭仁、李盛铎等三十六位藏书名家和文献学家的题跋、题诗等。众多藏书家在以著名藏书楼为题材的绘画上题咏唱和，实为世间珍宝。（图十二）

图十二

2004 年入藏的陈氏藏书中，有一件清雍正庚戌年间龚御手绘的《江山无尽图》，非常引人注意。作为一位藏书家，画稿一般不在其收藏范畴，然当我们小心翼翼地展开这一长卷时，陈先生收藏此轴的用意涣然冰释。在这件画稿的后面，集中了洪亮吉、归懋仪、钱泳、黄丕烈、钮树玉、蒋因培、吴昌硕等几十位清代和近代著名藏书家书画家的题跋。据陈国琅先生回忆，陈澄中先生很少与家人谈及他收藏的古籍善本，而这一件画轴却在子女面前多次提及，并称颂不已。（图十三）

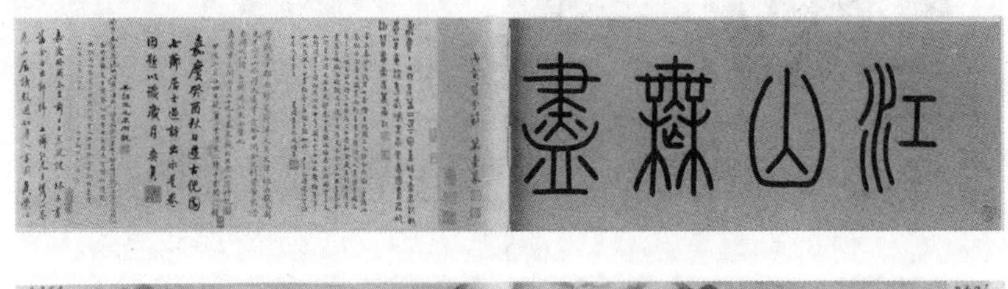

图十三

《鲍参军集》《小学五书》《词苑英华》《焦氏易林》《汉书》

1965年入藏国家图书馆。有上述几部清代毛氏汲古阁的影抄本。毛氏汲古阁的抄本在版本学的研究上历来享有盛名。特别是毛氏汲古阁的影抄本,就更为后世所珍重。如毛氏影宋抄本《鲍参军集》,此书宋刻本久已散佚,此影宋抄本摹写之精,堪称独绝,无异为世间保存了一部宋本,而且现在影宋抄本亦仅见此本,其文字可校正通行本处甚多。世称"毛抄仅下宋本一等",此本堪称享有这种盛名的代表作。再如影宋抄本的《汉书》,其摹写工致绝伦,形神逼真,几乎可以乱真。其他如《小学五书》《词苑英华》《焦氏易林》等,也都具有重要的文献资料价值。

一生的收藏,半个世纪与国家图书馆的书缘,陈澄中先生旧藏的聚散离合真可以称为一段传奇。由此我们时时体味的民族文化的精髓从一个概念的抽象虚无,成为一种存在的真实和触手可及。对先人的感念和铭记也幻化成今天我们的使命和责任——让历史的遗存成为永恒。

原载于《文物天地》,2005年第10期

国家图书馆的西谛藏书

48年前，1958年10月18日，中国现代作家、文学史家、藏书家和目录学家郑振铎先生60年的人生，在出访途中因飞机失事而骤然停止（图1），其毕生收集的全部珍贵藏书不久由夫人高君箴女士遵其遗志交至中华人民共和国文化部，由文化部转与国家图书馆庋藏。从这些珍贵的藏书中，我们探究作为新中国文物事业的开拓者、奠基者，作为一代学者、收藏家的学术思想、保护收藏理念，缅怀他为保护祖国珍贵文化遗产所做出的贡献。

图1

郑振铎生于1898年，字西谛，笔名宾芬、CT、郭源新，福建长乐人。曾任燕京大学、北京大学教授、暨南大学文学院院长。抗日战争时期和抗战胜利后，在上海从事进步文化工作。中华人民共和国成立后，历任文化部文物局局长、中国科学院考古研究所所长、文化部副部长等职。曾主管过图书馆工作，对文献收藏及图书馆事业发展倾注了心力。

郑振铎先生青年时代即喜欢收集旧书，几成癖好，自称“凡一书出，为余所欲得者，苟力所能得及，无不竭力以赴之，必得乃已，典衣节食不顾也。故常囊无一文，而积书盈室充栋”。20世纪20年代中期，他在上海商务印书馆工作时，四马路中段的旧书铺，是他经常光顾的地方。大革命后，为躲避蒋介石屠杀革命者的凶焰，他去欧洲旅行，巴黎国立图书馆几乎成了他的安身之地，他每天从早到晚在那里搜寻流落海外的古籍，达到了废寝忘食的程度。1932 年“一·二八”事变前，郑已有藏书 100 多箱，计 2 万多册。可惜其中大半在上海毁于战火。

与传统意义的收藏家不同的是，郑先生早年的收藏并非为了藏书，而是“为了自己的研究方便和手头应用”。在《劫中得书记序》中，他说：“大抵余之收书，不尚古本、善本，唯以应用与稀见为主。孤罕之本，虽零缣断简亦收之。通行看本，反多不取。于诸藏家不甚经意之剧曲、小说，与夫宝卷、弹词，则余所得独多。诗词、版画之书，印度、波斯古典文学之译作，亦多入庋架。”国家图书馆诸前辈编辑《西谛书目》可见其收藏概貌。郑振铎先生的藏书主要类别有历代诗文别集、总集、词曲、小说、弹词、宝卷、版画和各种政治经济史料等，数量仅就古籍类就达 7700 余种，其中明清版居多，写本次之，宋元版较少。反映了郑振铎先生的藏书思想。郑先生重视版本考订，每收一书，必详读深究，并撰写题跋。所写题跋大部分见于《劫中得书记》(1956)和《西谛书话》(1983)。他还亲自编写书目，有《西谛所藏善本戏曲目录》(1937)、《西谛所藏散曲目录》(1937)，以及《西谛所藏弹词目录》《清代文集目录》(均未刊)等。同时他还收藏有大量书目及目录学著作，仅国家图书馆普通古籍部分就收其书目 500 多种。

1937 年抗日战争爆发，上海沦为“孤岛”，郑振铎先生目睹中国珍贵古籍不断流入美国、日本等国，认为保护古籍是书生的责任，否则，任其流往海外，“必有一日，论述我国文化，须赴海外游学”，“史在他邦，文归海外，奇耻大辱，百世莫涤”。为此，郑振铎一方面节衣缩食，一方面与北平图书馆(今国家图书馆)袁同礼馆长等联系，请他们筹款、汇款。这期间购得的书中，有不少是戏曲书，还有一些是明清的方志、明清人的文集、家谱，还有两册《永乐大典》。最值得一提的是脉望馆抄校本《古今杂剧》。

中华人民共和国成立后，郑振铎担任共和国第一任文物局局长，他认为：“不仅好利的商贾们是民族文化的叛逆者，即放任他们将古物、古书源源流出的责任者们也将是中华民族的千古罪人。”他首先拟定相关制度法规，报请政务院发出“为颁发《禁止珍贵文物图书出口暂行办法》的命令”，为新中国文物的保护管理做出了贡献。此后，他积极运作，促成了陈清华藏书等海外文物的回归，为古籍的保护做出了巨大的贡献。半个世纪后的今天，郑振铎先生的学识人品、道德风范以及文物保护的理念仍然是文物工作者的楷模。

从西谛的藏书看，可以说从诗经、楚辞到戏曲、小说、弹词宝卷，面面俱到。在文艺类书籍的收藏中，他不但重视作家的别集，还特别强调总集和地方艺文类书籍所起的作用。他认为总集类书籍不但可和各家别集互相比勘，取长补短，而且还可看出各个历史时期文学流派的特色和选家对文学批评倾向，如汉魏六朝文学，除了各家别集和薛应旗、汪士贤、张燮、张溥等编校的各家别集丛书，还兼收《昭明文选》各种版本 33 种，《玉台新咏》各种版本 8 种和明人冯惟讷、刘成德、张之象、张谦、曹学佺等编选的总集。对唐宋以后和近代文学亦是如此。地方艺文类书籍就搜集有 200 多种。其中不少是长期被人忽视的。

西谛对明清诗文集的收藏，数量相当可观。其中大部分是冷僻之书，目的是让大家不要遗忘，对画家的集子，如沈周的《石田集》、董其昌的《容台集》，戏曲家的集子，如唐宋以来词人的著作，有明人夏言的《桂洲词》、夏日的《葵轩词》、陈德文的《建安诗余》，更有明嘉靖间四川嘉定九峰书院本元遗山编的《中州乐府》，字大如钱，刻工粗犷而质朴，还有明代石村书屋蓝格抄本《宋元明三十三家词》，有朱彝尊藏印及亲笔题识和眉端评语，弥足珍贵。

西谛戏曲书的收藏，比重最大，也最有名，特别是明版插图本戏曲，相当出色。这部分收藏以 1939 年为限可分前后两个时间，前期他曾把收藏的精本，编为《西谛藏曲目》写刻出版，刘龙田本《西厢记》、玩虎轩本《琵琶记》、浣月轩本蓝桥《玉杵记》和孟称舜编定的酹江、柳枝二集，为其中白眉。抗战期间，为生活所迫，曾将所藏部分作价出售，后又收集补充。不仅西厢、琵琶、四梦等著名曲本不嫌重复，有见必收，它如施惠的《幽闺记》、苏复之的《金印记》、姚茂良的《双忠记》、徐霖的

《绣襦记》、屠隆的《昙花记》、史磐的《鹣钗记》和无名氏的破窑、鹦鹉、四美、异梦等记都有版式精美插图工致的明刻本。1953 年郑先生倡印的《古本戏曲丛刊》陆续印了四集，收入的很多种都是郑氏藏书。

西谛对于历代短篇和长篇小说的收集丰富而系统。其中有最负盛名的明版忠义水浒传，是 1931 年同朋友到宁波在林集虚大酉山房的书架上发现的，他认为是嘉靖年间的刊本，是当时所有《水浒传》刻本中最早的，几年后在书友的帮助下买到其中的五回，1958 年北京图书馆（今国家图书馆）又在上海购回其他三回。

对于宝卷、弹词、鼓词等讲唱文学的收集，西谛既早且全。他曾编了一个自藏的弹词目录，登在《小说月报》中国文学专号上，还编了宝卷和鼓词的目录。宝卷中有明写彩绘本《目连救母出离地狱生天宝卷》和嘉靖刊本《药师本愿功德宝卷》，他认为这是流传最早的两个宝卷。弹词中名作尤多，《三笑姻缘》《玉蜻蜓》《珍珠塔》等，都有藏本。鼓词中也有不少罕见者，如福州本《荔枝陈三歌全传》、潘必正陈妙常村歌、潮州本《双白燕》等，还有各种南音和时调唱本。这些民间人创作，若没有他的搜访发掘，怕早已湮没无闻了。

郑振铎先生在《中国版画史序》中说："我国版画之兴起，远在世界诸国之先。欧洲之版画，为德荷二国所创，始施于博戏之纸牌上，并以刻印圣经图像。时约在西历一千四百年左右（当我国永乐初）。日本浮世绘版画则盛于江户时代（当我国万历至同治间）。独我国则于晚唐已见流行。迄万历、崇祯之际而光芒万丈。歙人黄刘诸氏所刊，流丽工致，极见意匠……其时，欧西木刻画犹在萌芽也。"鉴于对版画制品的重视和珍爱，历代版画书籍，一向是郑振铎先生收藏和研究的重点。他早年注重收藏徽派版画，稍后又广收宗教画。此外，凡是木刻书中有插图的他都广收不弃。在他编写的《中国版画史图录》中使用的大部分是他自己的藏品。这部分收藏中的精品多为流传孤罕的珍本。如明万历刻本《程氏墨苑》彩印本、明崇祯刻《十竹斋画谱》《十竹斋笺谱》等郑氏藏品中都有既全且好的本子。还有清康熙时刻印的《芥子园画传》《芥子园画传二集》《芥子园画传三集》原本极为少见，郑收集的竟然是一部全的初印本。还有陈洪绶的《水浒叶子》《博古叶子》、肖云从的《太平山水图》等都是不可多得的版本。

郑振铎先生对于政治、经济史料，也留意收集。如刘锡玄的《黔牍偶存》，是明代万历末年统治阶级残酷镇压贵州少数民族农民起义的血泪记录。它如明崇祯朝《缙绅便览》《北新关商税则例》《闽海关则例》和明代坊本《万事不求人》《四民备观翰府锦囊》等书，都是罕见而有价值的参考资料。

此文选取西谛藏书戏曲版画中几种代表性的收藏与读者共享，一同体味郑先生的学识和对文物保护所做出的贡献。

脉望馆抄校本《古今杂剧》

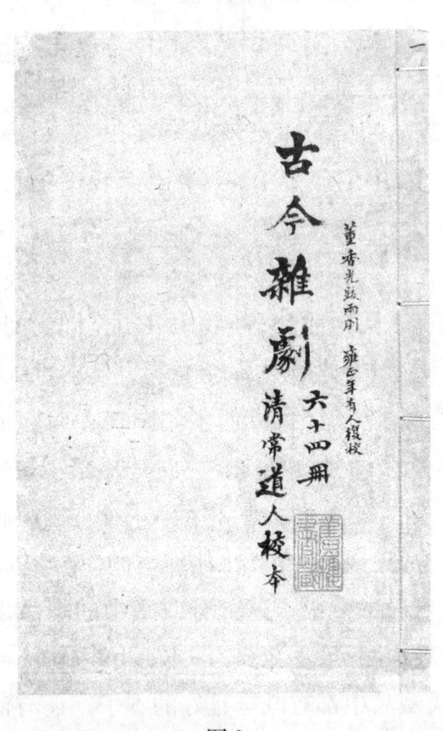

图 2

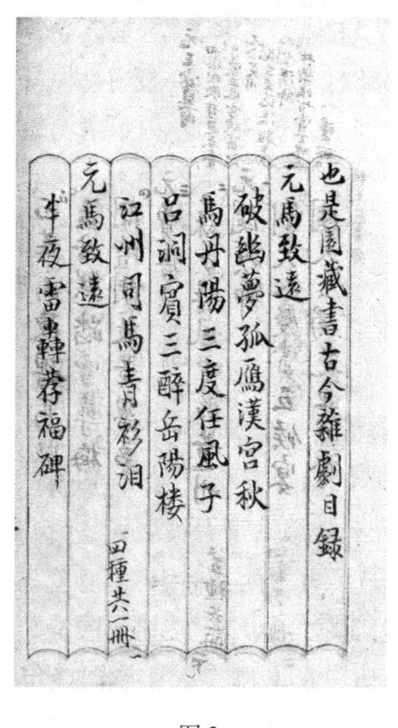
也是園藏書古今雜劇目録
元馬致遠
破幽夢孤鴈漢宮秋
馬丹陽三度任風子
呂洞賓三醉岳陽楼
江州司馬青衫泪
元馬致遠
半夜雷轟薦福碑
四種共一册

孤鴈漢宮秋
元 馬致遠 撰
楔子
（冲末扮番王引一行頭目上）氊帳秋風迷宿草穹廬夜月聽悲笳控弦百萬為君長款塞稱藩屬漢家某乃呼韓耶單于是也若論俺家世久居朔漠獨覇北方以射獵為生攻伐為事文王曾避俺東徙魏絳曾怕俺講和獯鬻玁狁逐代易名單于可汗隨時稱號當秦漢交兵之時中原有事俺國強盛有控弦甲士百萬俺祖公公冒頓單于圍漢高于白登七日多虧

图 3　　　　图 4

郑振铎先生称此书为劫中所见所得中最重要的，是得书的高峰，他的发现不仅对中国戏剧史、文学史研究者是重要消息，对中国文学宝库、历史文献资料的重大收获。并认为这个发现可以与内阁大库打开、甲骨文的出现、敦煌遗书的发现具有同样的意义。郑先生之所以如此看重，是因为此书为杂剧的集大成之作。其中半数为过去未见流传的本子。

此本发现以前，元人杂剧多赖明万历四十四年刻臧懋循的《元曲选》流传，此本收元杂剧凡百种，为杂剧选中最丰富的一种，其他杂剧选编，可以补充《元曲选》的，寥寥几种而已。最大的发现也就是黄丕烈旧藏《元刊杂剧三十种》，收入前所未见的元剧 17 种。而脉望馆抄校《古今杂剧》竟然收元明杂剧 242 种，种数比《元曲选》多出一倍半，这个宝库为中国文学史增添了许多名著，也为中国历史、社会史、经济史、文化史增加了大批资料。

脉望馆馆主是明万历年间的赵琦美，荫其父赵用贤作刑部郎中，在京城时有机会认识很多名流，如于慎行的儿子于小谷。《古今杂剧》

242 种，其中 15 种配以明息机子本，还有 52 种配古名家杂剧，其余都是赵琦美让人抄的。而且几乎每一本都经赵琦美校过，有校有跋。从他的校跋中可以看出，他抄的书主要有两个来源，一是“从内本录校”，内本指明代末年宫廷演戏的剧本，另一个就是从于小谷的本子传抄的。在赵的校里注明是抄校于万历四十二年到四十五年之间，正是他在京城担任刑部郎中的时候，这时他既有机会见到内本，也有机会借到于小谷的藏书。

于小谷，名纬，荫父于慎行（号谷峰，为东阁大学士）为中书舍人。赵琦美和于小谷同在京城做官，当时还有大量杂剧，他们互通有无，抄了不少。借抄的戏曲书，赵琦美后来都带回南方家中。赵死后，其藏书归钱谦益绛云楼，绛云楼曾经失火，所幸这部书没有被烧毁。后归入钱曾手中，钱曾藏书《也是园书目》著录了大批的戏曲书，主要就是赵琦美的抄校本。钱曾时，著录除重复外，尚有 340 种 72 册。而赵琦美原藏数量现却无法得知，仅可确认，经历 300 年到国家图书馆时，共有 242 种 64 册。这批书刚被发现时，人称《也是园杂剧目》，因为钱曾没有写《古今杂剧》之名。也有称之为也是园戏曲的。

这批书在钱曾之后又经季振宜、何义门、黄丕烈递藏。黄丕烈定其名为“古今杂剧”。黄丕烈后又辗转相传于汪士钟艺芸精舍、赵宗健旧山楼、丁祖荫等处。明朝山东有个李开先，曾因藏戏曲书颇多，自称词山曲海，黄丕烈在得到赵琦美的藏书后，自己刻了一方印“学山海之居”，认为自己收藏的戏曲书已经可以和李开先媲美了。此书流传中不断损失，“也是园”有 340 种，到季振宜著录时就只有 300 种，黄丕烈时有 266 种 66 册，黄手抄目录四十叶，今附书前。而到汪士钟手里就只有 242 种 66 册。

郑振铎先生自己说这是他在劫中得到的最好的书。国宝送国库，完成了郑振铎先生的愿望。公布此事，在当时也是非常轰动。之后，商务印书馆曾选其中 144 种，编成一部“古本元明杂剧”。20 世纪 50 年代郑振铎担任文化部副部长时倡印“古本戏曲丛刊”，“古本戏曲丛刊”印了 1－5、9 辑，其中“古今杂剧”印在 4 辑中。

明万历刻本《元曲选图》

图 5

《元曲选》100 卷，为杂剧选集。全书 10 集，每集 10 卷，每卷 1 剧，其中元代杂剧 94 种，明代杂剧 6 种，总计 100 种，故又称《元人百种曲》。明臧懋循编，明万历四十四年雕虫馆刻本。臧懋循（1550 — 1620），字晋叔，浙江长兴县人。万历八年进士，曾官荆州府学教授，南京国子监博士。由于他不屑恪守封建礼法，遂为世俗所不容，以致后来被劾罢官。臧氏精于音律，为明代著名曲家，自著有《负包堂集》。《元曲选》100 卷分两批刊印，第一批甲、乙、丙、丁、戊集，刊于万历四十三年（1615）；第二批己、庚、辛、癸、酉集，刊于万历四十四年（1616）。这些杂剧是臧从自家所藏秘本及麻城刘承禧所藏之内府本中遴选出来，刊刻时略做增删，基本忠实原著。现存元人杂剧总数不足 200 种，《元曲选》所收元代杂剧，占现存总数的一半以上。书中收录关汉卿《感天动地窦娥冤》《赵盼儿风月救风尘》白朴《唐明皇秋夜梧桐雨》《裴少俊墙头马上》,马致远《破幽梦孤雁汉宫秋》等名剧,影响巨大。对元代杂剧的传播起了重要作用。后世研究元代杂剧,一般都以本书为据。明万历年间,版画艺术得到飞速发展,尤其是戏曲书籍,更喜配插图以示优雅。《元曲选》每剧附图两至四幅,总计 224 幅。其插图临摹古代名画家的不同画法,生动、逼真地将各剧的情节特点表现出来,其图画线条细腻、流畅,极尽婉丽之美,在中国版画史上具有极重要的地位。原书插图多附于每剧正文之后,郑振铎先生旧藏之本,却将插图单独装订一册,其版印清晰娱目,当系初印本。书中钤有"长乐郑西谛藏书之印"。

明万历滋兰堂刻彩色套印本《程氏墨苑》

图 6

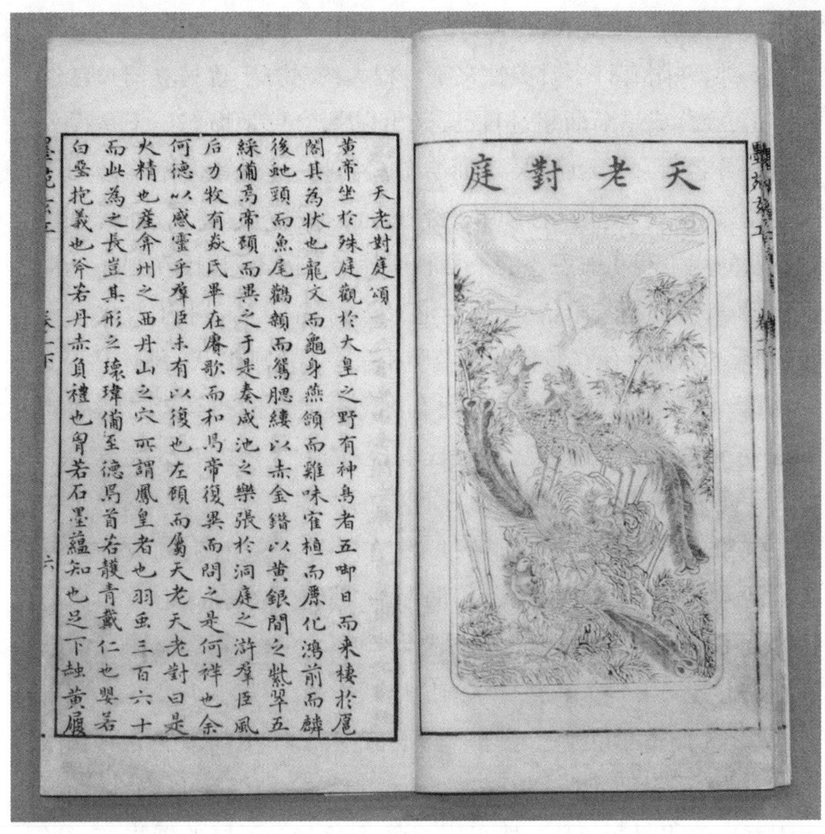

天老對庭頌

黄帝坐於珠庭觀於大皇之野有神鳥者五啣日而來棲於扈閣其爲狀也龍文而龜身燕頷而雞味寉植而麋化鴻前而麟後虵頸而魚尾鶴顙而鴛腮縷以赤金錯以黄銀間之紫翠五綵備焉帝頫而異之于是奏咸池之樂張於洞庭之游羣臣風后力牧有㠯氏畢在賡歌而和焉帝復異而問之是何祥也余何德以感靈乎羣臣未有以復也左頫而屬天老天老對曰是火精也產弇州之西丹山之穴所謂鳳皇者也羽虫三百六十而此爲之長豈其形之瓌瑋備至德焉首若韄青戴仁也嬰若白堊抱義也斧若丹赤負禮也胷若石墨蘊知也足下蚍黄履

图 7

明程大约编。明丁云鹏、吴廷羽等绘。明黄鏻、黄应泰、黄应道、黄一彬等镌。明万历三十三年(1605)安徽新安程氏滋兰堂刻彩色套印本。图文并列。卷首目录题“程幼博墨苑”,版心下镌“滋兰堂”。程大约,字幼博,别字君房,号筱野,又号玄玄子、守玄居士、墨隐道人、独醒客、鸿蒙氏、鄣山放民、紫宸近侍,安徽歙县岩镇人,太学生,善古文,曾仕鸿胪寺序班,著有《程幼博集》六卷。程氏是徽州的制墨名家。既好蓄墨,又精墨法,并有墨坊“还朴斋”贩制其墨。所制墨曾贡入宫中。当地与程大约几乎同时的还有一个名家叫方于鲁。据王重民先生《程大约传》考证:“方于鲁幼贫,客于大约习制墨,后与大约相牾,独张墨业,辑《方氏墨谱》六卷。”《墨谱》带有广告性质,它的印制最初的目的主要用于商业宣传。方于鲁的"墨谱"共收集了380多幅插图，分为6类，并附有许多赞美性文字。程大约对方于鲁另立门户已经不满，对其经营成果渐渐超过自己，又出《墨谱》更是愤怒。于是程大约请当时著名画家丁云鹏、吴廷羽绘图，名刻工黄鏻等绣梓，辑刻出《程氏墨苑》。两个"墨谱"性质和内容相近，有些图案甚至雷同，但是由于行业的竞争和私人恩怨的报复心理等诸多因素，程氏在制作过程中不惜工本，刻印精益求精，精致绝伦，令人赏心悦目。书中收入了大约500种墨样，墨形有方形、圆形、圭形和一些不规则形状，题材包括山川景物、草木禽兽、佛道祥瑞等。还有许多友人写的抬高自己贬抑他人的题跋、诗篇、颂词和鉴定。《程氏墨苑》的刻工是当时刻板圣手黄鏻等人。此书堪称名画家与名刻工配合的绝佳之作。此书的刻印在插图数量和艺术水平上都远远超过了《方氏墨谱》。程大约或许自己也想不到，他为竞争过对手而刻印的一部"墨谱"，在客观上推动了彩色印刷技术的发展，将中国的版画技术推向了高峰，不经意中在中国的版画史上占据了一个非常重要的地位。

现存《程氏墨苑》中，墨印本并不稀见，彩印本却很罕见。国家图书馆收藏的《程氏墨苑》彩印本是存世唯一一部保存完整的彩印本。书中有彩色印图55幅，一般采用4色、5色分饰不同的器物、花鸟等，如《天老对庭图》有红色、黄色的凤凰，有绿色的竹子；《飞龙在天图》则使用4色彩印，印制尤为精彩动人。彩印使用的方法是在一块板上将各部分分别涂上不同的颜色，一次印成，这种着色方法对雕刻和印刷的工艺要求很高，与分版彩印只有一步之遥，可以说他是饾版的前驱。郑振铎先生曾感叹："余收集版画20年，于梦寐中所不能忘者惟彩色本程君房《墨苑》。"

郑先生得到《程氏墨苑》也是一段奇缘。天津著名藏书家陶湘(1870－1939)，字兰泉，号涉园，江苏武进人。藏书多达30万卷。并以刻书精著称于世。他民国初年赴京，民国十一年迁津，晚年移居上海。曾任故宫博物院图书馆专门委员。1932年退职后，致力于纂述工作。1934年在故宫图书馆编目。其时郑振铎收集版画，广搜墨苑、墨谱诸作。得知陶湘藏有彩印《程氏墨苑》后，便造访陶公，竟日披阅，录目而归，不敢作购藏之想。日本侵华后，陶公由于生活窘迫开始售书。郑将《墨苑》等购得。得书后郑先生感慨道："此'国宝'也！人间恐无第二本。余慕之有年，未敢做购藏想。不意于劫中竟归余有，诚奇缘也！"购书当日，郑先生邀好友数人，将彩本《程氏墨苑》展卷摩挲直至深夜。他说："十载相思，一旦如愿以酬，喜慰之至，至于数夕不能安寝。"

饾版和拱花技术的杰作——《十竹斋画谱》《十竹斋笺谱》

图 8

图 9

图 10

明胡正言辑选，明高阳、凌云翰、吴士冠、魏之璜、魏之克、胡宗智、高友及行一和尚等同校。胡正言、汪楷等刻。明崇祯十七年(1644)南京胡氏十竹斋彩色套印本。

胡正言，徽州休宁人。字曰从，别号十竹主人、默庵老人，生于明万历十二年(1584)，卒于清康熙十三年(1674)。经历了明万历、泰昌、天启、崇祯、清顺治、康熙六代，寿高命长。南明时曾官中书舍人，入清后不仕，30岁后移居金陵(今江苏南京)鸡笼山侧，专心从事刻书、藏书之事。因所居房前院内种竹十余竿，故室号为十竹斋。胡博学多才，精擅六书，长于书画、篆刻，又能制纸墨，并喜藏书、刻书。著有《印存初集》《印存玄览》《胡氏篆草》《词林纪事》等书，刻有《六书正讹》《千文六书统要》《牌统孚玉》《古今诗余醉》《诗谭》等。但最具有代表性的当为他辑选并采用饾版和拱花技术套印的《十竹斋书画谱》和《十竹斋笺谱》二书。刊版套印之精、施墨着色之娴雅妍丽，在印刷技术上可以说达到了一个新的高峰。

胡正言的《十竹斋画谱》，全部采用饾版法印成，所谓饾版，是将彩色画稿按不同的颜色分别勾摹下来，每种颜色刻成一块小木板，然后依次逐色套印或叠印，最后形成完整的彩色画面。印一幅画，多的能用上千块版，少的也要十几块。因为一块块镌雕的小木板形似饾饤，故称饾版。用这种办法印出的画面，其色彩的浓淡深浅、阴阳向背，都可以随心所欲地表现出来，几乎与原作无异，艺术效果令人叹为观止。在中国版画史上，明代彩色套印版画所遗作品最多，成就也最高，自宋、元以来，人们长期探索的木刻彩印技术，至此产生了质的飞跃。饾饤版的出现，使中国的版刻和印刷能随心所欲地调节浓淡色调，不仅仅是彩绘，就是单色绘画，也达到了与画家手绘同等的效果。可以说这是中国雕版木刻印刷术的又一场革命，对国内外产生了巨大的影响。虽然我们不能说是胡氏发明了这一技术，但可以说胡氏将这种技术发挥到了淋漓尽致的地步。直到今天，木版水印全过程中的具体分工，大体上还是沿袭胡氏的模式。

《十竹斋画谱》属于画册，兼收录名画、讲授画法，供人们鉴赏和临摹。分为《书画谱》《墨华谱》《果谱》《翎毛谱》《兰谱》《竹谱》《梅谱》《石谱》等八大类，收入他本人的绘画作品和复制古人及明代的名作30家。每谱中大约有40幅左右的画，每幅都配有书法极佳的题词和诗，总共180幅画和140件书法作品。

《十竹斋画谱》技术繁复，分版、刻版、对版、着色、印刷来不得半点马虎，印出来的作品达到前所未有的化境。可称“浓浓淡淡，篇篇神采；疏疏密密，幅幅乱真”。《十竹斋画谱》原版初印本用开化纸印制，传世稀少，在版本学上占有极重要的地位。

《十竹斋笺谱》则采用的是拱花技术，所谓拱花，是将纸压在版上压磨，使得花纹凸现纸上的印制方法。十竹斋的拱花技法有白拱、色拱、线拱、块拱多种，笺谱共4卷，收图近300幅，包括清供、华石、博古、画诗、奇石、隐逸、写生等内容，用拱花方法印制所显现出来的浓淡分明的效果，给人以半浮雕的立体感。可以说是印刷技术的又一飞跃。

《芥子园画传》

图11

清代的套版印刷，在明末的套印基础上，有了长足的发展，饾版套色印刷的代表作品就是李渔芥子园甥馆印的《芥子园画传》。芥子园是清初著名的剧作家名士李渔金陵别墅的名字。李渔，字笠翁，精谱曲，家设戏班，所著《闲情偶寄》对中国戏曲理论有所丰富和发展。除刻印过《闲情偶寄》外，尚有自撰《笠翁十种曲》20卷和《一家言全集》53卷。在其《一家言全集》卷四“芥子园杂联”序中说明其室名为芥子园的缘由：“此余金陵别业也，地止一丘，故名‘芥子’，状其微也。往来诸公，见其稍具丘壑，谓取芥子纳须弥之意。”因画传的制作人是李的女婿，故称芥子园甥馆印。

> 《芥子园画传》凡三集，初集山水谱，五卷；二集兰竹梅菊谱，八卷；三集花卉草虫及花木禽鸟两谱，四卷。

李渔的女婿沈心友，家中存有李长蘅画的课徒山水画稿43叶，又请王概、王蓍、王臬三兄弟为之整理增绘，经3年增至133叶，又临古人各式山水画40幅，在李渔的大力协助下，于康熙十八年饾版彩印而成，作为初学国画者画范。此为《芥子园画传》的第一集。

王概，字安节，康熙间秀水人，寓居金陵，工诗善画，以山水画名于世。其兄王蓍，字宓草。工诗歌，善画花卉翎毛，得黄荃遗法。概弟王臬，字司直。三兄弟均善绘画，并著有《学画浅说》。沈心友请他们斟酌增删了杭州名画家诸羲庵为沈氏编绘的《竹兰谱》和王蕴庵编绘的《梅菊草虫花鸟谱》，于康熙四十年（1701）刻印成书，是为《芥子园画传》第二集。当时第二集分为上、下册，上册为竹兰梅菊谱，下册为草虫花鸟谱。后来书商将沈心友的例言十条删去，把竹兰梅菊改订成第二集，草虫花鸟谱改为第三集。

《芥子园画传》是继《十竹斋画谱》之后用饾版彩色套印的又一部大型画谱，初印本用开化纸，五色饾版套印，浓淡深浅阴阳向背，不失原稿色泽神态，色调绚丽夺目，气韵自然生动，代表着清代前期雕版彩色印刷的高峰，在我国印刷史上占有重要地位。数百年来对初学者在国画传统技法上和接受前人绘画遗产方面起了很大作用。可以说是介绍和指导国画技法的一部教科书，学画者的津梁。此书流传甚广，对中国绘画界有着巨大的影响。这个角度看，沈氏可谓功德无量。

《芥子园画传》对中国绘画史的影响和贡献巨大，至今仍以其独特的艺术魅力为人推崇，我国许多近现代的著名画家从幼年就用《画传》做参考，接受系统的、基础的培养，齐白石老人学画就是从《芥子园画传》入手的。而且，此书问世后很快就传到了海外，在乾隆年间还出现了日本翻刻本，从而产生了巨大影响。

《坐隐先生订棋谱》

图 12

如果从尧造围棋以教由朱作为中国人研习围棋的开端，中国人发明围棋已有5000年的历史了。几乎与中华文明史同步。5000年的历史留给今天的除去棋盘棋子带来的愉悦，还有厚厚一叠棋谱。人们在纵横各19路棋盘的361个交叉点上，幻化出许许多多的变化，不但在围棋世界中享受着博弈的快乐，也领悟着其中蕴涵着的深厚的人生哲理。作为围棋的起源地，围棋对于我们中国人来说已经远远超出了它的娱乐功能，它是一种理念，一种生活的态度，一种生命的哲学。棋已经不仅仅是智力的角逐，更多的是智慧的延伸。

明万历间名士如吴承恩、汤显祖、凌梦初、冯元仲、谢肇制、汪廷讷等都热衷于围棋，并各有作品，如《西游记》《弈旦评》《五杂俎》等。郑先生旧藏安徽休宁汪村汪廷讷编的《坐隐先生精订捷径奕谱》是其中最有代表性的一种。

汪廷讷，原字去泰，后改字昌朝，一字无如，别号无无居士、无闷道人、全一真人，清痴叟、坐隐先生也是他的号。他曾为富商，后捐得从七品朝廷命官。他好作曲，擅长刻书，万历二十八年在家乡建坐隐园和环翠堂，以供诗酒之会，同时进行刻书活动。此明万历三十七年（1609）汪氏环翠堂所刻《坐隐先生精订捷径奕谱》应为《坐隐先生订谱全集》中的第一部，棋谱开本见方，图文设计豪华大方，刻划细致入微，存两册，其中第一册众家序言后连式六幅《坐隐图》插图最具特色，图案表现的是汪氏坐隐园雅集的情景，特别是第三幅，两人在松阴石桌上下棋，另两人在一旁观看。下棋的一位或许就是汪廷讷本人，另三位的服饰代表着儒、释、道家的代表人物。版画人物造型也具有非凡的功力，刻画细致清晰，线条细若毫发，山石结构、水浪波纹等图案都能代表徽派版画的典型特点。衣纹折叠、花饰图案和山石的点刻，无人堪与匹敌。为徽派版画上乘之作，六版连成一幅下围棋的画面，反映了主人理想中的隐逸生活。书由詹国礼督梓；汪耕绘；黄应组镌。绘者汪耕，字于田，汪廷讷之好友，善绘人物山水，细致秀丽。刻者黄应组，号仰川，擅刻插图，刻书多种，为歙西虬村黄氏刻书名手之一。

《养正图解》

图 13

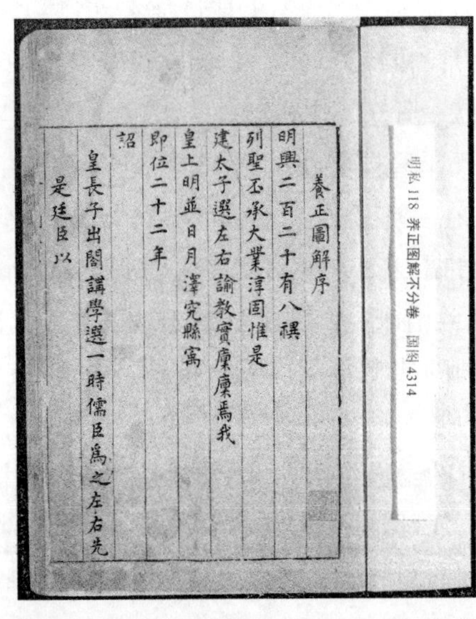

明私 118 养正图解不分卷 国图 4314

養正圖解序

明興二百二十有八禩

列聖丕承大業淳固惟是

建太子選左右諭教實廪廪焉我

皇上明並日月濬究縣寓

即位二十二年

詔

皇長子出閣講學選一時儒臣爲之左右先

是廷臣以

图 14

我国版画历史之悠久，与雕版印刷术的发展相始终。经过不断发展，到明代达到了很高的水平，万历、崇祯时期更是登峰造极，可称为中国古代版画史上的黄金时代。这一时期徽派的版画风格一扫粗壮雄健之风，“由粗豪变而为秀隽，由古朴变而为健美，由质直变而为婉约”，形成了徽州版画的独特风格。

明代印刷业的极大发展，造就了一批很有名的刻工，其中人才最集中、名手最多、技艺自成体系的当属徽派刻工，而徽派刻工又以歙县虬村的黄氏为最有名。黄氏是中国古代最大的刻书世家，刻工又以刻图版见长。黄氏的刻工大多都有一些绘画基础，因此在与名画家合作时非常得心应手，能准确地将画家原作的韵味再现出来，印出之后与原稿毫无二致。甚至有些刻工在雕版过程中还进行再创作，将画家在原作中未尽之笔触，通过雕版表现出来，使其作品更加完美。黄氏几代刻工奔走于大江南北，以其精湛的雕印技术，创作了许多优秀作品。《养正图解》即是其中之一。

明万历间，焦竑为劝导皇太子朱常洛承续封建道统而采录编选进呈《养正图解》。首为焦氏自序，自序中称，高皇帝选出耆老魁垒之士，从太子诸王以游，命诸臣在讲经书的闲暇，开陈明君良相、孝子忠臣的故事，及时政沿革、民间疾苦之类，又命绘农业艰难和古孝行图以进，以做到本末具举。焦竑采古言行可资劝诫者，今古以通之，图绘以像之，做成《养正图解》。其正文有解说六十则，每则各附单面图一幅，以图解形式通过历史典故、古人事迹，宣讲封建伦理道德及论行为规范。在解说中，作者借题发挥，竭力阐述儒家的纲常概念及仁、义、礼、智、信的五德思想，宣扬了修身、齐家、治国、平天下的为君之道，劝勉皇子从细微之处作起，修身养性，以达到治国平天下的目的。

《养正图解》明代版本颇多，作为培养封建统治继承人的教材，也受到了清代统治者的赏识和重视，乾隆帝为其作诗，嘉庆帝为其作赞，至光绪二十一年光绪帝下达谕旨，书与御制诗一并武英殿不分卷刊刻颁行。

郑振铎先生所藏为金陵奎壁斋刻于明万历二十二年(1594)的《养

正图解》,绘图者为明代安徽休宁著名画家丁云鹏,刻工则为徽州黄氏家族的黄奇。名画家和名刻工的绝佳配合,使书中的60幅插图,版画绘刻精细,人物神态自然,景物栩栩如生,意趣盎然,充满古趣,使此书堪称徽派版画作品中的上品,因而,具有较高的研究价值和欣赏价值。

《凌烟阁功臣图》

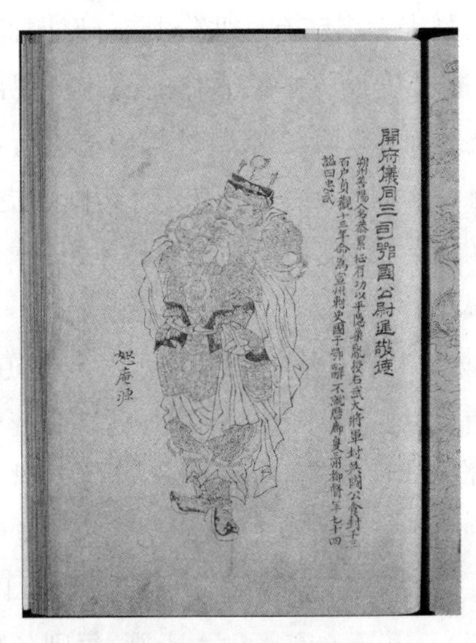

图15

清刘源绘。清朱圭刻。清康熙七年(1668)吴门柱笏堂刻本。刘源,字伴阮,号猿仙,河南祥符(今开封)人,寄居于江苏苏州。康熙间供奉内廷,官至刑部主事。工书画、精鉴赏制作精彩绝伦。时人有比之于王维者。刘氏《凌烟阁功臣图》与同时的金古良《无双谱》齐名,代表康熙时期的人物版画的风格。朱圭,吴郡人,出身书香门第,以木刻画为业。康熙五十一年(1712)成了皇家的木刻画作者。朱氏有杰作存世,如焦秉贞绘的《御制耕织图》、王原祁、宋骏业、冷枚等绘的《万寿盛典图》《石濂和尚离六堂集》附图,为康熙间吴中名匠,镌图以纤丽工致著名。

关于《凌烟阁功臣图》的作者究属何人，有两种说法。一说是刘源所绘，而吴伟业还称其气象仿佛，衣装瑰异，虽立本复生，无以过。一说据《国朝画征录》所载云为朱宾所画，刘源见之遂攘其名以付雕。

此书以唐代历史人物为题材。唐贞观十七年(643)，唐太宗下诏，在当时长安凌烟阁画上他的24位开国功臣之像。刘源绘此24功臣人像，意在颂扬功臣忠节。是书封面镌"刘源敬绘凌烟阁，吴门柱笏堂授梓"，次为康熙七年(1668)佟彭年、康熙八年(1669)萧震、康熙九年(1670)尤侗、沈白、袁钫等序，多为溢美之词。再次为康熙七年刘源自序，称偶见陈洪绶所画《水浒》36人像，"古法谨严，姿神奇秀，辄深向往，独惜陈公精笔妙墨，不以表著忠良，而顾有取于绿林豪客"，因而又出自机轴，别为《凌烟阁功臣图》一册，"以纪风云之盛，立仁义之极"。其旨在表示对大清国的忠心。

图前有目录，以裂冰纹为背。目录前有书牌称"吴门朱圭敬镌"。图之目次为"司徒赵国公长孙无忌""司空河间王孝恭""司空莱国公杜如晦""司空太子太师郑国公魏徵""司空梁国公房玄龄""司徒并州都督申国公高士廉""开府仪同三司鄂国公尉迟敬德""特进卫国公李靖""特进宋国公萧瑀""辅国大将军褒国公段志宏""辅国大将军夔国公刘弘基""尚书左仆射蒋国公屈突通""陕东道行台右仆射郧国公殷开山""荆州都督谯国公柴绍""荆州都督邳国公长孙顺德""洛州都督郧国公张亮""吏部尚书陈国公侯君集""左骁卫大将军郯国公张公谨""左领军大将军卢国公程知节""礼部尚书永兴郡公虞世南""户部尚书渝国公刘政会""户部尚书莒国公唐俭""兵部尚书英国公李世勣""左武卫大将军胡国公秦叔宝"。末附"观世音菩萨像"三尊、"关羽像"三尊，总共30幅。

刘源的画风，接近陈洪绶可称上乘之作。作者以娴熟的线条，勾画人物形象，且能用不同的体姿和面目来区别人物的不同气质和性格。图像多不做背景，只写一人或两人，着重于人物特点的刻画，可见作者人物写生之功底。细察其情，人物的骨骼，都可从衣外看出何处是肩,何处是肘,何处是腰,何处是膝。故而能做到虽然每幅都是一个个单独人像,由于体形、姿态变化巧妙,令人观赏,读之有味。这较之长期以来不注重刻画人物表情和内心世界的徽派来说,是一个很大的进步。

从该书的版式看,也是别开蹊径,独具风格。每像都附题赞:“诗则集之工部,字则仿之诸家。”几乎每幅题赞,都仿用一种字体,或仿钟繇、王羲之、怀素、刘岑,或仿玟书、悬针篆,或仿苏(轼)、黄(庭坚)、米(芾)、蔡(襄),直至赵孟頫等,无不酷似,由此又可见作者在书法方面也具有深厚的功力。于每幅题赞的周围均用种种纹饰,诗情画意、珠联璧合,充分显示了作者经营布局的绘画才智。题赞纹饰的内容也极广泛,有秦砖汉瓦、钟磬鼎彝、刀剑法器、书砚琴瑟等。就画种而论,有山水花卉、飞禽走兽、异石仙草等,很妥帖地点缀着题赞诗,起着一种烘托主题的作用。

插图由吴中名匠朱圭刊刻,朱圭堪称是这个时代的雕刻骄子。在这些人物画上,大都画着缜密的花纹图案,细如毫毛,诸如屈突通、李世勣着身的盔甲,纹饰细密,但端其每笔,都刻得很清晰。关公、魏征的胡须,不仅线条精细,而且还刻得生动、自然,令人折服。观音、罗汉、关公、周仓身上的衣纹,可谓柔媚如春蚕吐丝,同时做到了“细巧求力”。

郑振铎先生一生清贫朴素,但是他在收集濒临散亡的古籍善本以及其他文物时所表现出的忘我情怀,将永远为我们缅怀。

原载于《文物天地》,2007 年第 11 期

传承与守望

——国家珍贵古籍特展中的部分古籍

2009年6月,第二批《国家珍贵古籍名录》及第二批"全国古籍重点保护单位"由国务院正式公布。此次名录有280家收藏单位的4478部古籍入选,其中汉文部分4211部、民族文字部分266部,还有1部其他文字珍贵古籍。从收藏单位和名录的数量都大大超出第一批名录。

2009年6月13日至7月10日,在国家图书馆,由文化部主办的入选第二批《国家珍贵古籍名录》的300件古籍与喜爱古籍、热爱传统文化、关心古籍保护的各界观众见面。本次展览是新中国成立以来参展单位最多的一次古籍特展,参展的宋元善本就达50种之多,有些古籍不见于《中国古籍善本书目》著录,是第一次呈现在公众的视野下,而几乎每一部古籍背后都有一部传奇故事。

两部宋刻《金石录》300年首次相聚

在展场上,有一部来自上海的宋刻《金石录》残本,书上印章累累,斑斓绚丽。非常引人注目。此书经大藏书家朱石文、鲍廷博、江立、赵魏、阮元、韩泰华、潘祖荫等递相收藏,又经著名学者姜藩、顾千里、翁方纲、姚元之、洪颐煊、沈涛等先后鉴赏,也显示了此书不菲的身价。此书清初曾藏冯文昌处,冯得此宝书,尽管只有十卷,却非常珍爱和看重，特地治了一方“金石录十卷人家”的印章，由于此书是《金石录》仅存的宋刻本，虽残，也被公认是宋版书无上珍品。

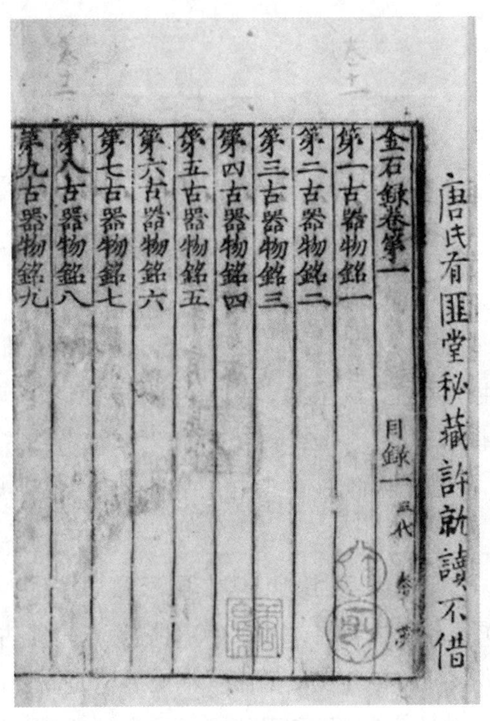
唐氏有匪堂秘藏許就讀不借
金石錄卷第一
第一古器物銘一
第二古器物銘二
第三古器物銘三
第四古器物銘四
第五古器物銘五
第六古器物銘六
第七古器物銘七
第八古器物銘八
第九古器物銘九
目錄一

说起《金石录》，其作者是读者耳熟能详的人物——赵明诚、李清照夫妇。赵明诚对考古、金石、书画研究甚深。《金石录》著录了其所见从上古三代至隋唐五代以来，钟鼎彝器的铭文款识和碑铭墓志等石刻文字，是中国最早的金石目录和研究专著之一。全书共30卷，目录10卷，跋尾20卷，考订精核，评论独具卓识。赵明诚之妻李清照——那位一句“人比黄花瘦”令多少文人骚客感叹不已的宋代著名词人，对金石书画也有相当高的造诣，她在《金石录后序》中写道，“赵、李族寒，素贫俭，每朔望谒告出，质衣取半千钱，步入相国寺，市碑文果实归，相对展玩咀嚼，自谓葛天氏之民也”。生活好转时，夫妇二人“每获一书，即同共勘校，整集签题；得书画彝鼎，亦摩玩舒卷，指摘疵病”。其乐融融，令人神往。然而北宋末年金人占领汴京，河北、山东相继沦陷，赵明诚夫妇逃避到江南，所藏金石书画在辗转过程中损失殆尽，赵明诚也在流亡中病故。多年后，孤灯下李清照翻阅《金石录》，遥忆与赵明诚当年"每日晚吏散，辄校勘二卷，跋题一卷"的日子，感叹"手泽如新而墓木已拱"。撰写下《金石录后序》，备述一生遭际和文物聚散，让后人读之扼腕叹息。

《金石录》全书应为30卷，前10卷为目录，共著录2000种，每种注明年月与撰书人名；后20卷为跋尾，总502篇。此书的价值与成就主要是：一、在考订年月、论证铭文内容方面，纠正了《先秦古器图》《考古图》等著作所存在的许多错误。二、运用以器物碑铭验证前史的方法，考订了传世古籍中存在的讹谬。三、录存了许多当时不见经传的重要史料与后来逐渐亡佚的古籍资料，既可补正史之不足，又可供今人做校勘、辑佚古籍之用。

冯文昌藏的宋刻《金石录》只有十卷，且标注为"卷一至十"，应为目录部分但此卷一至十却为跋尾，300多年来，学术界颇为迷惑，直到解放初，另一部宋刻《金石录》浮出水面，才揭开谜底。赵世暹在南京购得旧藏金陵甘氏津逮楼宋刻《金石录》为30卷全本。甘氏藏书在清代嘉道间享有盛名。甘国栋，字遴士，藏书有十余万卷。子福，字德基，号梦六，生平好学，也喜欢蓄书。世传甘氏《津逮楼书目》有18卷，但此《金石录》却不在其中。或是矜秘不肯示人？此书前有赵明诚序，而无易安后序。赵氏购得此书后捐献给国家图书馆。

20世纪80年代，编辑《中国古籍善本书目》的冀淑英先生，看到上海图书馆藏残本，疑与国图藏本应为同版，一语惊醒梦中人，上图的陈先行先生等在研究中发现，残宋本的卷次早在冯文昌收藏前已被剜改，由于技术惊人高超，许多藏家鉴定家的"法眼"都被骗过。造成了与其他传本体系不同的假象。而两部文字略有歧异，是因为此残本为后印，印时除修补损坏的版片，还补刻了初印时留下的缺字，对原来的文字作了某些校正。十卷残本是《金石录》中20卷跋尾的前十卷。

冀淑英先生等根据刻工、避讳等证据，推知此本是宋淳熙间龙舒郡斋刻本，也就是前人所称的"龙舒初版"。一部宋版书的疑案从此尘埃落定。

六十年间三度回购，“南陈”父子两代与国图深厚渊源

在展场上有两部宋本是2004年入藏国家图书馆的，是寓居美国多年的陈国琅先生藏书，一是宋刻本《纂图互注周礼》，一是宋淮东仓司刻本《注东坡先生诗》。陈国琅先生藏书为继承父亲陈清华先生的遗赠。

陈清华，字澄中，祖籍湖南祁阳，1919年，陈先生留学回国，先后就职多家银行。20世纪30年代后，开始收藏中国古籍善本，不久便以万金购得宋版《荀子》。此后陈先生拜见藏书家傅增湘，傅先生笑称：“君非以万金得熙宁《荀子》者乎？是可以‘荀’名其斋矣。”由此“荀斋”成为陈氏室名。以后陈先生又获韩氏读有用书斋、袁氏后百宋一廛、瞿氏铁琴铜剑楼、傅氏双鉴楼等旧藏秘籍，藏书数量迅速增长，宋元善本、明清钞校稿本、罕见善拓，逾500部，普通善本古籍无计其数。其藏书数量之大、质量之高，于江南无有匹敌者，与天津周叔弢并称“南陈北周”，成为民国间两大藏书家之一。新中国成立前夕陈先生携部分藏书移居香港。

1955年、1965年，陈家两次售书。为使珍贵典籍免遭离散的命运，周恩来总理果断决定全部购回，至今仍为文化界津津乐道。两次陈氏藏书108部入藏国家图书馆，其中有声名显赫的宋拓本《神策军碑》。

2004年，陈国琅先生将父亲遗赠的23部藏书送回祖国，在当时引起轰动。陈先生本人也认为此举给藏书找到最好的归宿，是以“告慰先父在天之灵”。

过火不毁的宋嘉定淮东仓司刻本《注东坡先生诗》卷四十二

此书为苏东坡诗集，宋人施元之、顾禧为之作注，宋刻宋印，版刻

精良,字画俊美,刀法清劲,楮墨明净,粲若明珠。缪荃孙曾叹为“真海内孤本”曾经火燎,烬余幸存,为有清一代书林中的神话,更加倍受士人景仰。

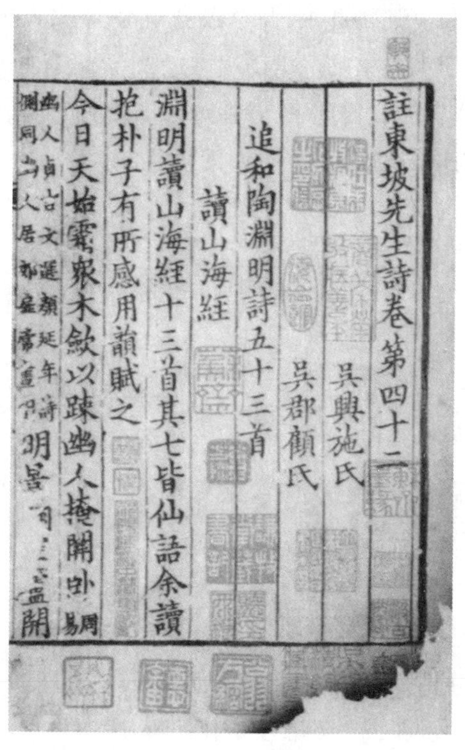
註東坡先生詩卷第四十二
吳興施氏
吳郡顧氏
追和陶淵明詩五十三首
讀山海經
淵明讀山海經十三首其七皆仙語余讀
抱朴子有所感用韻賦之
今日天始霜衆木歛以疎幽人掩關臥

明朝嘉靖万历间,此书在锡山安国家藏。锡山安国,在古代收藏家中非同一般。清代安仪周《墨缘汇观》里著录的三部宋拓本《石鼓文》先锋本、中权本、后劲本,都是安国旧藏之物。可见其收藏质量之高。

明末清初,此书落在常熟毛晋的汲古阁。清初康熙间,商丘宋荦收藏。乾隆间,谦牧堂揆叙收藏。此书到翁方纲家后,翁方纲如获至宝,珍若拱璧,题其室名曰“宝苏斋”,自号曰“苏斋”。每年逢东坡先生日,翁方纲召集社会名流、亲朋好友,设坛公祭,请出这部镇宅之宝,令众人一睹此书的风采,于是乾隆嘉庆之际的士人贤达,诸如桂馥等近百人,或题诗歌咏,或题跋盛赞,或题画添彩,全书各册,首叶末叶,护封扉页，或墨迹，或朱印，或丹青，遍布当时名贤笔墨，盛况空前。

清末，此书辗转归湘潭袁思亮收藏，当时袁思亮在京为官，宅邸在西华门外，以万金之价得此书于汉阳叶氏，惊动京城。然不久袁宅惨遭绛云之厄，袁思亮痛惜此书，几至以身相殉，幸家人拼死冒火抢救此书而出，此书各册书口书脑严重受损。过火而不毁，如有神物护持者！

此后陈清华辗转收得此书，并留赠陈国琅先生。如今此书入藏国家图书馆，与陈氏旧藏团聚，或亦为冥冥中的定数。

宋刻本《纂图互注周礼》

本书以图解、互注的方式注解古代礼制，明晰易解。刻印精美，流传稀少，堪称南宋坊刻之至精者，为宋代刻书之上品。此本迭经徐乾学、张若霭、盛伯羲、完颜景贤、袁克文等名家旧藏，后归陈澄中收藏，国家图书馆和北大图书馆还各藏一部宋刻《纂图互注礼记》，但均不是同一版本。

郑玄（127－200），字康成，东汉北海高密（今属山东）人。曾师从扶风马融，融亦以为尽传其学，遂博通群经。东归后，聚徒讲学，弟子千人。桓帝时党祸起，被禁锢，于是杜门修业，遍注群经。玄以古文经学为主，但亦兼采今文经说，自成一家，号称"郑学"。《周礼》乃其所注群经之一。

陆德明（约550－630），名元朗，字德明，以字行，吴郡（今江苏苏州）人。入唐为国子博士。早在南朝陈至德初年，他便动手采集汉魏六朝230余家音切，又兼采诸儒训诂，撰为《经典释文》。此即其中的一种。存世孤罕的《纂图互注周礼》，其文献价值、文物价值均值得关注和研究。

此次展览有几件未见于《中国古籍善本书目》著录的善本颇引人注目，其中有南京图书馆藏宋刻本《乖崖张公语录》、辽宁省图书馆藏的宋台州刻本《扬子法言》、皖西学院藏宋衢州刻本《三国志》。

皖西学院藏宋衢州刻本《三国志》

陈寿，西晋人，撰写《三国志》，记载魏、蜀、吴三国鼎立时期史事，分《魏书》30卷、《吴书》20卷、《蜀书》15卷3部分，记载从董卓之乱开始，到晋武帝太康元年（280）间90年的历史。与《史记》《汉书》《后汉书》合称“前四史”。南朝宋裴松之为之作注，引书159种，增补缺漏，纠正谬误，开一代注释体例，极便后学，史料价值极高。

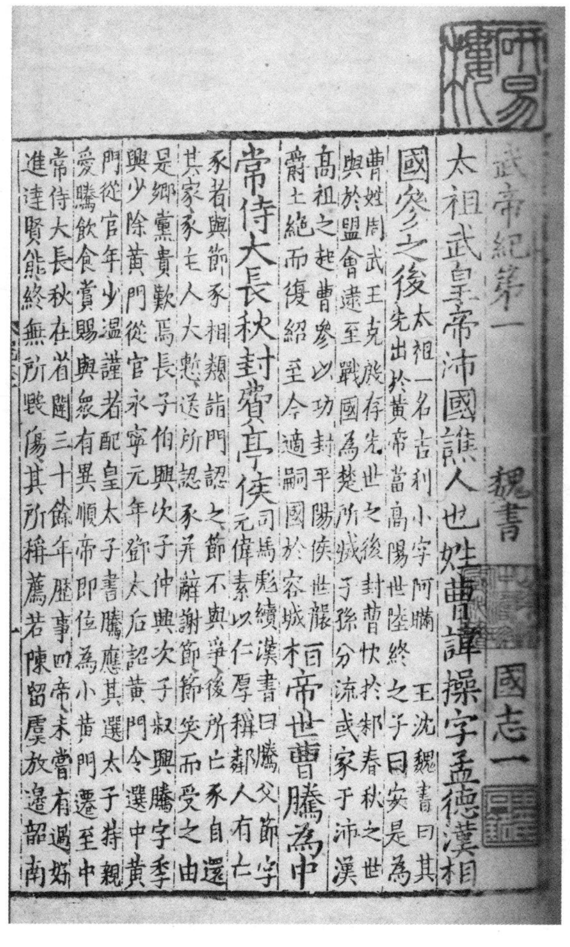
武帝紀第一　魏書　國志一

太祖武皇帝沛國譙人也姓曹諱操字孟德漢相國參之後太祖一名吉利小字阿瞞王沈魏書曰其先出於黃帝當高陽世陸終之子曰安是為曹姓周武王克殷存先世之後封曹俠於邾春秋之世與於盟會逮至戰國為楚所滅子孫分流或家于沛漢高祖之起曹參以功封平陽侯世襲爵土絕而復紹至今適嗣國於容城桓帝世曹騰為中常侍大長秋封費亭侯司馬彪續漢書曰騰父節字元偉素以仁厚稱鄰人有亡豕者與節豕相類詣門認之節不與爭後所亡豕自還其家豕主人大慚送所認豕并辭謝節節笑而受之由是鄉黨貴歎焉長子伯興次子仲興次子叔興騰字季興少除黃門從官永寧元年鄧太后詔黃門令選中黃門從官年少溫謹者配皇太子書騰應其選太子特親愛騰飲食賞賜與眾有異順帝即位為小黃門遷至中常侍大長秋在省闥三十餘年歷事四帝未嘗有過好進達賢能終無所毀傷其所稱薦若陳留虞放邊韶南

本书最早之版为宋衢州刻，经元、明不同时期多次补版重修，版式不一，因而具有重要的版本价值。书中明正德嘉靖补版均有标识，元补版却无特别说明，近代藏书家温廷敬加于书首的近2000字长跋不仅揭示了元补版的艰难过程和意义。而且考证鉴定出其中的元大德池州路补版。此书曾经沈氏研易楼珍藏，书中还钤有“研易楼”等印章。全书保存完好。

衢州本流传不多，除此本外尚有北京大学等单位有藏。研易楼书大多为藏家携至台湾，此书何时从藏家流出，未见明确记载。对于皖西学院的古籍收藏一向少人了解，《中国古籍善本书目》未收此家，而《安徽省善本古籍总目》也未收入，这就让现在进行的古籍普查意义更加突出。

南宋台州刻本《扬子法言》

此书为汉代扬雄拟《论语》体裁，以问答形式撰写，主旨在于捍卫和发扬儒家学说的著作，凡十三篇：学行篇第一、吾子篇第二、修身篇第三、问道篇第四、问神篇第五、问明篇第六、寡见篇第七、五百篇第八、先知篇第九、重黎篇第十、渊骞篇第十一、君子篇第十二、孝至篇第十三。篇各有序，通录在卷后。宋景祐初，宋咸引之以冠篇首。

扬雄，西汉学者、辞赋家、语言学家。自秦焚书之后，孔子之学不绝如线，雄独起而任之，唐韩愈以其与孟子、荀子并称。《三字经》将他与老子、庄子、荀子、文中子列称为“五子”。著有《方言》。《隋书·经籍志》有《扬雄集》五卷，今已不传。明代张溥辑有《扬侍郎集》，收入《汉魏六朝百三家集》以行世。

自汉至北宋中期，《扬子法言》之作注有汉侯芭注、吴宋衷注、晋李轨解、隋辛德源注、唐柳宗元注、北宋宋咸重广注及吴祕注等。司马光裒合当时仅存之李轨、柳宗元、宋咸、吴祕四家，形成五臣集注。自是以下，始有五臣注本。宋淳熙八年(1181)刻本《扬子法言》，为五臣注现存最早的刻本。此书前有淳熙八年唐仲友后序，应为刻书时序。版心下镌有刻工：蒋辉、王定、徐通、李忠、宋琳、吴亮等，皆为绍兴至杭州间刻工，可以认定是书为浙江台州刻本无疑。刻工蒋辉曾经因制作假币而坐牢，唐仲友因任用他刊刻书籍，也遭朱熹弹劾，这从另一角度可以看出蒋辉刻书技术之高超，《扬子法言》的刊刻水平不难想象。此书精雕初印，棱角峭厉，墨色浓润，为南宋刻书之上品。

揚子法言卷第一
李軌 柳宗元注 宋咸 吳祕 司馬光重添注
雄見諸子各以其知舛馳顔師古曰舛相背大氐詆訾
聖人即爲怪迂析辯詭辭以撓世事顔曰大氐大歸也詆
訾毁也迂遠也析分也詭異也言諸子之書大歸皆非周孔之教爲巧辯異辭以攪亂時政也雖小辯
終破大道而惑衆使溺於所聞而不自知
其非也及太史公記六國歷楚漢訖麟止
不與聖人同是非頗繆於經故人時有問

此书钤有“五福五代堂古稀天子宝”“八征耄念之宝”“太上皇帝之宝”“乾隆御览之宝”“天禄继鉴”“天禄琳琅”藏书印，表明曾经清宫收藏。从内容上，此本可补明、清诸本脱误，具有极其重要的文献和版本价值，现藏辽宁省图书馆，为海内孤本。

乖崖张公语录二卷

宋李畋辑,宋绍定三年(1230)俞宅书塾刻本,曹元忠跋。此本公私书目多未记载,传世极罕。为顾氏过云楼旧藏。过云楼是苏州望族顾氏的藏书楼,以藏有宋元以来佳椠名钞、珍秘善本、书画精品而闻名遐迩。

李畋,北宋华阳(今四川成都)人。经张咏提携中淳化进士,随张氏多年,著此书以记其言行。据《郡斋读书志》及文中内容看,本是附张氏文集后,此为后刻的单行本,上卷为张氏言行记录,下卷为众人题于张氏书笺上的题跋集,但两卷均题为"李畋录",今仍其旧。按张氏语录在《续古逸丛书》所收的《乖崖先生文集》后亦有所见,但不及此本详尽。对研究宋初四川的经济、文化、政治等有较高的价值。

元代写版精品《松雪斋文集》

《松雪斋文集》十卷,《外集》一卷,元赵孟頫撰,是赵孟頫的诗文别集。共十卷。

赵孟頫,字子昂,号松雪道人,海鸥、水精宫道人。生于宋宝祐二年(1254),卒于元至治二年(1322)。是宋宗室赵德芳的后裔。王世祖秀王子偁实生孝宗,赐第于湖州,遂为湖州人。赵孟頫自幼聪颖,读书过目成诵,为文操笔立就。宋亡以前为公子王孙,风流散诞,宋亡家居,更自力于学。孟頫性冲淡,为文清约,鉴定古器物、名书画,望而知之,百无一失。精篆、隶、小楷、行、草书,唯其意所欲,皆能伯仲古人。画入逸品,高者诣神。四方贵游及方外士,远而天竺、日本诸国咸知宝藏。平生勤于抄书,世传所书《道德经》,见于各家集帖,收藏家题跋者,已有十数本之多。

松雪齋文集卷第一

賦

吴興賦

猗歟休哉吴興之為郡也蒼峰北峙群山西迤龍騰獸舞雲蒸霞起造太空自古始雙谿夾流繇天目而来者三百里曲折委蛇演漾漣漪束為碕灣匯為湖陂泓渟皎澈百尺無泥貫乎城中繚于諸毗東注具區渺渺㳽㳽以天為隄不然誠未知所以受之觀夫山川映發照朗日月清氣焉鍾沖和攸集星列乎斗野勢雄乎楚越神禹之所厎定泰伯之所奄宅自漢而下往往開國洎晉城之攬秀據實沿流千雉面勢作邑是故歷代慎牧必掄大才選有識前有王謝周虞後有何柳顔蘇風流互暎治行同符皆所以

元建国之初，统治者为巩固政权，实行了文治措施。其中最重要的措施之一就是举贤招隐，至元十三年（1276）南宋政权刚刚在临安落下帷幕，元世祖便下诏：“前代圣贤之后，高尚僧、道、儒、医、卜筮、通晓天文历数、并山林隐逸之士，仰所在官司，具实以闻。”并谕：“节该亡宋归附有功官员，并才德要用之士，穷居无力，不能自达者，所在官司，开具实迹，行移按察司体覆相同，申台呈省，以凭录用”（《大元圣政国朝典》卷二）。至元二十三年（1286），行台侍御史程钜夫奉诏到江南搜访遗逸，以孟頫入见，元世祖见之，非常欢喜。时正逢朝廷刚刚设立尚书省，世祖便命赵孟頫草拟诏书，颁行天下。皇上看到赵孟頫草拟的诏书，非常高兴，说：“得朕心之所欲言者。”此后，对赵孟頫宠信有加。甚至为使赵孟頫出入宫门方便，将御墙向西移筑二丈许。仁宗即位后诏除赵孟頫为集贤侍讲学士，中奉大夫。延祐元年（1314）改授翰林侍讲学士，资德大夫。三年，拜翰林学士，将赵孟頫比做唐李白、宋苏子瞻。并曾称赞赵孟頫操履纯正，博学多闻，书画绝伦，旁通佛老。的确，赵孟頫的书法堪称雄一世，画入神品。《四库全书总目提要》云："论其才艺，则风流文采，冠绝当时。不但翰墨为元代第一，即其文章，亦辑让于虞、杨、范、揭之间，不甚出其后也。"

由于赵孟頫的政治地位和书法水平，有元一代刻书多用赵松雪体，各家刻书竞相模仿，成为主流和风气。

赵孟頫也是有名的藏书家，收藏不少图书、法书、名画甚富。其中有宋刻本《前后汉书》、元刻本《大广益会玉篇》等。赵孟頫有一则著名的书跋称："聚书藏书，良非易事。善观书者，澄神端虑，静几焚香，勿卷脑，勿折角，勿以爪侵字，勿以唾揭幅，勿以做枕，勿以夹刺。随损随修，随开随掩。后之得吾书者，并奉赠此法。"反映一个藏书家对书的珍爱之情。

实际上赵孟頫的最高文学成就是诗，如顾嗣立称：读之使人有飘飘出尘之想。的确，赵孟頫的诗文或空灵剔透，寓意深远；或朴实无华，不事雕饰，非常耐读。国家图书馆收藏的赵孟頫的诗文集，名《松雪斋文集十卷外集一卷》，为后元至元五年（1339）花溪沈伯玉家塾刻本，是现存赵孟頫诗文集的最早刻本。可惜此书仅存六卷（一至五卷及外集）。行格疏朗，刻梓精良，极为精致。

《松雪斋文集目录》后有"至元后己卯花溪沈氏伯玉刊于家塾"木记一行。卷二、五后有"吴兴沈氏华溪义塾刊行"长方形牌记，《外集》目录后有"花溪沈氏伯玉刊于家塾"木记一行。吴兴沈氏，即元后至元间吴兴人沈璜。书上钤有"毛褒之印""东吴儒家""华伯氏""汪士钟曾读""涵芬楼"等藏印。

赵孟頫的集子除元至元后己卯花溪沈氏伯玉刊本《松雪斋文集十卷外集一卷》外，还有明初刻本、清抄本，清康熙五十二年曹培廉城书室刻光绪八年杨氏重修本，增续集一卷，还有清清德堂刻本等。元至正元年（1341）虞氏务本堂曾刻过《赵子昂诗集》七卷，但只收诗，未收文。明正德六年方选刻印过《松雪斋文集》二卷，明万历潘是仁刻宋元四十三家集本，明唐廷仁刻《新刊赵松雪文集》四卷，外集一卷等。

一个药方，一部书的传奇

展场上有一部明嘉靖刻本《圣散子方》，收藏单位为中医科学院图书馆，其刊刻精美，钤有数十枚藏书印记，曾经清初著名藏书家钱曾以及晚清著名的旧山楼等名家收藏，旧山楼从钱曾之说，著录为北宋刻本。2007 年，古籍普查登记开始后，中医科学院本着科学求真的原则，邀请部分专家对此书重新鉴定，专家从版刻风格、版本系统、书中词汇使用年代、文献著录情况等多方面考察，一致认定为明嘉靖刻本，一段疑案尘埃落定。

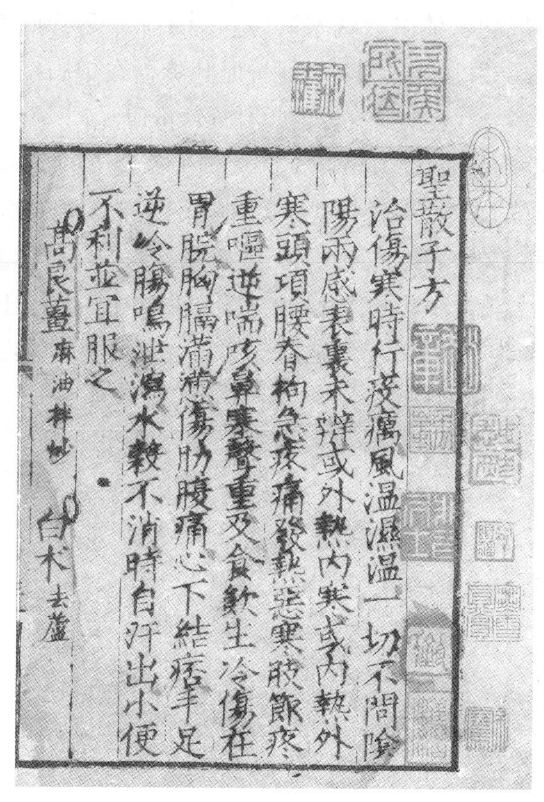

聖散子方

治傷寒時行疫癘風温濕温一切不問陰陽兩感表裏未辨或外熱内寒或内熱外寒頭項腰脊拘急疼痛發熱惡寒肢節疼重嘔逆喘咳鼻塞聲重及食飲生冷傷在胃脘胸膈滿悶傷脇腹痛心下結痞手足逆冷腸鳴泄瀉水穀不消時自汗出小便不利並宜服之

高良薑 麻油拌炒　白术 去蘆

宋代文豪苏轼《东坡全集》卷三十四收有《圣散子方叙》和《圣散子方后叙》。《叙》中称所藏圣散子方，得之于眉山人巢穀。苏东坡谪居黄州时瘟疫流行，曾经用此方救活很多人。认为该方无论老幼男女，均可使用。由于他极力推荐，该方曾被广泛使用。然而在哲宗嘉祐的永嘉瘟疫中却使被害者不可胜数。南宋陈言《三因极一病症方论》中便警告世人不可滥用。方中涉及22味药共270字，最早没有单行本，曾附刻于《伤寒总病论》《苏沈良方》等医著中。至明代弘治年间，吴中瘟疫，吴邑令孙磐曾单刻此方，但由于辩证不准，药性相反，害死百姓无数。但从版本而言，此时才有单刻本。所以宋刻单行证据不足。而研究内容的医家则认为芝麻油、绞肠痧、烧酒等词语出现晚于宋代、有些晚至明代，且此书不避宋讳，刊刻年代应晚于宋。从版刻风格看，此书明嘉靖版刻风格比较明显，或许因为纸张经过染色，而且被故意改装成蝴蝶装，使多数藏家认为刊刻于宋。尽管此方曾救人无数，也曾害人无数，版本也非宋而明，但其传播在中国疫病史研究方面，尤其是疫病与社会的研究方面颇有资料价值。

站在这些展品前，望着书叶上历代藏书家留下的斑斓的印记，渗透着真知灼见的题跋，甚至书上过火的焦痕，我们对前贤爱书护书，甚至不惜性命相搏的精神油然多了一番敬意。我们用感恩的心去延续前人的遗存，去传承中华的文化，去守望中华文明一片净土，去呵护这些浸透了血与泪的古籍，相信她们一定会融入更多中国人的心灵，培育更多中国人的精神！

原载于《文物天地》，2009年第8期

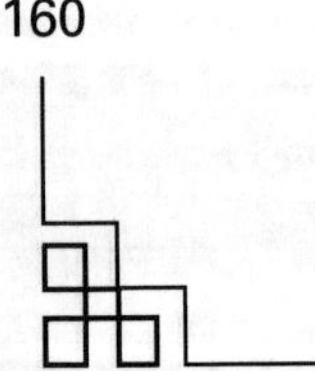

国图：从瞬间化为永恒

海内庋藏中文图籍之富且珍者，首推国家图书馆。国图建馆近百年来，皇家秘籍、民间珍藏、流沙劫余、考古出土，直至近当代出版的书籍报刊，如涓涓细流，汇聚成海。其中善本特藏以其经典、宏富的面貌折射出华夏5000年文明的轨迹。新中国成立60年来，从13万册件增加到27万册件的善本古籍，主要有三个来源，一是政府调拨，二是公私捐赠，三是员工的努力搜购。公私捐赠是几十年来古籍汇聚国图的主要渠道之一。

现在的人们或许无法想象，当年藏书家将自家毕生所聚甚至几世珍藏化私为公，捐献国家的心情，但今天当我们置身书的天地，为博大精深的民族文化自豪的时候，应永远铭记周叔弢、傅增湘、张元济、郑振铎、潘世滋、赵元方……是这些收藏家的义举让更多的中华民族的文化遗产安全传承，让文明的光芒照得更加辽远深长。

1949年1月，北平和平解放，国家图书馆的善本古籍的收藏进入了一个新的时代，北京双鉴楼傅氏、天津周叔弢、常熟铁琴铜剑楼瞿氏、无悔斋赵元方、宝礼堂潘氏等藏家在新中国成立初期纷纷慷慨捐赠，大量古代典籍如百川归海，汇入国家图书馆这琅嬛洞天……

傅增湘捐赠藏园秘籍

傅增湘（1872—1950），字沅叔，四川江安人，著名的藏书家、目录学家、校勘学家、版本学家，取苏东坡致子由诗“万人如海一身藏”之意，自号藏园、藏园居士。因藏有宋刻本《资治通鉴》、宋内府写本《洪范政鉴》，故名其藏书楼为“双鉴楼”。民国初年曾任教育总长。1919年五四运动后，北洋政府内阁要解散北京大学（京师大学堂），傅先生以辞职表示反对，后定居北京，以藏书、校书、研究目录版本为业。傅增湘先生搜书之勤，藏书之富，版本之精，在近代藏书家中颇负盛名。傅先生在家藏许多宋元版书上都亲笔题跋或书写校记。他撰写的题跋、编写的目录，《藏园群书题记》《双鉴楼善本书目》《藏园群书经眼录》等均正式出版，为后人研读古籍留下了珍贵的参考资料。更可贵者，傅先生不以自己的藏书作为奇货可居的私有财产而秘不示人，而是致力于推广传布，不仅曾集资出版经过自己精心校勘的古籍，还将自己的珍藏借予涵芬楼等出版机构，作为底本影印出版。

洪範政鑒序
昔者雒書旣陳伯禹所以明天道箕疇載演
周武所以酌神猷蓋推本以辨禨祥覩變而
謹命令是為大法式叙彝倫朕纘紹
慶靈述遵
謨訓每置圖而審正必稽古以求端閒或休
嘉之來惧省不類眚異之見儆畏厥繇宸[illegible]
餘閑汎覽史籍洪範之説緬然可尋而伏鄭
所編靡闚全録歆向作傳散布羣篇後則京
夏諸儒衍繹證兆簡牘廣記顛末弗齊不有
彚分何從質信亦嘗取日官之奏合書林之
藏參洛通臣覆究彚例守歷者有拘牽之畏
抱槧者有傅致之譏執術未通即事罕據比
令研覈洞見指歸遂采五均六沴前世察候
最稽應者次為十二卷名曰洪範政鑒若語
非典要過涉怪譎則略而不載若占有差別
互存考驗則析而詳言咸摭遺聞詎容曲説
舊記皇極之類有日星孛祲且辰緯上列渾

傅增湘先生目睹珍贵典籍聚散的历史，慨叹：“物之聚散，速于转轮，举吾辈耽玩之资，咸昔贤保藏之力，又焉知今日矜为帐秘者，他日宁不要之覆瓿耶！天一（阁）散若云烟，海源（阁）躏于戎马，神物护持殆成虚语。而天禄旧藏，重光黎火（指故宫图书馆）。液池新筑，突起岑楼（指北京图书馆）。瑶函玉笈，富埒嫏嬛，信知私家之守，不敌公库之藏矣。”于是决意将自己的珍藏化私为公，藏园老人病重时嘱家人将藏书分别捐赠国家图书馆和四川大学图书馆等公藏单位。其中的善本部分多赠国图。傅增湘先生辞世后，长子傅忠谟先生又遵其遗命，将其最珍爱的双鉴——宋内府写本《洪范政鉴》和宋刻本《资治通鉴》无偿捐给国图。

傅家后人还为珍贵善本书的聚合留下一段佳话。曾藏周叔弢先生家的宋浙刻本《大方广佛华严经》，在周叔弢先生捐赠北京图书馆时仅缺一册，1992年，傅熹年先生（傅增湘先生文孙）得知家藏一册可补其缺，和家人一起慨然将珍贵家藏捐赠国家图书馆，使此书合为全帙。

大方廣佛華嚴經卷第一
于闐國三藏沙門實叉難陀譯
世主妙嚴品第一之一
如是我聞一時佛在摩竭提國阿蘭若
法菩提場中始成正覺其地堅固金剛
所成上妙寶輪及衆寶華清淨摩尼以
爲嚴飾諸色相海無邊顯現摩尼爲幢
常放光明恒出妙音衆寶羅網妙香華
纓周帀垂布摩尼寶王變現自在雨無
盡寶及衆妙華分散於地寶樹行列枝

周叔弢捐赠自庄严堪藏书

周叔弢（1891 — 1984），原名周暹，字叔弢，以字行。著名实业家、藏书家。1891 年生于安徽建德县（今建德市）。1914 年迁至天津，1919 年开始经营实业。新中国成立后曾任天津市副市长、第一至第六届全国人大代表、政协委员、工商联副主席等职。

周叔弢先生少年时受家庭熏陶，酷爱书籍，16 岁开始购求古籍研究版本。因得清宫旧藏宋本《寒山子诗集》遂以“拾寒堂”“寒在堂”命名书斋。周先生一生经营所得大多用于购图书文物，聚书 4 万册，其中很多是宋元明精本。周先生对流失国外的古籍亦多方努力，不惜以高价购回，如曾流入日本的宋本《东观余论》《山谷诗注》等。

周叔弢先生收藏善本书籍，除了个人爱好外，更重要的是为国家保存民族文化遗产，不致因水火兵虫之劫化为云烟，更不要流落海外。他从历代私家藏书聚散无常，甚至顷刻化为乌有的教训中，意识到只有由国家政府统一管理、珍藏，古籍善本才能得到妥善保管，传之久远。1942 年，周叔弢先生计划将所藏古籍善本捐赠国立图书馆，他在手定的书目上写下：

生计日艰，书价益贵，著录善本或止于斯矣。此编固不足与海内藏家相抗衡，然数十年精力所聚，实天下公物，不欲吾子孙私守之。四海澄清，宇内无事，应举赠国立图书馆，公之世人，是为善继吾志。倘困于衣食，不得不用以易米，则取平值也可。勿售之私家，至作云烟之散，庶不负此书耳。

1952年，周先生将其毕生所聚全部捐献，其中715种善本藏书无偿捐给北京图书馆（今国家图书馆）。移交前，周先生一一摩挲，亲自装箱，爱书爱国之情交融一起的情景，令所有爱书的人感慨万端。

周先生对善本古籍真知笃好，收书的标准高，选书很严格，晚年曾给善本总结了五好的标准：版刻好，不能是邋遢本，这好比先天体格强健；纸张好，印刷好，这好比后天营养好；题跋好，这好比此人富有才华，有学问；收藏印章好，这好比美人淡妆；装潢好，这好比衣冠整齐。

周先生爱书如命，与旧时藏家习惯书上遍盖藏印不同，在最好的书上只钤一枚极小的印章“周暹”，唯恐藏印伤及原书，印泥的选择也很讲究。

在周先生捐赠的书中有备受瞩目的《永乐大典》，也有南宋刻印，南宋起即藏于宫中的皇家藏书《文苑英华》，还有藏海源阁散出四经四史之一婺州市门巷唐宅刻本《周礼》，元刻宋词双璧《东坡乐府》《稼轩长短句》。

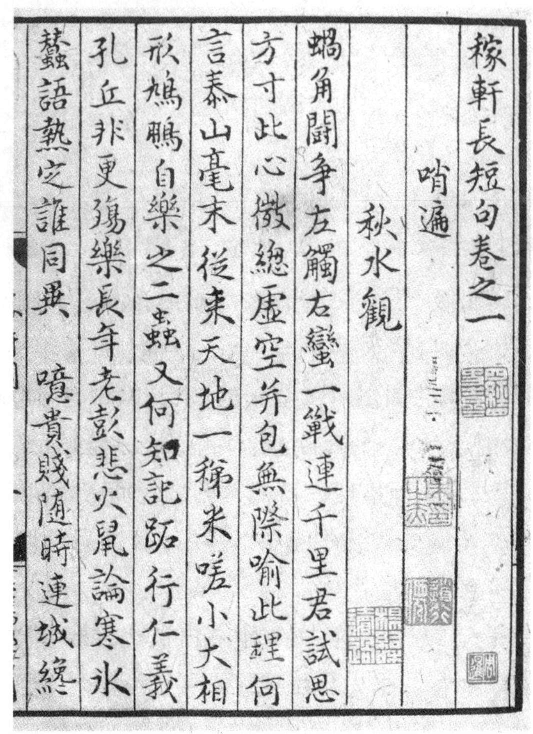
稼軒長短句卷之一
哨遍
秋水觀
蝸角鬬爭左觸右蠻一戰連千里君試思
方寸此心微總虛空并包無際喻此理何
言泰山毫末從來天地一稊米嗟小大相
形鳩鵬自樂之二蟲又何知記跖行仁義
孔丘非更殤樂長年老彭悲火鼠論寒氷
蠶語熱定誰同異　噫貴賤隨時連城纔

1995年，周叔弢先生儿媳方缃女士代表丈夫周珏良及全家又向国家图书馆捐赠了宋刻本《东汉会要》。捐赠仪式后，在任继愈馆长、冀淑英先生的陪同下，方缃女士和周先生之子周景良先生瞻仰父亲捐赠。把父亲生前最珍视的善本再次送到国家图书馆，周家后人续写了共和国古籍捐赠史上的神话。

张元济先生捐赠涵芬楼烬余

张元济（1867－1959），号菊生，浙江海盐人，光绪十八年（1892）进士，戊戌政变后离开京城，赴上海商务印书馆，先后任编译所所长、经理、监理、董事长。由于张先生经营方略得当，商务印书馆成为历史最久，规模最大，最有影响的出版机构。张先生对古籍利用不便深有感触，对文化断层充满忧虑。恰逢当时石印技术传入，铅印也开始使用，便顺应当时社会文化的需要，开始对古籍进行影印出版。影印古籍需要大量的善本作为底本，张元济四处访求，在东南一带搜罗很多善本古籍。为此，商务印书馆成立东方图书馆，将平时常用的图书对大众开放，宋元旧刻、抄稿本、名人手稿等作为善本在楼里专辟一处存放，此为涵芬楼。经张元济四处访求建立的善本书藏，成为印行整理古籍的基础。经商务整理出版的“四部丛刊”“百衲本二十四史”“古逸丛书续编”等收了当时很多传世孤本，在抢救孤本古籍上成绩卓著。

1932年“一·二八”事变，商务印书馆被烧。涵芬楼部分藏书因存放在银行得以幸存。张先生编成了《涵芬楼烬余书录》，其中宋刻97种，元刻89种，明版书156种，抄校本192部，稿本17部，总共547

部，另有70多种明活字本的唐人集。这些藏书在新中国成立之初均捐献国家，后拨交国家图书馆收藏，在当时很是轰动。

20世纪50年代初，商务印书馆还曾率先将珍藏的《永乐大典》21册，捐给国家图书馆。其中有四册可辑出几近失传的宋本《水经注》的前半部分。北京大学得知后，将所藏4册《永乐大典》也捐赠给国家图书馆，这里含《水经注》的另外一半。一部濒于失传的重要典籍重新聚合还原，那个时代私家捐赠让珍贵典籍化私为公的意义已无须华丽语言去描述。

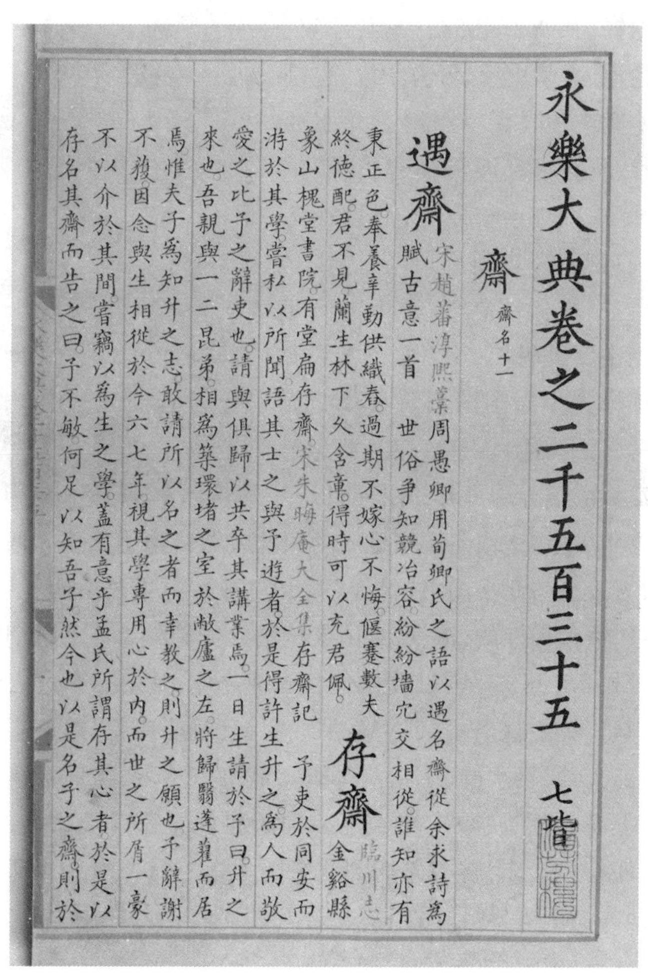

永樂大典卷之二千五百三十五　七皆

齋　齋名十一

遇齋　宋趙蕃淳熙稿　周愚卿用荀卿氏之語以遇名齋從余求詩爲賦古意一首　世俗爭知競冶容紛紛墻宂交相從誰知亦有秉正色奉養辛勤供織舂過期不嫁心不悔偃蹇數夫終德配君不見蘭生林下久含章得時可以充君佩

存齋　臨川志　金谿縣　象山槐堂書院有堂扁存齋　宋朱晦庵大全集存齋記　予吏於同安而游於其學嘗私以所聞語其士之與予遊者於是得許生升之爲人而敬愛之比予之辭吏也請與俱歸以共卒其講業焉一日生請於予曰升之來也吾親與一二昆弟相爲築環堵之室於敝廬之左將歸翳蓬藋而居焉惟夫子爲知升之志敢請所以名之者而幸教之則升之願也予辭謝不獲因念與生相從於今六七年視其學專用心於內而世之所屑一豪不以介於其間嘗竊以爲生之學蓋有意乎孟氏所謂存其心者於是以存名其齋而告之曰予不敏何足以知吾子然今也以是名子之齋則於

2001年，张元济先生的侄孙女张祥保女士在张元济孙女张珑女士的陪同下，又将珍藏多年的一册张元济先生信札在“国家图书馆名家手稿展览”的开幕式上郑重地捐赠给国家图书馆的名家手稿专藏库，一时又传为佳话。

郑振铎先生家人捐赠西谛藏书

郑振铎（1898—1958），现代作家、文学评论家、文学史家、考古学家，也是古籍版本和文物收藏、鉴赏家。笔名西谛、CT、郭源新等。原籍福建长乐，生于浙江永嘉。1949年以后，郑振铎历任文物局局长、考古研究所所长、文学研究所所长、文化部副部长、中国民间研究会副主席等职。

郑振铎先生对国图古籍收藏的贡献可从两方面描述：一是抗战时期为避免珍贵文物流落异域外邦，郑振铎以一介清贫书生，不惜举债与实力雄厚的国外收藏机构相比争。遇到好书时，他想方设法与北平图书馆（今“国家图书馆”）馆长袁同礼、蒋复聪先生联系，请他们筹款、汇款，为国家抢救珍贵文献。这一时期抢救的脉望馆抄校本《古今杂剧》，是杂剧集大成之作，其中一半过去未见流传，历经脉望馆主赵琦美、江南藏书大家钱谦益、钱曾、季振宜、何焯、黄丕烈、汪士钟、赵宗健、丁祖荫等著名藏书家递藏，价值极高。发现此书时，上海已沦为孤岛，郑先生一方面和袁同礼馆长联系，商筹书款，一方面积极运作，将书先送到北平图书馆上海办事处。郑先生认为这是他在劫中所得最好的书。

另一方面，郑先生本人是位眼光独到的收藏家，他收藏的特点或许在他的《劫中得书记·新序》中所表述的最为恰切——“我之所以收藏一些古书，完全是为了自己的研究方便和手头应用所需的。有时连类而及，未免旁骛；也有时兴之所及，便热衷于对某一类书的搜集。总之是为了自己当时和将来的研究工作和研究计划所需的”。他主要收藏特色为词、曲、小说及书目、版画戏曲和清人别集。1958年10月18日，在率中国文化代表团出国访问途中，因飞机失事殉职。夫人高君箴将郑先生藏书9万余册全部捐与国家图书馆。

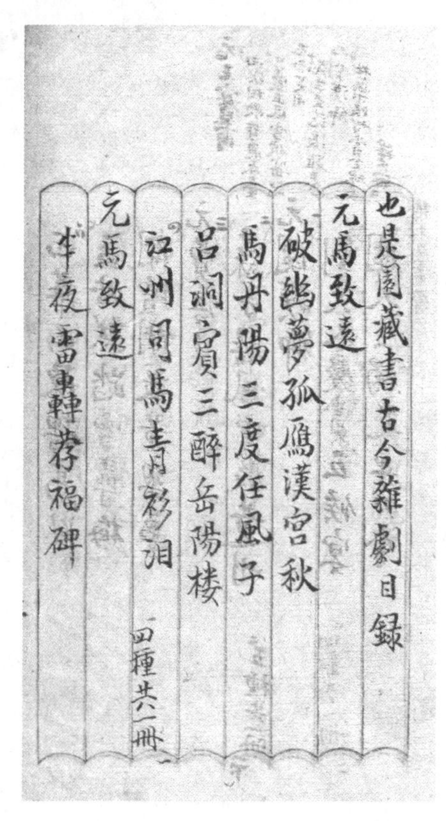
也是園藏書古今雜劇目録
元馬致遠
破幽夢孤鴈漢宫秋
馬丹陽三度任風子
呂洞賓三醉岳陽楼
江州司馬青衫泪
元馬致遠
半夜雷轟荐福碑
四種共一冊

西谛藏书中，明万历刻本《程氏墨苑》彩印本、为当时名画家丁云鹏的画稿，《水浒叶子》为明陈洪绶画稿；清顺治《太平山水图》是肖云从的画稿，还有《十竹斋笺谱》《十竹斋画谱》等，均为古代版画、彩印的代表作。

潘氏宝礼堂的捐赠

潘宗周，字明训，广东南海人，年轻时曾供职洋行，后任上海租界工部局总办。因早年以10万两银子从袁克文处取得曲阜旧藏宋刊本《礼记》，深以为宝，适值潘氏新居落成，便名其藏书室为“宝礼堂”。

得《礼记》后又请来江南著名藏书家董康募工镂刻，印了一百部，化一为百，使千百年来深藏秘府，外人不得一见珍本秘籍得以公诸士林，甚得世人赞赏。袁寒云旧藏宋元古本、孤本、善本，十之六七流入宝礼堂。

1941 年，太平洋战争爆发，上海岌岌可危。宝礼堂多达 111 部宋元孤本藏书由其子潘世滋（开明人士，曾在剑桥读书，后任复旦大学外语系教授、图书馆馆长）运往香港汇丰银行保险库，每年支付高昂的银库租金，存放达 10 年之久。其间，美国人和日本人曾多次设法高价收购这批藏书，潘先生始终不为所动，直到新中国成立后捐给新生的共和国。

潘宗周收藏特点是重宋版，他的藏书中有一些非常好的版本如藏书楼因此得名的绍熙三年两浙东路茶盐司公使库刻本《礼记正义》，有黄唐的刻书跋及校正官衔名，版本学上称“越州本”，又称为八行注疏本，曾藏孔子后代孔继涵家，又传至袁克文，终为潘宗周巨资购得。再如绍熙二年余仁仲万卷堂刻本《春秋公羊传解诂》，为是建刻中的精品。而宋刻巾箱本八经，小字密行，精美至极。傅增湘称“字细如发”。袁克文得此书后，命其书室为“八经室”。

铁琴铜剑楼的捐赠

清代末期国内著名藏书楼堪称“南瞿北杨”。北杨是山东聊城杨氏海源阁，南瞿则是江南常熟瞿氏铁琴铜剑楼。

瞿家书经四代收藏。最早是瞿绍基，号荫棠。其时还没有“铁琴铜剑楼”之称，藏书处叫“恬裕斋”，在常熟罟里村。第二代瞿镛，号子雍，承父业继续收藏善本古籍。当时因收得一架铁琴和一柄铜剑，这时便有了铁琴铜剑楼的称谓。瞿镛还编纂了《铁琴铜剑楼书目》，共24 卷。瞿镛两个儿子瞿秉渊、瞿秉清，在太平天国起义时期，带着家藏古籍避乱，保全了铁琴铜剑楼藏书。第四代瞿启甲，号良士，藏书为三子（瞿旭初、瞿济苍、瞿凤起）所承。后由三弟兄将家藏全数以出售和捐赠的方式转与国家图书馆。

明清以来，苏州为刻书、藏书中心之一，瞿氏得于天时地利，清中叶黄丕烈士礼居、汪士钟艺芸精舍、张金吾的爱日精庐、陈揆稽瑞楼等散出的珍籍，多收入囊中。

瞿家藏书是分批入藏国家图书馆的，到馆之前曾有少量散出。在第一批出售304种时，瞿家随之捐书52种，捐的书中有宋乾道六年姑塾郡斋刻《洪氏集验方》的、淳熙十一年南康郡斋刻《卫生家宝产科备要》、万卷堂刻本《新编近时十便良方》、明朝洪武十六年内府刻本《回回历法》、钱谦益圈点本《宋史》等珍贵善本。

第二批出售的123种中很多是传世孤本，如元刻本《契丹国志》（黄丕烈跋）、宋绍定刻元修《绍定吴郡志》、元刻本《重刊宋朝南渡十将传》（黄丕烈校跋）、福建漕治刻本《龟山先生语录》、宋临安府陈宅书籍铺刻本《李丞相诗集》、金刻本《萧闲老人明秀集》等都是非常著名的版本。第三批售书300多种时，铁琴铜剑楼又捐赠97种。捐赠的书中有淳熙九年江西漕台刻本《吕氏家塾读诗记》、宋刻本《周礼》、南宋绍熙二年会稽郡斋刻本《战国策》、元抄本《翠微先生北征录》（顾广圻跋）、明弘治十四年涂祯刻本《盐铁论》、汲古阁刻的《宋名家词》等。三批后，瞿家还又捐了一批非常难得的“乡邦文献”。

其他各家的捐赠

邢之襄，号鄦庭，河北南宫县（今南宫市）人，新中国成立前经营实业，新中国成立后是文史馆员。以收明本见长，兼收清本。他收书特别注意书品，收的都是纸墨精良的本子。他收书的习惯是买了一本书后，如遇书况更好的本子，则将旧的出手，换更好的，在他的书中有特色的，如：明天顺游明刻本《史记》，常被误认为是元中统二年平阳段子成刻本，后人也以游明本挖改后冒充中统本，游明本在序下有一行牌记“丰城游明大升校正新增”,有这一行的极少见,邢之襄先生捐的这一行保留完整,为我们提供了标本。又如史记三家注本,一为嘉靖王延喆刻本,初印精湛。是据建安黄善夫刻本来的。此本在书林清话中记载了很多故事。特点是牌记非常多。一为嘉靖四年金台汪谅刻本,汪谅在北京开有书铺,在《昭明文选》的牌记上有广告性质的语言,刻梓精良,常有人用他冒充元张伯颜的本子。嘉靖十三年秦藩朱惟卓的刻本,邢之襄先生捐的《后汉书》也印得非常好,常有人用此本去掉正统年号,作成蝴蝶装,冒充宋版。还有《正德武功县志》在当时很有名,后来翻刻得也比较多。另外还有几个大部头的书,质量非常好。万历二十三年刻《古今说海》、嘉靖三年司礼监刻《文献通考》等。

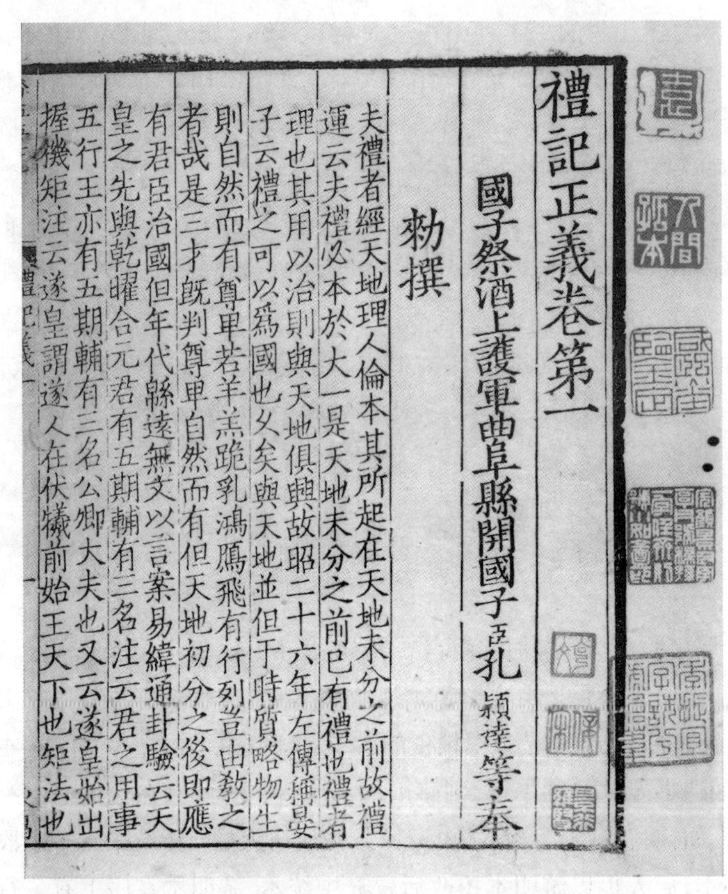

禮記正義卷第一

國子祭酒上護軍曲阜縣開國子臣孔穎達等奉

勑撰

夫禮者經天地理人倫本其所起在天地未分之前故禮運云夫禮必本於大一是天地未分之前已有禮也禮者理也其用以治則與天地俱興故昭二十六年左傳稱晏子云禮之可以爲國也久矣與天地並但于時質略物生則自然而有尊卑若羊羔跪乳鴻鴈飛有行列豈由教之者哉是三才既判尊卑自然而有但天地初分之後即應有君臣治國但年代縣遠無文以言案易緯通卦驗云天皇之先與乾曜合元君有五期輔有三名注云君之用事五行王亦有五期輔有三名公卿大夫也又云遂皇始出握機矩注云遂皇謂遂人在伏犧前始王天下也矩法也

吴梅，字瞿安，号霜崖，苏州人，以辞章学著称，曾在日本留学，东吴大学的教授，也曾担任北京大学，中央大学、金陵大学、中山大学教授，长于戏曲、词研究，还能创作曲子，还能够表演。1939 年病故。任二北、赵万里等曾是吴老先生的学生。吴梅的藏书也以戏曲为主，新中国成立初，他的儿子将他的藏书分两批捐给北京图书馆（今国家图书馆），一次 80 种，一次 92 种，除整批外还零星捐过。这些戏曲书很多是有吴梅先生批校和跋的，价值更高。除了戏曲书，他收的书里还有明清人的诗文集，他的室名叫“百嘉室”，意思是收进一百种明嘉靖本。

朱偰，朱希祖之子。朱希祖，浙江海盐人，光绪时留学日本，后来任北京大学、广州中山大学、南京中央大学教授。朱希祖的藏书重点是南明史料，到晚年，还收集了各省的地方志，他很注意这些实用资料。他的藏书有 36 种由子朱偰捐给北京图书馆。

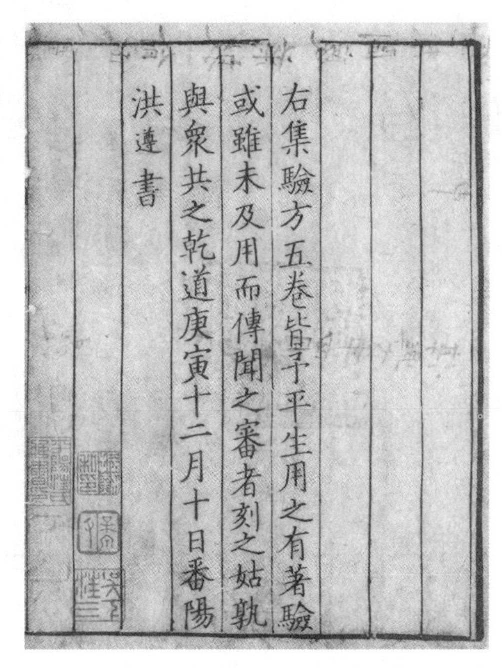
右集驗方五卷皆予平生用之有著驗或雖未及用而傳聞之審者刻之姑孰與衆共之乾道庚寅十二月十日番陽洪遵書

赵元方，原名赵钫，字元方，后以字行。号无悔，藏书室名“无悔斋”。赵先生是满族贵族，在银行工作，他买书较多的时候是抗战以后在北京，那时琉璃厂有很多书，如没人收购，很可能被日本人买走。赵先生卖了一所房子，专门买书。他对目录版本学功夫很深，藏书也精，书品极好。1956 年，他曾把家藏一部分精品捐给国图。如宋代曾巩《南丰曾子固先生集》，共 34 卷，是金刻本，孤本。他还捐了一批明代的铜活字和木活字印本，早期的铜活字印本，如明代弘治八年华燧会通馆铜活字印本《容斋随笔》、弘治十五年华珵铜活字印本《渭南文集》、正德八年华坚兰雪堂铜活字印本《白氏长庆集》等都是早期的铜活字印本。还有几部明铜活字印的唐人集，如王勃、杨炯、卢照邻、骆宾王等的集子，还有嘉靖三年安国铜活字印本《吴中水利通志》《颜鲁公文集》《古今合并事类备要》等都是明朝从隆庆、弘治以来，较早、较有名的铜活字印本，书品非常好，虽非宋元版，但非常难得。1951 年他还将收藏的一册《永乐大典》捐赠给北京图书馆。

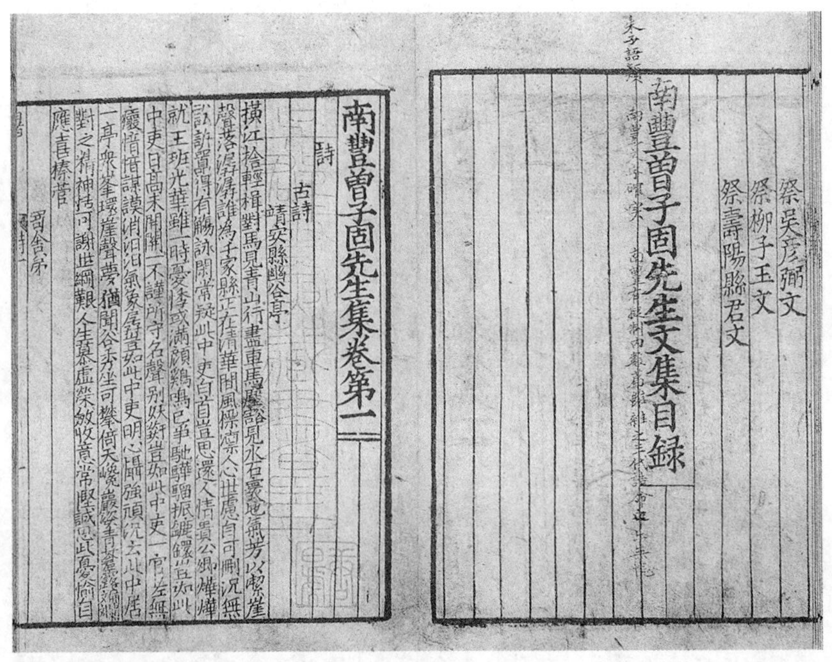

南豐曾子固先生集卷第一

詩

古詩

南豐曾子固先生文集目録

祭吴彦弼文

祭柳子玉文

祭壽陽縣君文

刘少山，山东人，生平资料不详。曾从事银行业。其藏书大部分都是海源阁旧藏。他捐赠给国图的书 26 种中有 24 种是宋元版、2 种是明版，其中海源阁旧藏有 17 种。其中宋端平刻本朱熹《楚辞集注》，是此书现存最早的最完整的刻本。1953 年，此书曾经影印出版，在田中角荣访华时毛泽东主席曾将影印本作为国家礼品赠送。所捐南宋末年编成的一部大型丛书《百川学海》的宋刻本，收入 100 多种书。陶湘涉园曾经影印出版过，刘少山捐赠的宋刻本中有十种配补用的就是陶湘影印本。

楚辭卷第一　集註

離騷經第一　離騷一

離騷經者屈原之所作也屈原名平與楚同姓仕於懷王爲三閭大夫三閭之職掌王族三姓曰昭屈景戰國策楚有昭奚恤元和姓纂云楚武王子瑕食采於屈因氏焉屈重屈蕩屈建屈平並其後又云景氏有景差至漢皆徙關中屈原序其譜屬率其賢良以厲國士入則與王圖議政事決定嫌疑出則監察羣下應對諸侯謀行職脩王甚珍之同列上

张寿镛，字咏霓，号约园，浙江宁波人，光绪二十九年举人，20 世纪 20 年代曾任江苏省财政厅长，上海光华大学校长。他的藏书非常多，以明刻和抄本见长。所得多为陶湘藏书。1945 年去世，藏书在新中国成立后由夫人蔡瑛捐赠给了北京图书馆。张约园捐的书有 509 种，特点是书品好，明代版刻使用多为白棉纸，很有特色。如明如隐堂刻《洛阳伽蓝记》，此书无宋版流传，此本为较早的刻本。

丁福保，江苏无锡人，字仲祜，号畴隐居士，幼通经史，长而中西兼贯，长于算术、医学、辞章、考据、通日文。在国家图书馆藏品中有 6 种铁琴铜剑楼的书，注明丁福保先生捐赠。这是当时的善本部主任赵万里先与丁福保先生协商，由丁先生购买捐给国图的。其中有宋刻孤本围棋谱《忘忧清乐集》，此书陈毅元帅曾委托国家图书馆复制一部，做成宋版蝴蝶装的样子，送给日本友人。还有宋本《东家杂记》、宋版《芦川词》、元延祐三年种善堂刻本《说文解字韵谱》、元刻本《朝野新声太平乐府》，都是非常著名的版本。

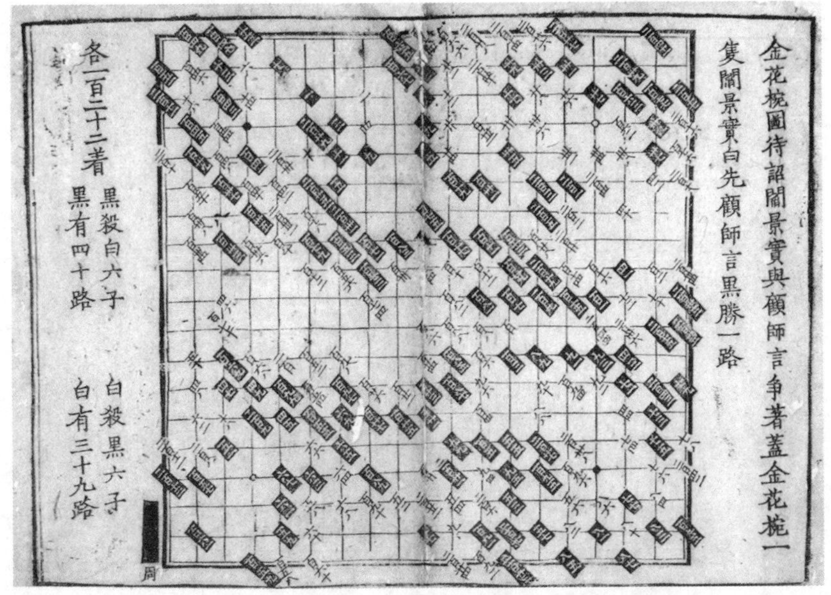
金花椀圖待詔閻景實與顧師言爭著蓋金花椀一
叓閻景實白先顧師言黑勝一路
各一百二十二着
黑殺白六子
黑有四十路
白殺黑六子
白有三十九路

为国家图书馆捐赠藏书的实际上远远不止上述这些，而且，不仅是古籍收藏，诸如甲骨、金石碑拓、古旧舆图、民文古籍等特藏，几十年间经由政府调拨、公私捐赠、自行采购等方式，国图的收藏也有大幅度增长，而新中国成立后不久，国家图书馆为保存近现代和当代政治家、思想家、科学家和文化名人的手稿，将名家手稿作为新的特藏文献门类，也开始向社会各界征集，60 年来取得显著成效。20 世纪 50 年代，承许广平女士慨然相赠，鲁迅先生的大部分手稿入藏国图；通过吴晗同志热情联系，闻一多夫人高孝真女士捐赠了闻一多先生全部手稿及部分画稿、印谱；在梁启超子女的支持下，入藏了梁启超先生饮冰室文稿连同梁启超收藏的碑帖拓本。在他的手稿中还发现了清末著名诗人黄遵宪的《人境庐诗草》墨迹和清末改良派著名代表康有为的书札。还有康有为的《大同书》、陈独秀的《孔子与中国》、徐志摩的日记、郭沫若的《屈原》、巴金的《家》《春》《秋》、曹禺的《北京人》、周立波的《暴风骤雨》、吴晗的《朱元璋传》、罗尔纲的《太平天国史》、丰子恺的漫画《阿 Q 正传》、傅雷的翻译作品《约翰 · 克里斯多夫》等，形成了 4000 余件名家手稿珍藏。

此时，我们回顾国家图书馆善本特藏的发展历程，不难发现，国家珍贵典籍的命运总是与国家的兴衰紧密联系在一起，国运昌则文运兴。新中国成立60年间，国家图书馆收藏古籍的数量和质量远远超过以往也证明了这一点。而以中华再造善本等古籍复制影印为代表，利用中华民族共有的文化遗产开展文化建设，让古籍在安全传承的同时，古为今用，方便读者利用，繁荣学术，弘扬文化，并向世人彰显中华文化的魅力，更是以往的私人藏书所无法比拟的。而今天，国家投入力量，实施古籍保护，让饱经磨难，浸透历代藏家心血的古籍特藏安全传承并有效传播，也是实现了一代又一代藏家的愿望，应该是对那些曾经化私为公，将毕生所聚捐赠国家的先贤们最好的慰藉。

原载于《文物天地》,2009年第12期

为学不做媚时语，实践方能出真知
——冀淑英先生与版本目录学

冀淑英(1920.02.20－2001.04.18),1942 年毕业于辅仁大学,曾先后供职于北京大学图书馆、国家图书馆,1986 年入选文物鉴定委员会委员。她一生为国家图书馆藏书建设事业,为版本目录学发展做出了巨大的贡献。

2002 年,我编辑整理《冀淑英文集》,在冀先生家人的帮助下,可以说收集到了冀淑英先生的全部文章。当时我无法理解,作为 20 世纪杰出的目录版本学大家,先生文集仅有 20 万字！然当我把这些文章一一拜读之后,被先生的真知灼见深深折服。先生的学术思想不仅仅反映在 20 万字的文章和论述中,更深刻地体现在她丰富的版本目录学实践中,她一生编纂的公私藏书目录,均为传世之作,无论数量还是质量,堪称前无古人。冀先生一生的学术活动正如她在《学林春秋》中自题的座右铭那样:为学不做媚时语,实践方能出真知。

冀淑英先生终身供职于图书馆,故公藏书目成为其著述之大端。在辅仁大学读书期间,先生曾师从目录学家余嘉锡先生,研习版本目录校勘之学。1945 年,北京大学准备整编抗日战争期间购藏的李盛铎藏书,延请国立北平图书馆(国家图书馆前身)善本特藏部主任、版本目录学家赵万里先生指导。这年的 12 月,冀淑英先生来到北大图书馆,参与这批书的编目,这是冀先生版本目录学的最初实践。李盛铎木犀轩藏书 9900 多种,仅宋元本就有 300 余种,名家抄校稿本、日本、高丽刻本、活字本为数众多，对于刚刚入行的人来说，是份非常丰富的教材。在鉴定版本、分类编目过程中，先生得以时时请教赵万里先生，深得赵先生器重。在1948年李氏书目编完之后，于9月，转至国立北平图书馆善本部供职。其间编辑完成的《北京大学藏李氏书目》于1956年由北京大学出版社出版。

抗战胜利后，运至天津的聊城杨氏海源阁藏书所余92种售归北平图书馆，郑振铎先生抗战期间在上海孤岛抢救采购的珍贵古籍也运抵北平图书馆。新中国成立初期，国内著名的公私藏书，如瞿氏铁琴铜剑楼、傅氏双鉴楼、潘氏宝礼堂、周叔弢先生、常熟翁氏、涵芬楼等，或捐赠，或转让，让明清以来累世宝藏如百川归海，陆续入藏北京图书馆。冀先生继续在赵万里先生指导下，对这些古籍进行鉴定编目。际此嘉会，历代留存古刻名抄，先贤墨迹，先生一一寓目，可谓前无古人，后无来者，这一段经历为先生日后的版本目录学研究打下了坚实基础。编目后先生建立了一套包括书名目录、著者目录、分类目录三部分的一套目录卡片，几年后规模初具，向读者开放，为读者查阅提供了极大的便利。以这套卡片为基础，1959年，国家图书馆的国庆10周年献礼项目《北京图书馆善本书目》出版了。与此同时，另一个献礼项目——由赵万里先生主编的《中国版刻图录》在1960年由文物出版社出版。这是一部系统介绍中国雕版印刷发展的大型图录，冀先生协助赵先生选书的同时，撰写了明清部分的说明文字。这部大型图录至今仍为最权威的、研习目录版本学不可或缺的参考工具书，影响之深远，至今尚无与伦比。北京图书馆善本书目到1987年重编时，其主要内容仍是冀先生的这套卡片。

1975年，国务院总理周恩来在病重期间指示“尽快把全国善本书总目录编出来”，1979年全国善本书总目编委会正式成立，1980年开始全国公共图书馆和其他藏书单位的目录卡片开始汇集，整编工作正式展开。上海图书馆顾廷龙先生出任主编，冀先生和南京潘天祯先生任副主编。这是中国千百年来未有之盛业，冀先生协助顾廷龙先生经营擘画，为顾先生倚重。特别是项目进行的17年中，先生为保证目录的准确性,走遍大江南北,将目录卡片与原书一一核验,其对版本鉴定之精,所见之广,可以说罕有其匹。这部《中国古籍善本书目录》是先生晚年倾注大量心血完成的,1986 年至 1997 年由上海古籍出版社陆续出版。笔者曾经在 1989 年前后在总目办公室随冀先生工作,对先生编制总目时的敬业、执着,留有深刻印象。

目录编纂期间,先生曾赴英国进行学术交流,并在亚非学院进行了《中国古籍善本书目及古籍善本收录范围》的演讲,目录完成后,又写下近万言的《〈中国古籍善本书目〉后记》,叙述缘起始末,阐释发凡起例,原原本本,真知灼见,随处可见,清晰而又深刻地反映了冀先生的目录学思想。

冀先生还在 1963 年与王树伟、朱家濂、冯宝琳为已故文化部副部长郑振铎先生的藏书合编了《西谛书目》(文物出版社出版),1985 年为周叔弢先生藏书编写《自庄严堪善本书目》(天津古籍出版社)。

先生生前还曾经手定《中国写本书图录》选目,可惜未及看到其实施,目前此项工作正由善本部晚学继续完成。

1984 年,冀先生曾应邀为中央广播电视大学讲授“古代目录学简述”,录音录像播出后深受好评。为全面反映冀先生目录学实践和理论,在编辑《冀淑英文集》时,这篇讲义也曾一并收入。

冀先生得益于经眼善本数量之巨,其版本研究堪称理论与实证兼顾兼擅,有其精到过人之处。先生认为鉴定一书的版本,不止只分析辨别其刻板或抄写的年代,还应进一步熟悉某书历来传世有多少版本,现在某本稀见,某本流传尚多,某本由某本出,各个本子的异同优劣,辨其版刻源流。并提出,解决这个问题,一方面吸收前人的成果,多读前人的目录和序跋,一方面从书的本身条件来寻求解决的途径。她特别强调,所有可以断定版本的因素,不可以孤立地看待和应用。这些观点在先生为宋元古刻名抄撰写的序跋中清晰地反映出来。在这些序跋中,她把一部书的版刻放在历史的大环境下,“溯版本之源流,辨版刻之时地,纠前贤之舛误,堪与顾(广圻)黄(丕烈)相颉颃,而又远过之。”在为上海古籍出版社撰写的《律附音义》序中,根据书中刻工与同时代刻工的分析，证实书为南宋重刻天圣本，从而推翻了前人北宋天圣本的判断。在为《常熟翁氏世藏古籍善本丛书影印说明》中又是根据与其他书刻工的比对、南宋初避讳不严等因素，将《集韵》先贤定为北宋仁宗刻本的结论推翻，定为南宋初年明州刊本。

在运用刻工的因素判定版本方面，她的《谈谈版刻中的刻工问题》《谈谈明刻本及刻工》等文章以及50年代初做，80年代重编的“苏州刻工表”，为我们鉴定版本提供了客观依据。大大推进了版本学的研究。

先生曾经受中国大百科全书出版社的委托，为《中国大百科全书》撰写部分善本书的词条，在词条中先生以寥寥数语将书的版本情况揭示得清清楚楚，亦足以显示先生在版本学方面得精深造诣。

除版本目录学之外，冀淑英先生在善本古籍修复保护得理论和实践上也颇有建树。20世纪80年代，她针对敦煌文献的特点，把敦煌文献的修复原则总结为“抢救为主　治病为辅”，以期最大限度地保留文献的一切信息，这个理念为业界一致认同，并推广到其他珍贵文献的修复和保护中。

冀淑英先生对国家图书馆藏书建设也做出了巨大的贡献，同时与藏书家结下深厚的友谊。这主要源于冀先生对珍贵善本古籍的珍惜和了解，这是令许多藏书家放心地将珍藏多年的善本书交给国家图书馆收藏的主要原因。1952年，周叔弢先生将他藏书中的最精品——宋元明刻抄校本书，共计715种，26 712册，全数捐给北京图书馆时，文化部副部长郑振铎同志曾满腔热情地对他说：“您把最心爱的‘两陶’集都献了出来，真是毫无保留，难得！难得！”而周叔弢先生选择国家图书馆作为捐书所在的原因，在他对儿子周珏良的谈话中，我们可以充分了解：“捐书如嫁女儿，要找个好婆家，北京图书馆善本书部由赵万里先生主持，他是真懂书爱书的，手下又有他培养出来的如冀淑英同志等，书捐到那里可谓得所，我是放心的。”受冀淑英等前辈的影响，现在善本部的工作人员依然遵从着爱书如护头目的传统，不忍心看到书受一点损伤。这种影响来源于前人以身作则的身教，也得益于冀先生的晚生后学的真切关心和爱护。

冀先生对国家图书馆善本部年轻人的提携帮助是毫无保留的。在1997年,冀先生曾经给善本部的年轻人做过10余次业务培训,将她亲身经历的善本书入藏国家图书馆的来龙去脉娓娓道来,包括藏书家的传记、所藏书的递承关系,以及各家藏书的特点,其熟悉程度,真可谓如数家珍。这些珍贵的活的历史,善本部的同仁已经作为珍贵的档案材料进行了录音、整理,并已经随着《冀淑英文集》的出版发行公之于世,为世人共享。而她"为学不作媚时语,实践方能出真知"的做人和治学的准则,正在为善本部的年轻人尊崇和实践着。

作为晚学,我不敢对先生的一生妄自评论,借用王绍曾先生在《冀淑英文集》序言中的评价,我想恰如其分——余深慨当今目录版本之学,几成绝响,每读先生鸿文,辄有一字千金之感。综观先生一生,于版本目录之学,卓然成家。就其渊源而言,实上继乡前辈艺风老人之余绪,下承江安傅氏、海盐张氏。而又亲炙于海盐赵氏之门,益加恢张,故其创获之宏,贡献之巨犹远过之。

先生逝于2001年4月18日,五周年祭,做此小文以志纪念。

原载于《文物天地》,2006年第2期

精神的魅力

——追思冀淑英先生

冀淑英，生于1920年2月，2001年4月18日因病在北京去世。倏忽十年，后学晚辈在对先生的追忆中，在其精神魅力的感召下，正在让先生一生热爱并为之奋斗的古籍事业蓬勃向前，愿能告慰先生在天之灵。先生十周年祭，追念曾经的言传身教，期待更深的感悟，更多的教益。

一、深厚积淀来自日复一日的具体工作，来自勤恳的实践

冀淑英先生把“为学不作媚时语，实践方能出真知”作为她的座右铭，值得今天的年轻人细细品味。先生作为版本目录学的大家，能够在业界一言九鼎，成为高山仰止的人物，的确是基于几十年扎扎实实的善本编目版本鉴定实践。

1948年，冀淑英先生在完成北京大学李盛铎专藏的编目后，转至北平图书馆（今“国家图书馆”）善本部供职。此时的北图是古籍收藏的黄金时期。抗战胜利后，运至天津的聊城杨氏海源阁藏书所余92种售归国家图书馆，郑振铎先生抗战期间在上海孤岛抢救采购的珍贵古籍也已经运抵国家图书馆，新中国成立初期，国内著名的公私藏书，如瞿氏铁琴铜剑楼、傅氏双鉴楼、潘氏宝礼堂、周氏自庄严堪、常熟翁氏、涵芬楼等，或捐赠，或转让，明清以来累世宝藏如百川归海，陆续入

藏国家图书馆。际此嘉会,冀先生在赵万里先生指导下,对这些古籍进行鉴定编目。历代留存古刻名钞,先贤墨迹,先生一一寓目,可谓前无古人,后无来者。编目后,先生建立一套包括书名目录、著者目录、分类目录三部分的一套目录卡片,几年后规模初具,向读者开放,为读者查阅提供极大的便利。以这套卡片为基础,1959 年,国家图书馆的国庆十周年献礼项目《北京图书馆善本书目》出版。与此同时,另一个献礼项目——由赵万里先生主持的《中国版刻图录》1960 年由文物出版社出版。这是一部系统介绍中国雕版印刷发展的大型图录,冀先生协助赵先生选书的同时,撰写了明清部分的说明文字。这部大型图录至今仍为最权威的、研习目录版本学不可或缺的参考工具书之一,影响之深远,至今尚无可匹敌。国家图书馆善本书目到 1987 年重编时,其主要内容仍是冀先生的这套卡片。这一段经历是先生日后成为版本目录学家的坚实基础。

冀淑英先生与藏书家曾结下深厚的友谊,冀先生对珍贵善本古籍的珍惜和了解,让许多藏书家将多年的珍藏放心地交给国家图书馆收藏。1952 年,周叔弢先生将他藏书中的最精品——宋元明刻抄校本书,共计 715 部(经周景良、李国庆、程有庆先生逐一核实为 726 部),26712 册,全数捐给北图时,文化部副部长郑振铎同志曾动情地说:"您把最心爱的'两陶'集都献了出来,真是毫无保留,难得!难得!"而周叔弢先生选择北图作为其珍藏归宿的原因,曾在对哲嗣珏良先生的谈话中提及:"捐书如嫁女儿,要找个好婆家,北京图书馆善本书部由赵万里先生主持,他是真懂书爱书的,手下又有他培养出来的如冀淑英同志等,书捐到那里可谓得所,我是放心的。"受冀淑英等前辈的影响,现在善本部的工作人员依然遵从着爱书如护头目的传统,不忍心看到书受一点损伤。这种影响来源于前人以身作则的身教,也得益于冀先生对晚生后学的真切关心和爱护。1963 年与王树伟、朱家濂、冯宝琳为前文化部副部长郑振铎先生的藏书合编《西谛书目》(文物出版社出版),1985 年为周叔弢先生藏书编写《自庄严堪善本书目》(天津古籍出版社),也见证了冀先生对藏书家的尊重以及对古籍的珍爱。

1975 年,周总理在病重期间指示“尽快把全国善本书总目录编出来”。1979 年,全国善本书总目的编委会正式成立。1980 年开始,全国公共图书馆和其他藏书单位的目录卡片开始汇集,整编工作正式展开。上海图书馆顾廷龙先生出任主编,冀先生和南京潘天祯先生任副主编。这是中国千百年来未有之盛业,冀先生协助顾廷龙先生经营擘画,为顾先生倚重。特别是项目进行的 17 年中,先生为保证目录的准确性,走遍大江南北,将目录卡片与原书一一核验,其对版本鉴定之精,所见之广,可以说罕有其匹。这部《中国古籍善本书目》是先生晚年倾注大量心血完成的,1986 年至 1997 年由上海古籍出版社陆续出版。笔者曾经在 1989 年前后在总目办公室随冀先生工作,对先生编制总目时的敬业、执着,留有深刻印象。

先生得益于经眼善本数量之巨,其版本研究堪称理论与实证兼顾兼擅,有其精到过人之处。先生认为鉴定一书的版本,不止分析辨别其刻板或抄写的年代,还应进一步熟悉某书历来传世有多少版本,现在某本稀见,某本流传尚多,某本由某本出,各个本子的异同优劣,辨其版刻源流;并提出,解决这个问题一方面吸收前人的成果,多读前人的目录和序跋,一方面从书的本身条件来寻求解决的途径;特别强调,所有可以断定版本的因素,不可以孤立地看待和应用。这些观点在先生为宋元古刻名抄撰写的序跋中清晰地反映出来。在这些序跋中,她把一部书的版刻放在历史的大环境下,“溯版本之源流,辨版刻之时地,纠前贤之舛误,堪与顾(广圻)黄(丕烈)相颉颃,而又远过之”(《冀淑英文集》王绍曾序)。如在为上海古籍出版社撰写的《律附音义》序中,根据书中刻工与同时代刻工的分析,证实书为南宋重刻天圣本,从而推翻了前人北宋天圣本的判断。在为《常熟翁氏世藏古籍善本丛书影印说明》中又是根据与其他书刻工的比对、南宋初避讳不严等因素,将《集韵》先贤定为北宋仁宗刻本的结论推翻,定为南宋初年明州刊本。

对此,上海图书馆研究馆员、国家文物鉴定委员会委员陈先行在

2009年9月国家图书馆百年馆庆时在《光明日报》上以“不让须眉的版本学家——忆版本目录学家冀淑英先生”为题撰文纪念冀淑英先生，对先生厚实的学问与鉴定版本的功力仰慕之至。特别提到当冀先生见到上图藏宋刻十卷残本《金石录》时，脱口而出“该本与北图的三十卷足本很像是一个本子”。而两部书历来版本学家都认为彼此是两个不同版本，陈先生对冀先生的判断半信半疑，而1984年当陈先生将上图本与国图本悉心比对后证实两本果为同一版刻，上图本在明末已被人做了手脚，造成了两本为不同版本体系的假象。冀先生不经意间将300年来许多收藏家、鉴定家都被骗过的公案做了了断。这是多么深厚的功底呀！

2002年，我受命编辑整理《冀淑英文集》时曾经疑惑，作为20世纪杰出的目录版本学大家，论文为何不过20万字，却被这个时代尊为版本学大家，在我把这些文章一一拜读之后，被先生文章不写半字空的真知灼见深深折服。先生的学术思想不仅仅反映在20万字的文章和论述中，更深刻地体现在她丰富的版本目录学实践中。她一生编纂的公私藏书目录，均为传世之作，无论数量还是品质，堪称前无古人。

由此想到，今天有的年轻人，或许具备博士硕士学历，却轻视扎扎实实开展实践活动，具体编目不屑去做，或者浅尝辄止，不去总结钻研，钻进狭小的空间，进行所谓的科研，构筑漂浮的空中楼阁，脚下无根，后劲不足，还能够向前走多远，令人担忧。已不再年轻的我们，面对任务和名利，又有多少人能把持自己，摒弃驿动和浮躁，坚持文章不写半句空，不出现一知半解的“急就章”？从对照中我们感到差距，也感到愧疚。

几十年扎扎实实的编目鉴定实践，古籍版本目录学的建树，高山仰止的权威，其中的对应关系越加明晰。

二、爱书护书源于高尚的职业素养，来自对古籍的挚爱

冀淑英先生一生爱书护书，为国家图书馆的古籍善本藏书建设做

出了巨大贡献。她不仅进行古籍的编目整理研究,也重视古籍善本的保护与修复。1949 年《赵城金藏》入藏国图,她与赵万里先生一起,研究抢救办法,制定了“整旧如旧”的修复方案,至今仍是修复古籍善本书的基本原则。20 世纪 90 年代初,国图大规模修整馆藏敦煌遗书,先生又提出“抢救为主,治病为辅”的方案,以期最大限度地保留文献的一切信息。这不仅得到敦煌学界的肯定,也为国际敦煌学界修复敦煌遗书提出了指导原则,同时推广到其他珍贵文献的修复和保护中。

不仅理论上卓有建树,冀先生对古籍的热爱是发自心底的。冀先生对国家图书馆善本部年轻人的提携帮助是毫无保留的。在 1997 年,冀先生曾经给善本部的年轻人做过十余次业务培训,将她亲身经历的善本书入藏国家图书馆的来龙去脉娓娓道来,包括藏书家的传记、所藏书的递承关系,以及各家藏书的特点,其熟悉程度,真可谓如数家珍。这些珍贵的活的历史,善本部的同仁已经作为珍贵的档案材料进行了录音、整理,并已随着《冀淑英文集》的出版发行公之于世,为世人共用。而她“为学不作媚时语,实践方能出真知”的做人和治学的准则,正在为善本部的年轻人尊崇着,实践着。对于好学上进的年轻人,冀先生关怀备至,慈爱有加,从工作到生活都给予无微不至的指导和关心。但是其前提是必须爱书,如果让老人家看到某人对书不够爱护,那拍着桌子的一顿训话是免不了的。

记得一次老人家已经退休在家了,接了熟人的一通电话,说他到国图查某一部书,前一次看到了,这次却没有看成,工作人员告诉他没有。老人家对国图的古籍熟悉的程度非同寻常,一听急得马上拨通电话,让我马上去查。这时已近下班,老人的女儿特别又补了一个电话来,说老太太怕电话听不清已经带好助听器。于是我们和阅览室的同事马上下库去核实,见书在架上好端端地放着。我赶紧回电话,感觉接到电话,电话线的另一端,长长地舒了一口气。其实是接电话的时候老人家没有带助听器,听对方说话听差了,一场虚惊。但是冀先生对书的熟悉和爱惜却令人感动。

前几天新京报上有一段丁瑜先生的回忆。他记得“文革”期间,在抄家的书里发现了很珍贵的《咸淳临安志》的零叶。这些散落的零叶如果上交就可能会被当成废品，于是冀先生偷偷地把它藏到办公室里，之后书被修复好后收入馆藏。当时冀淑英已经被抄家、剃头，在那种处境下她还能这样关心和保护古籍，令人佩服。

三、严谨工作，淡泊名利

先生一生追求真理，热爱事业，工作、治学严谨认真，乐于奉献，却淡泊名利，过着简朴的生活。

我1987年到馆工作后不久，被派到全国善本总目办公室，大约一年多的时间帮冀淑英先生做些辅助性工作，目睹了先生对事业的执着。一开始我们的任务是将油印本按照新排定的顺序剪裁粘贴，并进行校对。当时我想这工作太机械，重复性强，没什么意思。先生却不这么认为，她给我们讲做古籍的基本功要先记至少几百个书名、著者等信息，干活时一定要用心，而更严格的是，她在剪贴时经常过来巡视，条与条间留多少空隙，每条天头地脚空多少距离，都亲自指导我们调整，原因是贴清楚了、出版社排版品质才会高，不然排版人看不出条目间关系，容易出错。

最初工作地点在文津街，那时六天工作制，但是到周六，一些非一线部门员工经常可以提前下班，但是冀先生每一天都把时间用得满满的，从不早走。那时候，冀先生已近七旬，腰也有病，经常看到老人家走走停停，每天上下班都费尽体力，让人看着很心疼，但谈起工作老人家总是眉飞色舞，充满激情。1990年前后，总目办公室转移到白石桥新馆，离位于舞蹈学院的家近了，冀先生上班改为步行。那几年，每天清晨一位七旬老者从舞蹈学院宿舍走走停停，到馆上班，下午步履蹒跚回到舞蹈学院，几乎成为一道令人感动又心酸的风景线。之后，终于在馆领导的关心下老人家可以搭专门的小车上班了，后来办公室在周和平同志（时任副馆长）的关心下又多了中午可以休息一会儿的沙发。

那时一个刚毕业的大学生一个月工资是58元,总目每年的工作经费是10万元,应该是充满诱惑的数字,只要老人家签字,很多项目可以报销,但那时除了必要的差旅费以外,这笔钱很少使用,使用的铅笔要用到手攥不住了,再接上笔帽继续用,直到今天冀先生女儿手里还收藏着浸润母亲手泽的小铅笔头。总目工作后期,为加快进度,冀先生请沈燮元先生到京工作两年。完成工作送行时,冀先生自掏腰包请老朋友吃了一顿便饭,选择的地方是当时很"实惠"的郭林家常菜。

宠辱不惊,看庭前花开花落;去留无意,望天上云卷云舒。对个人利益的淡泊和对事业的执着正是老人家面对困境淡然处之,战胜困难,构建事业的力量所在。先生于版本目录学贡献之巨远非笔者可以评说。先生逝于2001年4月18日,倏忽十年,仅能在祭拜中,将心中更多的感悟,与朋友们分享,更希望先生的精神能够传递给更多的青年人,毕竟这是属于国图人,属于古籍人的精神,是冀先生留下的宝贵财富。

原载于《文津学志》第四辑

古籍修复与人才培养

2007年1月,国务院办公厅发出《关于进一步加强古籍保护工作的意见》(国办发〔2007〕6号),从此中华古籍保护计划的实施拉开帷幕。古籍工作者期盼已久的全方位的古籍保护工作开始了新的篇章。同年5月,国家图书馆作为中国国家古籍保护中心隆重挂牌,开始履行对全国古籍进行全面保护工作的职责:组织对现存古籍进行全面普查,摸清家底;对业界古籍普查、古籍修复保护人员进行培训;对古籍保护的相关问题进行研究等,有力地带动了全国性古籍保护工作前进的步伐,古籍保护工作的发展趋势和前景令人欣慰和鼓舞。然而实际工作仍然存在着诸多的困难和问题。专业修复人才的严重不足和经费投入的严重短缺,多年来一直制约着古籍保护工作的开展,而人才问题则是目前困扰我们的最大问题。

1 古籍保护修复人员的历史和现状

中国古籍的保护修复是与古籍的出现相伴而生的,传统古籍修复技艺也几乎与古籍的生存延续相伴发展。竹简的"杀青"、纸张的入潢、装帧的演变等,都是智慧的中国人关于古籍保护的实践。北魏贾思勰《齐民要术》、唐张彦远《历代名画记》、明周嘉胄《装潢志》等文献中,皆有关于古籍修复技艺的相关记载。在古人的精心呵护下,一些生存至今的纸质古籍触手如新,但它们能否再走得更远,存世更久,这还有赖于我们今天的努力。

长期以来,古籍修复人才的培养一直沿用的是口耳相传、师徒授受的传统方式,直到今天,这种方式仍然是修复业的主要教学模式。这种方式对于手工技艺的传承起到非常重要的作用,但其弊端是,教学中有许多的保守和排斥,学生数量少,核心内容很难学到,更不用说将技艺行诸笔端供后人共享。这种传承模式决定了其核心技术会面临失传的危险。

修复技术的纯熟需要多年的实践和实践中的感悟。对实践进行总结,上升到理论的层面,才能使世代累积的经验更好地传承下去,促进行业的发展。多年来古籍修复的从业人员受教育程度一直不高,20世纪50年代以前小学毕业者居多,其后初中、高中毕业生占主流,近年大专学历较多。受教育程度较低和艰难的生存环境都制约着行业的发展,整个行业多年来无论人员的数量和整体科学理论水平都没有令人满意的提升,致使留给我们的理论著作少之又少,甚至连一些基本的纪录都很少见。

新中国成立以来,国家对古籍等文化遗产极为重视,一些大的藏书机构吸纳在旧书店、装裱铺的专业人员,从事修复装裱工作,奠定了最早的修复人才基础。在他们的努力下,很多破损的古籍得到新生。然而历史的原因使这些修复者一直被视为裱糊匠,社会地位及待遇一直没有得到提高。

20世纪50年代末至60年代初,针对公私单位修书人员老龄化日趋严重的情况,文化部要求古籍收藏量大、古籍破损严重的单位派人到北京图书馆(今"国家图书馆")和中国书店学习古籍修复,希望通过国家加大培养力度和规模来促进行业发展。此次培训为各地培养了一批古籍修复骨干。其中一部分如潘美娣、赵嘉福、毛俊义、郑景文等成为行内知名专家,有的至今还活跃在修复、教学活动中。值得一提的是,这次培训班除去动手演练之外,还增设部分文化课,学员们学习了一定的古籍相关知识,打破了以往师徒间仅进行技法传授的狭隘的培养模式。然而此后不久,众所周知的政治运动,使得一些收藏单位的业务工作基本停滞，甚至瘫痪，古籍修复也不例外，这些修复人员纷纷转行。20 世纪 80 年代，文化部又委托国家图书馆、上海图书馆、浙江图书馆等古籍大馆，举办为期一年的古籍修复培训班，培养了 50 名古籍修复人员。目前活跃在修复工作一线的还多是这三批培养的修复人员。

之后，上海、南京、福建又为本地区中小图书馆培训了部分修复人员，古籍修复有了一定发展。然而由于从事古籍修复工作的人员学历层次偏低，大部分在评职称时没有机会晋升专业职称，仅能享受技工的薪金待遇，后来这批人多数转岗从事古籍编目、管理工作，或者干脆离开。如福建省图书馆当年培养的 14 位学员，目前只有 1 位仍在国内进行古籍修复。古籍修复在社会环境的影响下重新陷入尴尬的境地。另一方面，对古籍修复多年来的低投入，使修复工作缺乏必要的研究环境和发展空间，也制约了行业的发展，影响着修复人员的发展前途。

2 古籍生存状况和修复人才的实际需求

目前，我国古籍底数不清，生存状况也令人担忧。文物普查进行了三次，而古籍作为文物的一类，却从未进行过一次彻底的普查。据近几年的粗略统计，中国现存古籍 3000 万册以上，而需要修复的古籍超过 1000 万册，面对数量如此巨大的待修古籍，我们仅仅拥有 100 余位专业修复技师而这些技师职称以中级初级为多，学历以高中、大专为主，年龄多在 40 岁以上，对修复技术进行研究并能诉诸文字的更是凤毛麟角。这对数量庞大的待修古籍来说是非常不够的。况且现存古籍还面临着诸如环境恶化、保存条件不理想等诸多不利因素的威胁，生存质量还在不断劣化，需要修复的将远远不止这些。

在实践过程中，人们深切地体会到，古籍修复是一门技艺，更是一门科学、一门艺术，不仅需要心灵手巧，需要技能、技术，更需要中国书籍史、目录学、版本学的基本知识，同时也需要一定的生物学、化学和物理基础，从而对纸张等建立分析，使古籍修复真正走向科学化规范化的轨道。只是高中大专的知识储备显然是不够的。在国外，古籍修复被视为艺术，崇高而神圣，从事珍贵古籍修复的人员一般具有硕士、博士学历。而我国的修复人员却是长期以来低学历，常常被视为技工、修书匠人，有时还会遭到歧视。这也是拥有浩瀚古籍的古老民族的悲哀。高学历、高层次修复人才的出现成为历史的呼唤。

3 古籍修复行业的机遇

为了改善修复人才严重匮乏的状况，进一步提高修复人才的业务素质和技术水平，2003 年 8 月，国务委员陈至立批示“专门培养一批高职学生从事古籍修复工作”，为此，教育部办公厅、文化部办公厅联合下发了《关于开展培养古籍修复人才试点工作的通知》（教高厅函〔2003〕20 号），要求“加大古籍修复人才培养力度，建立一支结构合理的修复队伍。培养古籍修复人才，可以采取‘分层培养，长短结合’的原则，以培养技术熟练和操作人员为主（主要是高职层次），适当培养一些高级修复人才（主要为本科层次），同时应注意对在职职工的短期培训，力争用十年左右时间，在全国造就一支数量和质量基本满足要求的古籍修复队伍”。2007 年 1 月，国务院办公厅发出《关于进一步加强古籍保护工作的意见》将古籍修复工作和修复人才培养列入工作重点，修复行业真正看到了前景和希望，修复人才的培养也有望得到较大程度的发展。

在此背景下，古籍修复人才的培养工作引起了广泛重视，各地办学热情极端高涨。江苏省莫愁学校先是开设中等技术专业学校，之后升为大专，还有金陵科技学院等纷纷开展大专教育，取得了一定成效。从国家古籍保护中心承办的两期修复培训班学员的层次上也可以看出人们对古籍修复事业的关注和认同。近日，笔者对各省馆以及全国古籍试点单位的修复人员状况进行了粗略的调查，在调查的 76 家古籍收藏单位中，中华古籍保护计划开始前有 88 位修复人员，其中取得副研究馆员以上职称的只有 4 位，本科学历以上 20 位，其中硕士仅 3 位。而近期两次参加培训的 71 位学员中已经拥有 41 位大学本科以上的学员，其中博士 1 位、硕士 7 位，学历层次有较大幅度提高，学习热情也是空前高涨。修复行业的发展面临着难得的机遇。

4 古籍修复人才发展政策

尽管如此，古籍修复人员数量少。技术水平有待提高、修复工作有待科学化规范化、修复队伍不稳定、人才流失仍然是困扰我们的主要问题，需要解决和完善。同时，古籍修复人才的特殊性决定了古籍修复人员的成才不可能一蹴而就，因此，在古籍修复人才的培养上应采取多层次、多渠道的培养方式，搭建人才梯队；对于已有的修复专业，通过政策的调整提高他们的地位，通过多渠道、多层次的培训教学提高其素质和整体水平，通过营造良好的氛围和成长发展环境，为之创造更广阔的发展空间。这是保证古籍修复事业可持续发展的重要保证。

4.1 加大资金投入和完善政策保障

各级政府资金投入的保证和相关政策的调整，为修复行业营造适合发展的空间。长期以来对古籍修复行业的投入不足是行业发展的障碍，有些大的古籍收藏单位甚至连古籍修复的基本建制都没有，大部分单位，特别是图书馆系统的修复工作缺少必要的实验设备设施，修复材料短缺，工作人员缺少必要的防护设施和合理的薪酬待遇等，这些都是行业人员稳定和事业发展的阻碍。因此，必须加大对古籍修复是也的投入力度。

政策保障方面，修复作为一门特殊技艺，对于业务和个人水平的评估应有自身的规范和标准,而长期以来,修复人员论文专著的弱项,正对应着高级职称的必备条件,职称的晋升策划能够为修复人员的心病。2003年,劳动和社会保障部曾经委托文化部文化艺术人才中心组织有关专家制定《图书资料业务人员(文献修复师)国家职业标准》。标准充分考虑修复职业特点和实际需求,将修复师等级按技术水平等因素设定为一至六级,对职业的活动范围、工作内容、能力要求和知识水平都做了明确规定,取得相应级别的证书方可以参与项应级别的修复。此项标准目前尚待实施它将使修复工作逐步走向规范化,也会基本解决修复人员的职级认定问题。

4.2 分层培养,长短结合

根据"分层培养,长短结合"的原则全面开展古籍修复保护人员培训,提高修复水平。经过实践和思考,笔者认为对古籍修复人员的培训可以通过不同的方式开展,主要有以下几种:

短期在职培训:根据修复行业的现状和特点,在职培训应是修复人才培养最直接有效的途径。可以根据工作性质和不同需要,开设初级班、提高班、研修班,循序渐进,不断提高修复能力。国家古籍保护中心已经开设了两期修复培训。

长期在职培训:修复技术需要长期实践。根据古籍保护计划的需要,国家级古籍修复中心将在不同地域、承担修复国家珍贵古籍的职能,同时还将作为其所辐射地区修复人员的流动培训站,进行长期培训。届时,修复人员可在国家级古籍修复中心通过一至两年的实践,提升操作能力。这也是一定程度上对传统的师徒传授方式继承和扬弃。

分层的学校正规教育:近年来,由于国家对古籍修复越来越重视,一些有条件的学校开设了不同层次的古籍修复专业,开展中专、大专学历教育。保护计划启动后,北京大学中文系古典文献专业又设置相应的本科课程,并准备开设古籍保护与鉴定方向的研究生课程。具有合理知识结构和保护修复人才配置将使研究和技术操作得到较好的结合,促进行业健康发展,缩小与国际先进水平的差距。

4.3 研讨交流

通过研讨班、国内国际交流推进人才成长,提升修复工作科学水平。古语云“他山之石,可以攻玉”,必要的交流对修复人才层次的提升将是很大的促进。国际上各国古籍的修复和保护越来越受到重视,其科技水平和研究能力由于多年的积累和投入,走在我们的前面,而中国的古籍修复和保护基本还停留在经验阶段,通过研讨班、国内国际交流的组织和参与,可以为修复人员搭建交流的平台,加快国内修复行业科学化、规范化的进程。

5 结语

中国国家图书馆二期工程不久将投入试运行,展示给世界的不仅是拔地而起的现代化建筑、全新的功能完备的设备设施、充满人文精神的周到服务,同时展现给世界的还有中国国家图书馆一库三中心职能的全新扩展。作为国家图书馆,其职责不仅是为政府、为读者提供服务,同时也承担着对业界的责任。在古籍保护工作方面,国家图书馆近年来迈出了实质性的步伐,相关工作逐步走向有序化和规范化。然而,实际工作中存在的现实问题却值得我们深入讨论和思考。面对人才短缺这一古籍修复业发展的瓶颈,通过调整政策、创造人才成长的环境,加大培训力度、扩大视野、加强交流等手段,给修复人员更宽松的工作成才环境和合理待遇,保证古籍修复人才的稳定和修复行业的可持续发展。

原载于《国家图书馆学刊》,2008 年第 3 期

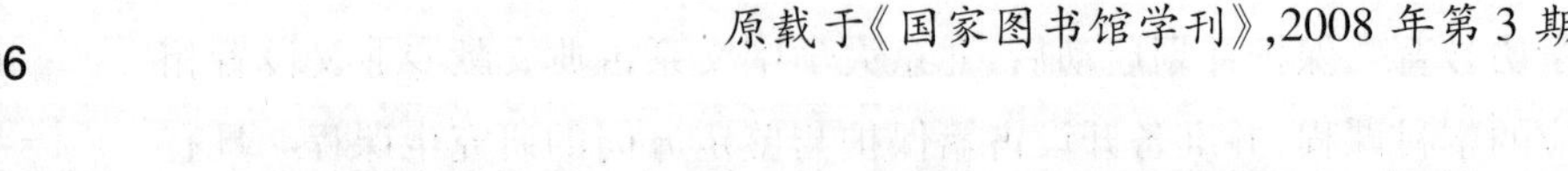

国外古籍修复人才的科学培养对我们的启示

1 引言

近年来,在国家的重视和支持下,我国的古籍保护与修复工作有了一定的起色,成立了国家古籍保护中心,积极开展相关培训,并努力将古籍保护纳入学校教育。但总体来看,我国的古籍修复工作仍处于起步阶段,在学历教育、技能培训、制度规范化建设等方面仍然存在着很大的提升空间,相对于数量庞大的亟待修复的古籍来说,从业人员数量严重不足;虽然古籍修复已进入正规的学校教育阶段,但仍停留在较低层次,尚未真正成为正规的学历教育;教学内容不合理,学生的知识背景局限在文科,对材料学、美术学、分析化学等古籍修复学科建设必需的基础学科并未涉及;学历层次虽有所提高,但相对于古籍修复的需求来说,知识结构却欠合理。自 2007 年起国家古籍保护中心先后开展了七期针对在职人员的古籍修复培训,参加培训的学员学历层次有所提高,有一批博士、硕士、本科学历的人员加盟修复行业,但这些博士、硕士的专业背景限于文史哲、图书馆学等,与正规学历教育产生的专业对口人员相比,知识结构还需要进一步调整。

有鉴于此,在过去的一年中,国家古籍保护中心对文献修护工作处于国际先进水平的部分国家进行了人才培养、管理和发展模式等方面的追踪调研。这些国家从业人员数量充足,知识结构合理,教育内容科学，培训制度完备，操作规范，技术发达，较之目前中国古籍保护修复人员的培养，科学化规范化程度高出一筹。认真研究和吸纳这些先进经验，可以为我们古籍修复保护行业的发展提供借鉴，缩小中国古籍保护科学技术水平与国际一流水平的差距，并结合守护中华古籍跨越千年的中国先贤经验中科学的内核，用科学的精神和技术守护我们的民族文化遗产。

2 古籍保护技术比较发达国家的工作人员配置和人才培养

2.1 保护修复机构充足合理的人员配置和细致的分工

以波兰国家图书馆为例，①人员配置：其图书保护部，有100多名员工，下设三个分部，即保护、修复、实验。实验室又分为化学实验室、微生物实验室、物理实验室等。实验室共11人，其中化学人员4人、消毒人员2人、磁带保存研究2人、微生物室2人、老化室1人。修复也分三个室，由14个高级修复人员和一些辅助人员组成，修复古书的同时，对早期的古籍实行传统的保护修复，对18、19世纪的图书进行规模保养。采取一些预防性措施，其装具采用无酸材料自制，经过修复的藏品置换为无酸装具。其材料控制非常严格，本国材料不合格的不惜从国外进口，如修补的纸浆从德国进口，溜口覆膜的纸浆从日本进口。②修复的程序：经过专人登记、组织分析评估、研究、保养、修复去酸，每件藏品，在送修前均进行无损测酸，之后用显微设备进行纤维测试，比对原有的纤维图谱后记录在案，存入档案。

在美国国会图书馆，2008年秋，实验室扩展和整修，将为光学、化工和机械研究提供近1万平方英尺的现代化的绿色设施，同时也为研究和历史比较提供了参考样品储备，通过聘用新人，实验室的博士研究员已达到7人，修复研究和检测人员14人。

据意大利文化遗产部的统计，截至2005年，意大利拥有专业纸张修复实验室99个，分布在39个公立机构、60个私立机构，在上述机构中约有200名从事书籍、文献和档案的修复师，以及200名修复技工。

2.2 良好的教育、学历层次、知识结构

如上所述，在图书保护发达的国家，其投入之大、分工之细，研究之深入，对于古籍修复工作来说，是极为有利的，也是非常必要的。而实现这样工作模式的基础是充足的高学历专业人员的保障。在国外，古籍修复被视为崇高而神圣的艺术创作，从事珍贵古籍修复的人员一般具有相关专业的硕士、博士的教育背景才准予入行，而国外的文化遗产保护修复的教育在长期发展中，不仅渠道畅通，而且专业设置、知识技能等要求科学而严谨。

据初步调查，美国、日本、英国、法国、波兰等古籍保护技术比较发达的国家，至少有两个以上的高校开设古籍（文化遗产）修复或保护专业，或文物（文化遗产）保护专业，也有开设古籍以及纸质文献的保护方向，从业人员都受过正规的专业教育。以法国为例，目前文化部下属的三个高等学校——巴黎国家遗产学院、阿维尼翁的艺术学院、图尔的美术学院都设有修复师专业。其中，巴黎国家遗产学院设有书籍与图像修复专业。法国文化部规定，只有以上的三个学校以及巴黎第一大学相关专业的学生才有资格接手法国文化遗产的修复工作。还有一些地区的高等美术学校中设有文物保存与修复专业；一些私人学校也教授文物修复技术。报考公立高等专科学校中的修复师专业的学生必须拥有法国高考成绩，学校面向全世界招生，学生通过入学考试被录取后一般要接受5年制的专业训练[1]。

法国高校的遗产保护与修复的训练，其课程设置兼顾人文科学与自然科学，理论结合实践。著名的巴黎国家遗产学院的书籍修复师专业科目包括：绘画、微生物学、化学、材料技术、艺术史、修复理论与伦理、文献研究方法、计算机、法律等；学生每年有大量的手工操作；在第四年学生有6个月在国外相关机构的专业实习，第五年需要亲手完成一次文物修复工作，并撰写硕士论文。

在调研中我们了解到,欧洲有保护师—修复师联盟(E. C. C. O.),现在这个联盟有欧洲 16 个国家的超过 5000 名会员。在联盟的职业准则中,从业人员的知识结构和专业背景是这样规定的:

科学和人文的平衡对于理论教学来说是不可或缺的。理论主题应由保护/修复领域的专业分化所决定,它应包括:

- 保护—修复的伦理原则
- 科学(如化学、物理学、生物学、矿物学、颜色理论)
- 人文学科(如历史学、古文字学、艺术史、考古学、民族学、哲学)
- 材质和工艺史、技术和制造工序
- 衰退过程的鉴定和研究
- 文化财产的陈列和运输
- 保护的理论、方法和技术,预防性保护和修复
- 制作物件复制品的过程
- 档案学的方法
- 科学研究的方法
- 保护—修复史
- 法律议题(如职业法规,文化遗产法律,保险、商业和税收法律)
- 管理(收藏、职员和资源)
- 健康和安全(包括环境议题)
- 沟通技巧(包括信息技术)

在这份职业准则中对保护修复师的职能做了这样的界定:

- 在保护—修复领域开展项目开发、规划设计与调查研究
- 为文化遗产的保护提供建议与技术支持
- 为文化遗产准备技术性报告(不包括对其市场价值的判断)
- 进行研究讨论
- 发展教育项目并教学
- 传播调查、培训与研究中获得的信息
- 推进对保护—修复领域的更深入理解

为维护职业的严肃性与崇高性,该准则要求进入保护师—修复师

行业的最低学历水平为硕士，或被认可的同等水平，即应在大学（或同等学力）完成不少于五年全日制保护/修复领域学习，其中包括全面的实践实习期，并且规定，在这样的学习结束之后，学生应该有继续攻读博士的可能性[2]。

相比而言，不仅仅是修复保护人员庞大的数量令我们惊讶，而其人员的高素质和高水平更让我们向往。在中国，档案、文博的保护专业已经有了正规的学历教育，也针对需要有一些理科的课程设置和应用，而针对传承中国古老文化的中国古籍，如此正规的学历教育还没有真正起步。在实践过程中，人们已经深切地体会到，古籍修复是一门技艺，更是一门学科，一门艺术，从事古籍修复不仅需要心灵手巧，需要技能、技术，更需要中国书籍史、目录学、版本学的基本知识，同时也需要与古籍修复密切相关的生物学、化学、物理基础，从而对纸张等建立分析，使古籍修复真正走上科学化、规范化的轨道。但是囿于学科建设的实际情况，目前，我们学校教育的课程设置还远远无法达到古籍修复行业必须的要求和标准，从业人员的数量处于严重不足的状态。

2.3 内容丰富、有的放矢、多渠道的在职进修

在职培训，一直是古籍保护人员知识、技术更新的重要途径，国际图联也专设了继续专业发展和实践学习小组（Continuing Professional Development and Workplace Learning Section），研讨社会及职业培训教育问题和方向。该小组经常与其他专业小组或核心项目合作，召开研讨会，开展相关培训工作。法国档案学院、法国遗产院、全国公务员中心和几乎所有的部级单位都能组织修复工作者的培训。有永久性的培训，有进修学习以及为期1—3天的小型研讨会；意大利国际文化财产保护修复中心开设两年一届的文化遗产保护课程，为不同学科、不同文化背景的专家们提供了专项平台，交流保护修复知识和相关经验，谈论修复实践政策的制定、概念和工具等内容；日本国会馆短期培训馆员有关保存的基本理论和修复破损材料的基本技术。还利用互

联网开展远程培训,把培训办到国外。国外很多的收藏、研究机构对工作人员的在职培训时间和内容都有明确的要求。

在一些国家的国家图书馆,图书保护的教育培训也多作为常规工作,从宏观或微观的角度进行研讨并规划实施。

2008 年 5 月 15 —16 日,美国国会图书馆召集了近 60 位美国国内及海外图书馆、档案馆和博物馆的管理者,召开 21 世纪图书保护教育研讨会,对明确图书保护教育在 21 世纪中的优先地位开展讨论。包括:如何应用教育、技术的革新来改进图书保护培训?如何教育新的修复师和保护专家使用新的设备,以满足当今藏品的需要?尤其是面临破损威胁的现代藏品。哪些人应该被培养为修复师和图书保护专家?如何更好地与大众保持联系,特别是在服务不周到的社区?如何更好地确保资源的可及性,使其满足未来图书保护的需求?

研讨会对此进行了四个部分的讨论。每部分都明确了培训需求、教育缺口、训练需要及针对该专题可行的解决方案。每个小组均讨论了以下题目:如何开展图书保护培训?应培训哪些内容?哪些人应该参加培训,尤其要考虑到地理、经济、专业人员分布情况及培训效果、培训经费和基金等问题。专家们建议增加更多的研究生从业者以获得更好的支持;调动资深图书保护学者在保护科研上的主动性、创造性;制定并发布行业标准和操作规范。另外,参加者建议发展新的专业和交叉学科;扩宽图书保护专业课程设置,便于学生的选择;在教学和培训中更多地采用最新技术。

加拿大图书档案馆一直致力于文献保护相关方面的培训和交流工作。在 2004 年曾举办图书和绘画文件保护者相关化学基础培训。该培训主要面向图书和纸张保护者。课程的目标是向学员介绍相关化学基础。培训的时间为五天,培训班的人数控制在 15 人,课题分为理论和实践操作两个部分。课程设置如下:

时间	课程内容
第一天上午	化学基础概述;材料的结构;原子,分子,聚合物和化学分子方程的基础理论;电离基础
第一天下午	材料老化的原因;能量;光和环境理论
第二天上午	纸张材料的结构、化学成分、降解的原因
第二天下午	纸张材料:纸张测试;表面施胶;纸张酸度的检测
第三天上午	皮革和羊皮材料:结构,化学成分,老化原因,胶原蛋白的测试,丹宁酸的检测,皮革修复温度。参观加蒂诺保护中心
第三天下午	聚合物,黏结剂和加固剂基础知识;聚合物的分类:天然高分子,合成高分子;聚合物的物理和化学特性
第四天上午	水的结构,性质,pH 值的概念 水溶液:溶解,水溶液,分解,浓度(质量,摩尔的基本原理)
第四天下午	溶剂定义和概述:溶剂术语 溶液的能量:溶解性,溶解参数,浓度三角形 挥发性:定义和概述,混合溶液的挥发性 黏度 职业健康和安全:易燃性,闪点,爆炸性,毒性
第五天上午	手工和批处理的主要技术及其原理(清洗、脱酸、消毒、干燥)
第五天下午	材料分析技术,污垢测试 物理化学分析技术:紫外可见光谱仪,红外分光光谱仪,色谱(薄层色谱,液相色谱,气相色谱),质谱仪

这样宏观的规划和针对性的专业在职培训,就中国的古籍保护修复行业的现状来说,或许还不能完全实现,但终究应成为行业良性发展的方向。

在学历教育和在职培训之外,同行间的交流研讨也是古籍修复保护人才培养的重要渠道和方式。同行间的互相启迪、交流,对事业的发展是极大的推进。波兰国家图书馆每两周组织讨论、每年开展国际或国内研讨会。参与者大部分则是波兰国内从事修复保护的专业人员,员工也有参加国外研讨会的机会。作为负责亚洲文献保护的一个分中心,日本国会图书馆基本上每年开展一次亚洲地区的文献保护培训或研讨会。

3 取长补短，经验与科学结合，共谋发展和创新

相对以上各国古籍的修复和保护的科技水平和研究能力，中国的古籍修复和保护基本还停留在经验阶段。长短结合、在职培训和学历教育结合、理论和实践结合、经验和科学结合，应该成为今后的发展方向。笔者认为，解决我国古籍修复和保护人才短缺的困境，保证古籍修复保护事业可持续发展，应该将国外的先进经验与中国国情结合起来，从以下几个途径进行探索和实践。

3.1 建立正规的学历教育，为古籍保护的可持续发展储备人才

根据国家图书馆2006年所做的初步统计和测算，中国现存古籍大约有3000万册，破损古籍约1000万册，以当时的不足100位修复人员的修复能力，完成修复需要1000年，而前提是古籍不再继续损坏。而近两年的普查结果则显示，现存古籍数量和破损数量远比测算的数字要大，古籍纸质文献的脆弱性，决定了它一定会存在退行性的改变，更大量的破损古籍需要更多的技术人员去拯救，所以人才培养将是古籍修复事业的长期需求和艰巨任务。

国外修复人员的培养，具有研究实验能力与实操技能并重的特点，这将极大方便古籍修复方案的科学制定，使操作技术更加可控。借鉴其经验，目前比较可行的办法是一方面在有条件的高校设置相关的专业，招生时文理兼收，课程也根据古籍修复的需要设置，增加化学、物理学、生物学、矿物学、颜色理论等相关专业，教学任务均在四年内完成，学习期间必须安排至少半年时间进行实际操作能力训练，为此，可以考虑在一些有一定教学能力的收藏单位建立实践基地，选择一些具有实际经验的修复人员开展实践教学，联合培养修复人才。毕业时，除通过其他考试外，应完成一次古籍修复实际操作和相关论文，由学校老师和实践教学老师共同评分，合格后准予毕业，并由学校和

实践基地共同推荐优秀毕业生到有需要的单位，从事古籍修复工作。此前，文化部和教育部曾就教学实验基地和实践基地合力培养人才的模式进行了磋商，并初步达成合作办学意向。何时实现还有待下一步继续努力。

3.2 开展多种形式的在职培训

从事修复工作的人员每年应该有一段时间参加常规的在职培训，一方面培训更高一层的修复技术，一方面传授最新的修复技术，以及国内外新的修复材料、设备、制度。这种培训也可以设置为专题培训，每次解决一个专题业务需求，如修复档案的制作并实践、糨糊的提取与原料分析、纸张的取样及材料分析等。其中一些培训可以放在国家级实验室进行，以加深对所学内容的实际认识。

国家级修复中心成立后，可采取通过参与工作中期进修的方式，对修复人员进行培训，这种培训继承了师带徒方式的合理内核，一对一全面传授，辅之以修复方案集体讨论以及师傅以外修复人员的技术观摩，便于师傅个性修复技术的传承和发展，进而形成不同技术风格和技术流派，使修复在保证藏品安全和最少干预的前提下形成多样化风格。同时，针对藏品的实际操作训练，可以使受训人员对古籍修复中遇到的各种情况有比较全面的了解，修复过程中培养的对藏品的“手感”最为真实，便于回到岗位后迅速投入实际工作。

选拔年轻的优秀修复人员到高等院校进修，学习相关的专业知识，如化学、物理、生物、色彩等理论知识和古籍鉴定、纸张检测和实际操作技能，取得结业证后，上级主管部门提供更好成长和发展空间，便于学有所用，充分发挥作用。

选择优秀修复保护工作者到国外先进的古籍保护修复实验室和工作室考察，必要时派出中长期进修，或者以交换馆员的方式，让年轻人有机会了解国外的工作制度、工作状态、修复理念和修复保护技术，充分吸收其合理的先进的东西，与中国具体实际相结合，不断思考、研究，推进中国的古籍修复保护制度技术等全面前进。通过组织和参与国内国际学术会议也是提高现有人员水平和能力，充分了解、分析、利用他人的研究成果，解决修复中的实际问题，在学术和经验的交流中获得启发，提升自己的研究能力，同时扩大自己研究成果的传播，在国际古籍修复行业提高自身的地位和影响力。

3.3 实施资格认证制度

资格认证制度可以给在职修复人员提供通过进修研究等环节晋升的机会，这将是修复队伍长期稳定发展的保证。对现有的修复人员，除通过进修提高理论、技术水平外，及时开展职业资格认证，分解职称评定对学历、著述的高要求对修复人员晋升的制约，使修复人员具有职业荣誉感、归属感。这也是保证队伍稳定，长期可持续发展的基本条件。

此外，我们还可以参照国外的修复者协会、联盟的模式，尝试性建立中国古籍修复者自己的团体，借此开展本行业内部交流，并加强对外交流的力度，这对于推动行业发展、行业规范、行业自律等将是很好的方式。

在学历教育课程设置、在职培训的针对性和专题化以及修复行业科学化、规范化等方面，国外的古籍修复人才培养为我国古籍修复事业的发展提供了很好的借鉴。合理的政策调整、宽松的工作成才环境、合理的待遇，以及多层次、多渠道的人才培养方式，将造就我国古籍修复行业稳定、合理、高素质的人才梯队，这也是我国古籍修复事业可持续发展的重要保证。

参考文献

1 李永，向辉. 法国古籍保护工作概况. 国家图书馆学刊，2009(2)

2 向辉译. 欧洲保护师—修复师联盟职业准则. [2009-08-14]. http://www.ecco-eu.org/documents/ecco-documetation/e.c.c.o.-guidelines-chinese/download.html

原载于《国家图书馆学刊》，2009 年第 4 期

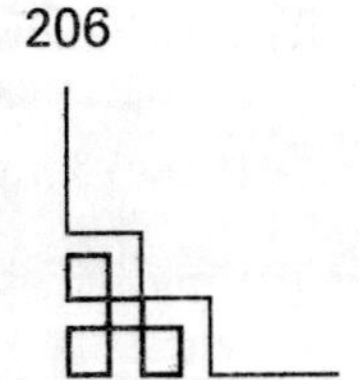

我国古籍保护事业可持续发展研究*

1 “十一五”时期古籍保护概述

自2002年《中华人民共和国文物保护法》规定将“历史上各时代重要的文献资料以及具有历史、艺术、科学价值的手稿和图书资料等”列为受国家保护的文物后，保护古籍的行动在公藏机构展开。特别是自2007年中华古籍保护计划启动以来，在党中央、国务院的高度重视和领导下，在全国古籍保护工作者的共同努力下，古籍保护工作成就卓越，实现了“十一五”期间古籍保护工作的基本任务和主要目标。

“十一五”期间，全国有1200余家单位和个人参与了古籍收藏和保护状况的普查；按照文化部颁布的古籍书库的标准，20余家古籍书库建设或改建完毕，半数以上的公藏单位实现古籍分级保护；150家古籍收藏机构被命名为全国古籍重点保护单位，9859部古籍被列入《国家珍贵古籍名录》。近四年内，国家古籍保护中心面向全国古籍收藏单位开展了在职古籍修复、普查、鉴定等11类业务培训班共69期，覆盖全国各系统1200余家单位，有3800余位在职人员接受了较高水平的古籍保护培训。一批古籍数字资源库建立并开放使用（见表1），

* 本文与刘家真合写。

《中华古籍总目》正在加紧编撰。

表1 "十一五"期间我国公藏机构古籍数字化建设状况

收藏单位	数据库名	数字化进展
国家图书馆	敦煌遗珍	1500个卷子,50 000拍影像
	中文拓片资源库	现有元数据23 000余条,影像29 000余幅
	甲骨世界	现有元数据3764条,影像7532幅
	西夏碎金	有元数据125条,影像近5000幅
	数字方志	已完成6868种扫描,其中2800种完成全文转换
	年画撷英	元数据278条,影像278张
上海图书馆	馆藏善本古籍全文影像光盘/网络数据库	3223种、1 248 337页
	馆藏家谱全文影像网络数据库	62 566册、11 739 255页
	馆藏稿抄本全文数字化项目	稿本4246册、696 448页,抄本879册、136 189页
	民国书	19 170册、3 434 181页
	盛宣怀档案全文	155 939件、740 061页
北京大学	中国基本古籍库	合计全文17亿字,影像1000万页,数据总量约320G
其他	首都师大、民族大学、广西壮族自治区图书馆、常州市图书馆、南京图书馆、苏州图书馆、山东省馆等单位已经有了部分数字资源已经陆续建设并提供使用	

受文化部委托,国家图书馆联合全国八家大型图书馆,研制与完善了一系列古籍保护标准与规范(见表2)。

表2 古籍保护规范与标准

标准名称	原级别	升级为	备注
古籍定级标准 WH/T 20—2006	文化部行业标准	即将升级为国家标准	在国家标准委员会获得立项

表 2　古籍保护规范与标准

标准名称	原级别	升级为	备注
古籍特藏破损定级标准 WH/T 22 —2006	文化部行业标准		
古籍普查规范 WH/T 21 —2006			
图书馆古籍特藏书库基本要求(WH/T 24 —2006)		即将升级为国家标准	在国家标准委员会获得立项
古籍修复技术规范与质量要求(GB/T 21712 —2008)		国家标准	
国家级修复中心管理办法			文化部制定中
国家珍贵古籍名录申报评审暂行办法			
少数民族文字古籍定级标准	拟发布的部颁标准		待文化部、国家民委批准公布
国家职业标准 · 文献修复师(试行)			中华人民共和国劳动和社会保障部、中华人民共和国文化部制定
古籍保护条例			制定中

近四年来,我国公藏机构的古籍保护状况得到了改观,以下是2010 年通过问卷调查得到的统计数据①:

- 41.72% 的公藏单位表示地方政府对古籍保护投入增加了;
- 84% 的公藏单位认为单位领导重视古籍保护工作了;
- 49.92% 的公藏单位表明本馆古籍保护经费增多了;
- 57.05% 的公藏单位表示本馆古籍保护设施增加了;
- 32.54% 的公藏单位说明本馆古籍修复人员增多了。

以上成果不仅说明我国古籍保护工作机制初步形成,也揭示了本阶段古籍保护发展特点为外延性,即主要是为适应古籍保护的当前需

① 该统计数据是笔者在国家古籍保护中心主办、中山大学图书馆、云南省图书馆承办的全国古籍修复技术培训班,以及中国医院科学院在咸阳承办的全国中医古籍编目培训班的问卷调查的数据统计分析。本文统计表中简称为广东班、云南班、咸阳班。

要而呈现的资金、机构、人力数量增长与规模扩大。在调研中发现，在古籍保护工作快速推进的过程中，还存在很多问题，需要统筹部署、深入展开。在“十二五”期间，古籍保护工作除应继续加强外延式发展，为古籍保护工作的全面展开奠定良好基础外，更应注重内涵式建设，加强古籍保护的全面规划与问题研究，将我国古籍保护工作逐步引入“深水区”，在量变引发质变的过程中，实现古籍保护实质性的跨越式发展。为此，建议我国古籍保护工作着手顶层设计，加强古籍保护的经验总结并将其凝练为理论知识，从整体上提高古籍保护的水平。

2 启动古籍保护的顶层设计

“顶层设计”的字面含义是自顶向下的设计，它是为了实现对某对象的工作目标而进行全面、系统的规划与设计[1]。“顶层”即整体和全局，“设计”是铺展在目标与实践之间的蓝图，具有实际的指导性。“顶层设计”并不等同于“规划”，规划具有较强的阶段性，一般只针对规划期内；而顶层设计强调对实现目标的各组成要素的统筹架构，须保证持久可用性与全局性。启动古籍保护顶层设计的目的是从古籍保护的全局上完善古籍保护的内在机制与统一规划，通过科学合理的政策与规范指引，激发古籍保护的内在动力，增强古籍保护的实力。

古籍保护的顶层设计应以“保护为主、抢救第一、合理利用、加强管理”为目标，针对保护古籍的种种问题进行整体与全局的分析，从长远上对保护古籍的策略与方法进行统筹规划，明确主要目标，寻求稳步推进保护古籍的主要路径。古籍保护的顶层设计有利于降低古籍保护中的风险，让有限的资金发挥更大效益。以下是对我国古籍保护的顶层设计的两点建议。

2.1 保护措施与财政优先支持政策

保护古籍的方法主要有两大类，即延缓性（原生性）保护与再生性保护。延缓性(原生性)保护是通过一定的措施维护古籍形体完整,主要有书库的环境维护与古籍损坏后的修复。再生性保护是将文献内容迁移到其他载体上,利用该原件的拷贝提供利用借以保护原件,其主要方法有照相复制与数字化等。任何一项保护措施都需要大量且持续与稳定的经费投入,方能保障该保护措施的有效性与连续性。

古籍保护是公益性文化事业,政府在经费投入上应发挥主导作用。我国公共图书馆的经费来源主要依靠政府财政拨款,目前尚无法律或法规可保障古籍保护经费的稳定性与持续性。如"十一五"前后,除国家图书馆等大的收藏单位在保护古籍方面有国家财政的专项经费投入外,大多数古籍收藏单位的保护经费是没有列入专项的,只得依靠不断向上级机构申请经费,上级机构根据本机构当前经费状况与古籍保护需求,适当拨付一定经费用于保护古籍。非公共图书馆的古籍保护经费投入的程度,则需要依其主管单位的领导重视程度与该单位的经济实力而定。

古籍保护经费的投入,对保护古籍具有基础性、引导性和不可替代的作用。保障经费投入的法规缺位,会使我国古籍保护失去了基本的经费保障。尽管正在制定中的《古籍保护条例》要求各级政府将古籍保护事业纳入本级国民经济和社会发展规划,所需经费列入本级财政预算,要求任何单位或个人不得侵占、挪用。但在正式发布后,该项条款是否能被保留还有待发布时才能明确。

解决保护古籍经费需求与投入的矛盾,除加强国家对古籍保护经费投入的行政干预外,还应制定财政优先支持政策,分步完善古籍保护措施,使有限的经费,通过合理的财政优先支持政策的杠杆作用,在保护古籍上发挥更大效益。合理的财政优先支持政策,应以"保护为主、抢救第一、合理利用、加强管理"为准则,依轻重缓急将诸多的保护措施划分为若干级别,在经费许可的情况下分步实施。财政优先支持政策对古籍保护措施的实施具有指引性,因此必须科学与合理。依照古籍保护的基本原则与实施的紧迫性,建议将古籍保护措施的需求级别划分为五级:

一级需求:是关键性需求,若不满足这类需求,保护古籍形体安全的目标就不可能实现,属于必须性需求。例如,控制与调节书库环境的基本设施,以及灾后古籍的抢救性修复。

二级需求:是后续关键性需求,不满足这类需求,古籍无法持续地得到形体保护,属于必要性需求。例如,调控环境的设备运行费用、破损古籍的修复费用等。

三级需求:是后续重要性需求,若不满足这类需求,被保护的古籍难以提供利用,属于需要性需求。例如,数字化等。

四级需求:属于完善性需求,若没有这类措施保障,古籍也可以达到被保护与利用的目的,但有了这类措施可使古籍的保护更加安全与可靠。例如,缩微复制与古籍再造等。

五级需求:属于可选性需求,即可使古籍保护达到锦上添花作用的作用。

从整体上看,财政应优先保证前三个级别的古籍保护措施的经费需求,这些措施都是最基础与最必需的。其中一级需求是关键性需求,二级需求是后续关键性需求。表3与表4是笔者于2010年在古籍保护培训期间对广东班、云南班与咸阳班的调查数据分析。

表3　古籍保护设施与人员配置状况(%)

说明	广州		咸阳		云南		平均
	累计	其中※	累计	其中※	累计	其中※	
自动灭火	68.97	50.00	66.67	50.00	77.50	27.50	71.05
书库有窗帘	68.97	40.00	70.00	42.86	31.03	80.00	56.76
杀虫驱虫	79.31	30.43	76.67	30.43	67.50	22.50	74.49
抽湿机	34.48	50.00	33.33	50.00	35.00	12.50	34.27
增湿器	10.34	66.67	10.00	100.00	0		6.78
温湿度计	72.41	33.33	70.00	33.33	50.00	12.50	64.14
空调设备	68.97	35.00	66.67	35.00	50.00	22.50	61.88
空气净化	20.69	50.00	20.00	33.33	15.00	15.00	
修复室	51.72	30.00	50.00	20.00	30.00	15.00	
修复人员		44.83		54.55		47.50	

※为“十一五”期间新增加的设施或人员所占的比例。

从表3看出,被调查的对象中尚有一部分古籍书库连基本的维护设备都没有。被统计对象中大约有29%的古籍书库缺乏自动灭火设施,44%的古籍书库缺乏窗帘,26%的古籍书库缺乏杀虫驱虫设施,66%的古籍书库缺乏抽湿机,90%古籍书库缺乏增湿器,36%的古籍书库缺乏温湿度计,39%的古籍书库缺乏空调设备。表3也说明,只要政府与单位的重视,这些基本的保护措施是很容易实现的。见表3※部分。

表4　古籍损坏状况统计(%)

	霉变	虫蠹	黄脆	撕裂	黄斑
广东班	48.28	89.66	75.86	24.14	51.72
云南班	72.50	72.50	77.50	50.00	57.50
咸阳班	31.58	42.11	89.47	21.05	15.79

表4说明由于得不到良好的保藏环境,大量的古籍正在不断的损坏中。尽管修复对古籍形体的保护极为重要,但若没有良好的保存环境,将修不胜修。因此,修复措施列为二级需求。

灾后古籍的抢救不同于一般修复,若不尽快处理,古籍形体就会在灾后毁坏,因此将其列为一级保护需求。调查发现,古籍遭受灾难的比率是很低的,但由于未及时抢救,其损坏程度是严重的。例如,有17.74%的被调查对象表示古籍受过水害,大多水害主要是屋顶渗漏造成古籍被水浸(占被水害古籍的54.55%);也有为雨水泡过(占被水害古籍的9.09%)或洪水泡过的(占被水害古籍的9.09%);还有部分人只知道本馆某些古籍被水害过,但却不知道原因。被调查的浸水古籍基本没修复过或没及时处理,现已经霉烂、粘连、板结或成砖。

尽管前三项保护需求的级别很高,应优先保障,但同一级别的保护措施也应再划分实施的先后。对于那些实施难度过大或投资过大而影响其他费用投入的,可以延迟财力支持。例如,空气过滤设施对于净化空气以降低纸张的酸化速率是必需的,但在我国古籍书库普遍实施还有一定困难,可在满足三级需求后,逐步加以考虑。又如,国外脱酸设备对于古籍形体的持久保护无疑是重要的,但若费用过高难以支持,或是支持后会影响到其他更多必需性或必要性项目的经费支付时,可延迟到经费许可时再考虑。

对于大多数古籍来说,只有在满足以上三项基本保护需求后,方可考虑第四项或第五项的经费投入,除非这些措施的实现有其他专项经费支持。

以上保护需求级别的划分,除可用于考量保护经费投入的优先次序外,还可用于考查古籍保护措施部署的科学与合理性。有效的需求管理还需将已有保护措施逐一合理的排序,以便财力支持的可操作性。

2.2 规划古籍再生性保护的格式变换策略

无论是对古籍原件的缩摄或数字化,还是古籍缩微片与古籍数字化格式的相互转换,都属于格式变换。任何格式变换都存在风险,这些风险包括格式变换操作中对古籍原件的可能损伤,包括多次格式变换对古籍原件的损坏等。保护古籍还要从再生性保护的格式变换的科学策划开始,尽量避免直接接触原件与降低动用原件的频率。

缩摄或数字化过程中,设备与操作对古籍的危害早已引起业界关注并有相应的解决措施。为避免多次动用原件获取其拷贝,应科学地规划古籍再生性保护的格式变换策略。本文提出降低原件格式变换频率的以下两项管理对策:

(1)降低古籍拷贝更新换代失败的风险

古籍的缩微母片或数字化的原始数据都需要不断更新换代,方可能长期保留古籍的内容信息与提供利用。在漫长的保存期间,古籍拷贝会发生无数次的更新换代。在当前的技术条件下,还难以预料哪类原件的再生品是可避免更新换代失败的,只能尽量采取措施降低更新换代失败的可能性,以避免再次动用原件进行格式变换。

作为古籍的缩微片,只有从缩微摄影、冲洗、拷贝、检测到保存环境都严格遵守国家标准,才有可能保存100年以上。以下几种情况会增大缩微片更新的风险:①保存过程中缩微母片受损;②母片超过保存的有效期;③采用模拟技术进行胶片影像的更新。要避免以上问题的出现,首先需要严格遵守国家标准制作与保存缩微胶片;其次应在母片的有效期前,先数字化缩微母片影像,再通过计算机输出缩微胶片(COM)技术将数字化影像输出到新的缩微胶片上,以降低缩微胶片多代复制的信息衰减风险。

长期保存数字化拷贝的难题是技术更新频繁带来的信息迁移问题,传统的数字存储系统必须至少每 10 年进行一次迁移。迁移的风险与数字格式的标准化程度以及迁移时机的把握有关,其风险也是有可能避免。古籍数字化数据若以标准格式存储,并及时将其母数据迁移到已趋稳定的新技术平台上,是可以降低数字迁移风险的。即使数字化面临迁移风险,也可以先将数字化产品通过 COM 技术输出缩微胶片以保存古籍的内容信息,再数字化缩微片使古籍的内容转变为当前技术平台的数据。

由上可见,在长期保存信息方面,古籍的缩微片与数字化数据面临的风险类型及风险发生的周期均不相同。同时保存古籍的两类拷贝就有可能分散古籍拷贝在保存过程中的更新换代风险,减少古籍原件被迫多次格式变换的发生频率。例如,当古籍的母数据迁移到新的技术平台失败,就可通过该古籍的缩微片数字化捕获新一代的古籍数字化数据。当缩微母片被损坏,也可以将该古籍的母数据输出缩微片制作该古籍的缩微片。要达到以上目的,古籍首次格式变换就应制作高分辨率的彩色缩微母片或高保真的古籍母数据。

(2)一次变换、多元利用的格式变换路径选择策略

缩微胶片数字化技术与计算机输出缩微胶片技术,使原件的两种再生产品可互换格式。这样古籍原件数字化或缩摄一次,便可以满足多元利用提供了技术支撑,避免采用原件进行格式变换。所谓多元利用是指原件的某一格式拷贝(缩微片或数据)可以满足多种利用的需要,如通过缩微片数字化或 COM 技术转换为其他格式的拷贝以保存古籍内容信息,或用于古籍再造、网上浏览或下载等。

在这方面,我国已经做了一些相关工作。例如,从 1996 年至 2010 年,已有 31 871 种古籍善本被缩摄[2]。2003 年全国图书馆文献缩微复制中心着手开展缩微品数字化工作,已经转换超过 400 万拍民国时期普通图书缩微影像,并在国家图书馆为读者提供服务[3]。国家图书馆近两年也开始尝试对古籍善本的缩微品转化为数字化产品,效果尚可,但是大批转化尚未进行。

对于文献格式变换,我国多是基于已有的基础工作进行再转换,主要考虑速度和经费问题。例如,基于已有的缩微片将其转换为电子数据以提供利用。我国文献缩微起步较早(1985 年),全国设立了 20 多个拍摄点;2003 年全国图书馆文献缩微复制中心就开展了缩微影像数字化工作,并已经拥有多台扫描设备及后期处理工作机[4]。缩微拍摄的速度明显要快;影像转换设备相对经济[5]。

对于我国已有的古籍缩微片,应视情况决定是否以其为依据捕获古籍的电子数据。对于高保真地保留了古籍原件内容信息的缩微片是可以以此为依据捕获古籍的电子数据的,如古籍的彩色缩微片或确实全面采集了古籍原件内容信息的黑白缩微片。对于那些丢失了古籍内容信息(如朱笔批阅、彩色图像等)的黑白缩微片,就要考虑更多情况以决定是否通过扫描缩微片以捕获古籍的电子数据了。

尚未缩微与数字化的古籍,则需要制定古籍原件格式变换路径选择的整体规划,依据保存与利用的长远需求,依据古籍原件的状况与缩摄与数字化处理能力及其成本等多方面的权衡,再确定究竟是先数字化还是先缩微[6]以及为了满足多元利用,确定其格式变换的质量要求。例如,对多色套印以及批校题跋本,若采用彩色胶片缩摄,虽然会保真古籍内容信息,但彩色缩微费用昂贵。采用先数字化再出彩色缩微片的方法是否会降低格式变换的整体成本,需要进行成本分析。成本分析不仅要计算当前的整体费用,还需要考虑今后长期保存与维护费用的投入。这需要国家古籍保护中心会同有关专家就目前所遇到的问题进行综合分析、研究,从保护古籍及用户的需求角度进行长远设计。

3 总结经验、分析问题、凝练知识

中国的古籍保护要由外延式发展走向内涵式建设,需要对感性认识进行高度的凝练。感性认识的简单叠加和积聚,难以形成引领我国古籍保护持续发展的理论基础。这需要总结分析已有保护工作的实践经验,及时发现与分析问题,将其深入实质地凝练为古籍保护的理论与科学方法。特别应客观分析传统保护方法,放弃缺乏科学依据或被事实证明是欠妥当的保护措施;继承确有实效的保护方法并提炼其科学依据,使其从感性认识上升到理性认识高度,以便发扬与创新。

3.1 对传统保护方法的科学分析与反思

我国古籍保护有着悠久历史,今天的古籍保护工作沿袭了许多传统的保护方法与保护思想。对于传统的保护方法,也要进行检验,对那些确实有效或是在今天仍然可以发挥作用的,我们要继承;对不适于今天藏书保护的某些传统措施要摒弃。台北"故宫博物院"岩素芬指出:在古代用防虫的木质书柜或者施放防虫药物,要注意的是,即使是中药本身也会长虫,烟甲虫是曾见的案例[7]。

保护古籍的措施与方法是具有时代性的,当时的社会背景、对问题的认识程度都会影响到保护方法与措施的采用。例如,古代没有空气调节设备,只能通过建筑设计或古籍的装具解决保存环境的温湿度稳定;采用植物性或矿物性的材料以及樟木等解决驱虫与杀虫问题。

随着社会的发展以及时间的检验,人们逐步发现其中某些方法对人、藏书或环境是有害的。例如,美国芝加哥费尔德博物馆(The Field Museum, Chicago)发现,1890 至 1899 年间的中国藏书有高比例的砷化物残留,危害人的身体健康。经检查发现,与这个时代的藏书附有万年红(红丹,即四氧化三铅)的防蠹纸有关,至此 1940 年后我国开始减少使用红丹纸防虫[8]。又如,在糨糊内施加明矾以防虫,则是在人们认识到酸对纸张的危害与被裱糊的藏品数年后脆化才认识到的。

对传统保护方法的分析、检测与反思，继承与推广行之有效的措施，避免不当方法的沿袭，对于今天的古籍保护是极为重要的。

表5是针对目前国内使用较为普遍的传统驱虫措施进行的生虫情况的调查与统计。由表5可见，任何驱虫方式的效果都不理想，樟木箱内古籍仍然生虫的比例并不低。

表5 传统防虫环境下的生虫统计(%)

	有烟草或其他防虫植物	樟木箱柜内	有樟脑精或其他防虫片
广东班	14.81	51.85	66.67
云南班	30.00	40.00	45.00
咸阳班	20.00	13.33	33.33
平均数	21.60	35.06	45.00

用植物驱虫要慎之又慎，因为植物的香味丧失，其茎秆便是药材甲或烟草甲两大蠹虫的食物。我国拥有海量藏书，采用樟木箱柜驱虫不宜提倡。其理由是，樟木箱柜并不能够百分之百地趋避书虫，今天的科学技术给驱虫杀虫有了更多的选择，就应更多地放弃砍伐树木，特别是国家保护的树种[9]。

对传统保护方法的反思还包括某些确有保护作用的方法，但由于认识不够，因噎废食而被放弃。例如，古代使用书盒、书匣或函套来保护古籍，在南方这些装具内含的糨糊也促使了书虫的滋生，由此不少南方的保护机构废弃装具而将古籍直接裸露在空气中。书库内各类空气调节设备的使用加大了书籍周围的空气流速，致使裸露空气中的书叶提前风化，特别是加剧了书叶对污染空气的吸附程度。这些都是造成古籍加速脆化的外界因素。据统计，我国有大量古籍是裸放在书架上的，其中除无财力购置书盒或其他书套外，也有不少是顾忌生虫而抛弃书套或书盒的。

对于我国传统的书盒、书匣或函套的保护措施，不应当抛弃，而应采用不生虫或中性的新型材料替代。国外已经有了各类书盒书匣的产品出售,很多值得我们借鉴。

3.2 总结与提炼修复理论

无论是东方还是西方,古籍修复最初都被视为一种技艺,多以师徒相传的方式传承。因世界各国文化背景的差异以及对古籍保护重视程度不同,有些国家比较重视古籍保护,不仅传承修复技艺,还留下了与修复技术相关的记录。例如日本对于各类文化财产的修复技艺的传承极为重视,每个对象的修复均留有详细的记录,包括修复的依据、使用材料、技术、补修处等信息,并辅以照片、图片说明,以供其他修复工作者参考。尽管我国从晋代就有了裱褙技艺,其技艺随经验累积,至南北朝时期已达高明的地步[10]。但中国的古籍修复人员习惯于作而不述,传承下来的古籍修复技术记载极少。传到今天的古籍修复技艺大多是师徒间的口传心授,一个师傅一个法,由于缺失相关的文献记载,是否所有的修复方法都很科学,哪种方法更为可靠,其科学依据在哪里,都难以判断,这为我国古籍修复的规范化管理带来困难。在2010年的问卷调查中设计有以下问题,请三个培训班的学员回答,问卷分析的结果可以佐证以上问题的存在。设计的问题是:

修复前对发黄书页清洗过吗?

A. 没有( );仅对黄脆严重的书页清洗过( )

B. 采用自来水烧热后清洗( ),采用纯净水烧热后清洗( )

C. 采用冷水清洗( ),采用人碱水清洗( ),使用的碱是( )

D. 热水温度控制多少没有规定( ),有规定,为(℃)

E. 温度高有利于____________

F. 温度高会造成____________

以上6个相关性问题中,前4个问题是对我国基层图书馆古籍水洗脱酸状况的摸底;后2个问题是试图了解修复人员对于相关操作的思考。表6是已经回答了以上问题的人数占被调研人数的比例。

表6 回答以上问题的人员占被调查人数的比例(%)

问题	A	B	C	D	E	F
广东班	34.48	34.48	13.79	3.45	3.45	3.45
云南班	37.50	7.50	5.00	0	0	0
咸阳班	50.00	3.57	0	0	0	0

分析问卷发现,被调查者中,仅有3.45%的调查对象说明洗书的水温应是有规定的,但对水温的要求基本都不一致,目前有几种标准:80℃,低于80℃,60－80℃,90℃,100℃等。至于水温高低对洗书效果可能的影响,仅有1%的调研对象愿意回答这个问题。调研发现我国大多使用自来水洗书,用纯净水洗书的单位,占被调查对象的7.22%。在某地修复中心询问其主要原因,得到的答案是,用纯净水洗书价格太贵,太不实际,并未将洗书用水的水质对书叶今后保存为首要考虑的问题。

在我国古籍保护得到空前重视的今天,为了便于古籍保护方法的推广,应当加强古籍修复技艺的问题分析,并探究古籍修复的理论依据。

从古籍修复发展的动态上看,由于当今人类社会的发展,危害古籍的因素更加广泛,可用于修复古籍的材料选择性增多,修复技术比传统技艺更为复杂,更多的研究人员投入了修复技术的研究。修复技术的研究与研究成果的积累,使古籍修复逐步由技艺传承发展到问题分析与理论指引。特别是古籍的脆弱性与珍贵性随时间呈正比增长,古籍修复受到很多国家政府与教育界的重视,在古籍修复理论不断的积累下,古籍修复成为一门融合人文历史、材料科学与修复技术的专门知识与学科。除国际专门的组织与国外相关高校在进行古籍保护的学位课程教育与学位授予外,我国国家古籍保护中心办公室、国家图书馆古籍馆和北京大学中文系古典文献专业联合在北京大学开办了“古籍鉴定与保护”的硕士课程，南京金陵科技学院的古籍修复由专科升为本科，南京莫愁学校的古籍修复也由中专升为大专。

尽管我国古籍保护与修复的教育正在与国际接轨，但我国古籍修复的理论却太为贫乏。已经出版的著作还停留在修复技艺的论述，如修复基础知识、修复设备与工具、各种修复方法与步骤以及相关注意事项等方面。学科是与知识相关联的，当古籍修复由技艺发展为学科时，古籍修复不应只有专门技艺的支撑，更应具备相关的核心理论。从我国古籍修复的发展看，也只有具备了核心的修复理论，才可能促进古籍修复工作的规范化与科学化，也才可能让更多的修复人员不仅能正确修书，还能知其所以然，降低修复过程中的风险发生。

古籍修复要提升到理论高度，科学研究是关键。从古至今，古籍修复已经积累了大量经验与教训，现在是需要对其加强研究，探索科学依据，将实践经验凝练、上升为修复理论的时候了。只有这样才能将我国古籍修复从技艺传承推向问题分析，继而走向追寻科学性、合理性与长久性的科学探索阶段。也只有这样才能实现提高古籍修复和保护技术的水平，才有可能将中国的古籍修复成果在全球推广。这也是文化部《关于进一步加强古籍保护工作的通知》（文社文发〔2011〕12号）中，对古籍修复工作的要求。

4 结论

多年的积淀，特别是中华古籍保护计划启动四年来，我国古籍保护成效斐然，全社会以前所未有的热情，进行古籍的普查、修复保护以及人才培养，古籍保护覆盖面越来越广。但是古籍保护仅凭热情是不够的，应是政策法规、科学理论、严谨践行的结合。因此在“十二五”期间古籍保护在保持热情的同时，需要由外延式发展走向内涵式建设，启动古籍保护的顶层设计，完善法律法规，总结经验，分析问题，凝练知识；从保护古籍的全局出发，降低古籍保护中的风险，从整体上提高古籍保护的水平，使古籍保护法制化、规范化，走上可持续发展的道路。

参考文献

1 周德铭.顶层设计与金审工程.电子政务,2010(8)

2 毛建军.古籍缩微及其数字化问题探析.数字与缩微影像,2011(1)

3 范志毅.公共图书馆文献缩微品数字化与共享.[2011-06-08].http://www.idangan.com/Literature_info.asp? id=118

4 王浩,张军.缩微影像数字化技术之我见.数字与缩微影像,2005(3)

5 陈林荣.档案信息载体转换途径探析.数字与缩微影像,2004(1)

6 ARL:Recognizing Digitization as a Preservation Reformatting Method.[2011-06-08].http://www.arl.org/preserv/digit_final.html

7 岩素芬.图书蛀虫、防虫处理.佛教图书馆馆刊,2006(43)

8 Johnson,et al. Case Studies in Pesticide identification at the National Museums of the American Indian. ICOM 14th Triennial Meeting,September,2005

9 浦红卫.政府出台禁止砍伐樟树绝对是利国利民好事.[2011-06-08].http://www.jinxi.gov.cn/EC_ShowArticle.asp? EC_ArticleID=3090

10 古籍修复.[2011-06-08].http://morris.lis.ntu.edu.tw/wikimedia/index.php/%E5%8F%A4%E7%B1%8D%E4%BF%AE%E5%BE%A9

原载于《中国图书馆学报》,2012 年第 2 期

关于进一步加强古旧方志资源利用的思考

1 关于古旧方志

1.1 关于方志

方志一词,起源甚早。《周礼·春官》描述“外史”职责是“掌四方之志”,《周礼·地官》中则说:“涌训,掌道方志,以诏观事。”这或许是中国古籍中最早出现的“方志”一词。

地方志简称“方志”。按一定体例全面记载某一时期某一地域的自然、社会、政治、经济、文化等方面情况的文献[1]。国有史,地有志,家有谱。中国地方志内容不仅包括各地区的疆域、气候、山川、物产等地理资料,也涵盖户口、人物、赋税、艺文等人文历史各方面的记载,将一地的自然、地理、民俗、经济、军事、文化、人物等各方面的历史沿革和现实状况详细汇编于一书,是地方的百科全书,一地之全史,是一种珍贵的文献资源。其范围广泛,考索便捷,所记内容多为一般史书所无,可补正史之不足。古人曾概括地方志的作用为“资治、教化、存史”,收藏、保护、开发、利用好地方志,具有弘扬传统文化,传承中华文明,促进和谐社会建设的重要意义。

中国方志从记录范围而言,一般分为全国性的总志(即一统志)和地方性的区域志(即省、府、州、县志)。从记录的内容划分,可分为综合志和专业志。从文献产生年代,分为古旧方志和新修方志。

1.2 关于中国的古旧方志

目前,学界通常将1949年以前编印的方志称为古旧方志,包括一统志、通志、府志、州志、厅志、县志、司志、卫志、关镇志、道志、路志、乡土志、里镇志、岛屿志等综合志以及山川志、寺庙志、名胜志等各类专志。1949年后编修的方志称为新修方志。

1985年,中国科学院北京天文台主编,中华书局出版的《中国地方志联合目录》,收录了1949年以前出版的地方志8366种。成书后,又陆续发现了大量未见收录的志书。2007年,“中华古籍保护计划”启动以来,古籍普查又续有发现,还有相当数量流失海外的旧志。初步计算,目前旧志存世超过1万种。据不完全统计,汉文古籍超过20万种,地方志约占其5%。

2 古旧方志的利用状况及存在的问题

2.1 中国的古旧方志的利用

2.1.1 旧方志目录的整理刊布

明末清初以来,随着地方志事业的发展,方志数量的急骤增多,专门的方志目录开始出现。

1913年,缪荃孙清点内阁大库移交京师图书馆方志,编成《清学部图书馆方志目》,为我国现存首部馆藏方志目录。新中国成立后,各图书馆开展了馆藏方志的清点工作,编制了大量的馆藏方志目录。如《北京图书馆普通古籍总目·地志门》《上海图书馆地方志目录》《中国科学院藏方志目录》《中国人民大学图书馆方志目录》等。

全国性的综合目录以及区域联合目录也随后涌现,综合目录如《中国古籍善本书目》《中国古籍总目》,联合目录如《中国地方志综录》《中国地方志联合目录》《福建省地方志综合目录》《山东地方志联合目录》《四川省地方志联合目录》《安徽省地方志联合目录》《湖南省地方志联合目录》《江西省地方志联合目录》《广西地方志要录》《山西地方志综录》《河北历代地方志总目》《江苏地区期刊与方志综录》等。据不完全统计,目前方志专门目录约有 80 种,联合目录约有近 30 种,提要目录约有 60 种。

此外,国外出版的馆藏中国方志目录还有如《美国国会图书馆藏中国方志目录》《欧洲图书馆藏中国方志目录》《英国各图书馆所藏中国地方志总目录》《日本主要图书馆、研究所藏中国地方志总合目录》等十数种。目录的公布,给学界研究利用提供了极大的方便。

2.1.2 使用旧方志研究梳理编辑专门志

中华人民共和国成立以来,地方志在科学事业中发挥了重要作用。中国科学院等许多部门,通过查阅古代的地方志,编辑了大量科技史料,如《中国地震资料年表》《中国天文气象总表》《五百年来我国旱、水、涝史料》《祖国两千年铁矿开采和锻冶》,国家图书馆出版社出版了《中国地方志民俗资料汇编》等方志资料汇编,为社会、文化、经济的发展起到重要作用。

2.1.3 利用旧方志辑佚

旧方志中除梳理相关专题文献,起到资政等作用外,其丰富的文献内容,在增补轶文等辑佚方面也起到了重要作用。如北京大学组织开展的《全宋诗》项目中,利用方志开展辑佚对完成项目起到了非常重要的作用。

2.1.4 旧方志数据库方便查询

台湾开发的"中国大陆各省地方志书目查询系统"项目著录了国内外所藏各代地方志,起于宋元,迄于 2003 年。该数据库在《中国地方志联合目录》《中国地方志总目提要》等基础上,增补 1949 年以后各地新编如省、县、市志、自治州志、乡志、街志等 2000 多种,并对各地原有孤本地方志新刊行者,亦加以著录。该系统所收录的地方志条目基本涵盖宋元明清各时期,而当代新编地方志,特别是 1949 年以后的地方志,亦详加著录[2]。

随着地方志文献资源的重要性逐步被认识,许多文献公藏机构都建设了本机构藏或本地区地方志目录、提要数据库，如“湖南地方文献”提供湖南图书馆藏方志提要，浙江省图书馆“地方志联合目录”提供浙江地区方志联合目录。

部分图书馆在所建设的地方文献数据库中提供了地方志书目数据检索，如“西北地区文献书目提要数据库”（甘肃省图书馆）、“福建省公共图书馆地方文献联合目录数据库”（福建图书馆）、“闽南地方文献联合目录库（泉州图书馆）”等。

许多文献公藏机构在其所建设的古籍书目数据库中提供了所藏的古旧方志检索，如“琳琅秘籍——北京大学数字图书馆古文献资源库”（北京大学）、“馆藏古籍数据库”（人民大学）、“古籍检索系统”（中国科学院图书馆）等。

随着许多图书馆编目系统的集成化发展，许多图书馆在统一的书目检索平台上即可检索出地方志目录，如国家图书馆、广东省立中山图书馆等。

海外地区许多文献典藏机构也将其所藏中文古籍建设目录数据库，其中提供古旧方志检索，如“日本所藏中文古籍数据库”“汉籍网络检索”等。

2.1.5 旧方志数字化便利使用

随着文献数字化建设的逐步开展，许多图书馆将其所藏地方志数字化，并提供互联网或局域网浏览，方便读者查找和利用地方志文献资源和学术研究。如国家图书馆“数字方志”栏目，为读者提供国家图书馆藏 6868 种地方志影像在线浏览，同时将其中 3000 余种全文转换，为全文检索奠定了基础。许多地区或图书馆也都建设了地方志全文数据库，如“贵州省地方志全文数据库”“绍兴方志”“上虞方志”“新编地方志”等。爱如生“中国方志库”等商业数据库也在很大程度上满足了用户的需要。

根据《中国地方志年鉴》统计，全国共有 18 个省、自治区、直辖市的省级地方志工作机构建设了地方志网站（数据库）。此外，全国还有包括副省级城市、地级市（自治州）、县（市、区）在内的各级地方志工作机构建设的200多个地方志网站(数据库)。

2.2 中国的古旧方志利用中存在的问题

2.2.1 中国古旧方志存在底数不清的问题

尽管地方志资源的保存和利用越来越受到关注和重视,但是存世方志数量仍然有待进一步调查。2007年,中华古籍保护计划开始以后,存世古籍的数字随着普查的展开在不断被更新,从原来做项目书时测算的3000余万册藏量,到4500万册藏量的推算,以及续有发现的现实,都可以说明古旧方志的存藏状况有待进一步调查,以期通过调查摸清家底。

2.2.2 中国古旧方志的利用不够便利

各收藏单位的方志资源数据库大多已经建成并提供服务,但一些未知的藏书单位及个人手中不为人知的方志、藏书单位未完成的方志类文献编目、未制作的数据、未提供的资源服务都制约着方志的利用。

2.2.3 管理利用模式存在一定问题

虽然过去几十年里,方志数字化取得了一些成果,但是地方志数字化的广度和深度都相当有限,缺少统一的标准,制约标准化建设;缺少顶层设计,制约共建共享的实现;没有进行有效的资源整合,制约便利的利用;数据、图形化显示已经开展,但未实现数据分析、知识服务等深层服务。现有的地方志数字化成果远远不能满足学术研究、社会发展和文化教育的需要。地方志数字资源需要一个强有力的基础平台来承载,基于平台实现数据整合、资源组织、发布服务、长期保存、共建共享等。地方志的特点,决定了其利用应引入和创造新的技术方法,拓宽古籍数字化的研究与实践领域。

3 对加强古旧方志资源利用的思考

3.1 开展地方志资源调查,为更好利用打下基础

通过地方志资源普查,摸清存世中国古旧方志数量,解决地方志

底数不清的问题,是更好地利用方志资源的基础。

方志长期以来被看作"博物之书",由于代有纂修,内容、体例上多具有延续性,且卷帙浩繁,信息量大,要想有效地利用它,必须借助于目录。

方志按其内容可大致分为综合志与专志。综合志方面,虽然已经有《中国地方志联合目录》(中国科学院北京天文台主编,中华书局1985年出版,收录1949年以前出版的地方志8366种)与《中国地方志总目提要》等评价较好、使用率较高的专题目录,以及《中国古籍善本书目》《中国古籍总目》等综合性目录,但由于编纂的时代和目录的性质等因素,尚存在不少问题,给利用带来不便。国家图书馆馆藏方志从品种而言,占现存方志总数的约70%,而其余30%分散于全国各地的图书馆、博物馆、高校、科研院所乃至海外图书馆中。借助目前正在开展的"中华古籍保护计划"中的古籍普查项目,并通过大量征集资料,广泛配合与协作,全面调查我国地方志资源并编制目录势在必行。

专志方面,现有方志目录多对专志不予著录,专门的专志目录较为稀见。受传统分类法影响,很多专志至今仍未被归为方志。全国旧专志的存藏状况不明,但随着学术研究的深入、细化和社会利用的需求的提高,对专志的查阅利用也会越来越频繁,其利用价值在某种程度上可能还会超过综合志,因此编制专志目录亟待进行。

对国内外藏1949年以前的中国旧方志进行全面调查,包括总志、通志、府志、州志、厅志、县志、司志、卫志、关镇志、道志、路志、乡土志、里镇志、岛屿志等综合志,以及山川志、寺庙志、名胜志等各类专志,势在必行。

3.2 以共建共享机制开展数字化建设是方志利用的理想模式

3.2.1 制定共建共享的统一规划,提高效率,避免浪费

利用目前已有的方志专门目录80种、联合目录30种、提要目录60种以及国外出版的中国方志目录十数种,以及《中国古籍善本书目》《中国古籍总目》等综合性目录,依托近年开展的古籍保护工作中

开发的普查平台，对现有的方志分布以及各藏家数字化的情况进行调查，进行顶层设计，建立合作共享的模式，进行数字资源建设，避免各藏家同时制作，造成相同版本重复制作的时间、经费浪费。

3.2.2　开展标准规范建设，让方志数字资源在统一的平台上发布服务

为有效利用各藏家资源，必须有数字化标准规范支撑。目前，针对地方志特色文献的数字化标准规范还有待于系统、全面的建设。地方志数字化涉及目录、索引、图像、文本等多种类型，其标准规范不仅要符合数字化的一般规律，而且要体现地方志的文献特性，同时满足特定的应用需求。制定建设地方志特色文献资源数字化的标准规范，可以为地方志文献数字化资源共建和共享奠定基础。

3.3　充分利用新技术，分步骤实现地方志特色文献资源的数字化

地方志同时具备了地域性、时代性、系统性、资料性和科学性，包含丰富的内容信息，前辈们已经花费巨大的精力从中提取资料，提供多方面的利用。如《中国地震资料年表》《中国天文气象总表》《五百年来我国旱、水、涝史料》《祖国两千年铁矿开采和锻冶》《中国地方志民俗资料汇编》等，为灾异的研究分析、地方经济文化的发展提供了依据。但是限于条件，当时的工作只有手工检索的方式，在搜集的全面性有一定的欠缺。

近年数字技术的发展，为方志资源的进一步利用打下了基础。截至目前，大部分数字资源是在以影像代替纸本层面上，让利用者可以随时随地利用计算机网络实现阅读查询。随着技术的发展和资金投入的支持，部分方志文献还实现了全文检索，大大提高了使用效率。但对于丰富的方志资源及其应有的作用而言，这些手段远远不够。

方志的时空结合、资料性强成系统等特点，决定了她适合与现代技术相结合，打破文献原有的组织结构，将大量的文献还原为不同粒度的知识和与知识相关的资源，实现地理信息、历史信息、文化信息、科技信息等高度整合及多维度信息检索利用。形成的成果是用户可以摆脱文献的限制，依据自身的需求，直接获取知识和资源[3]。这种

知识挖掘的模式，将形成高质量的数字资源，为学术研究、社会发展、文化教育等提供强有力的支撑。

总之，地方志详细记载本地区的政治、经济、社会等发展状况，形成了一个特定时期文化积淀和历史的产物，反映出了特定时代的经济、政治、文化等方面的烙印；地方志内容的包罗万象和记录方式广泛合理，让方志文献今天依然具有活力，因此保护好古旧方志，规划并实现方志文献的共享利用，前景广阔。

参考文献

1,3　王荟，肖禹．地方志数字化模式与案例分析．北京：国家图书馆出版社，2012

2　中国大陆各省地方志书目查询系统，序言．[2008－12－01]．http：webgis. sinica. edu. tw/place

原载于《图书馆工作与研究》，2013 年第 12 期

对国家典籍博物馆职能定位的思考

自1905年实业家张謇创立中国第一座近代博物馆南通博物苑起，中国的博物馆事业已走过百年。百余年来，中国的博物馆事业以强烈的使命意识，在启迪民智、传播文明上发挥了重要作用。特别是近年来，随着国家经济的发展和社会文化需求的增长，博物馆建设飞速发展。据统计，至2011年年底，中国各类型博物馆达3589座，几乎2－3天就新建成一座博物馆[1]。2012年7月，中央机构编制委员会办公室的《关于国家图书馆加挂国家典籍博物馆牌子的批复》（中央编办复字〔2012〕130号），由文化部转发，国家典籍博物馆正式挂牌成立[2]。在3500多家博物馆中，国家典籍博物馆作为专题博物馆应如何定位，如何吸引观众，作为筹备者，笔者将在参与筹展中对国家典籍博物馆定位、功能的思考发表于此，希望有更多的人参加讨论，使在建的典籍博物馆形成自己的特色，赢得更广阔的发展空间。

基于典籍专题博物馆的性质，笔者认为，国家典籍博物馆基本定位应是典籍收藏中心、研究保护中心、展示中心、交流中心、教育基地、公众文化娱乐休闲场所。

1　国家典籍博物馆应是典籍的收藏中心

1.1　中华典籍承载中华民族昨天的记忆，留给未来今天的记忆

中国是历史悠久的文明古国，在世界诸多文化体系中，中华文化

绵延数千年不断,中华典籍功不可没。“伏羲氏始画八卦,造书契”的记载,“仓颉造字”的传说,中华典籍从甲骨刻辞、青铜器铭文、石刻文字,中经竹简木牍、帛书,后出现写卷、刻本,其数量之大,世所罕见。

中华典籍的存在,让我们了解中华民族在这片土地上各族人民不断繁衍融合,共同创造历史的事实,了解让中华儿女世世代代根脉相承,生生不息的源泉。

1.2 国家典籍博物馆应该是典籍,特别是中华典籍的收藏中心

尽管今天存世的中华古籍依然可以用浩如烟海来形容,但是典籍载体的脆弱性,决定着典籍从开始生产传播就面临着不断的消亡。初步统计,国内汉文古籍存世数量总数超过 4000 万册,品种约 20 万。这是先贤历尽艰辛创造和保护的财富,是为我们留下的昨天记忆。收藏保护这些典籍既是国家典籍博物馆的责任,也是其赖以生存的资源。国家图书馆作为国家总书库,目前馆藏已达近 3000 万册(件),其中善本古籍 28 万余册(件)、善本特藏 73 万余册(件)、甲骨实物 3 万余片、金石拓片 27 万余张、古今舆图 11 万余件、普通古籍 164 万册(件),民国文献及革命历史文献 67 万余册(件)。国家典籍博物馆依托于国家图书馆丰富的典藏,从诞生就具有了典籍收藏得天独厚的优势。更全面地收藏典籍,既是保护文化遗产的责任,也是更好展示典籍文化的根本。

1.3 国家典籍博物馆的收藏应兼容并包,以展示世界文化的多元性

流传至今的中外典籍,反映了人类各个历史时期社会文化经济和科学技术水平,收藏研究本民族以外的典籍,了解、尊重其他民族的文明和文化,开展比较研究,对今天的发展意义重大。早期传入中国的外文善本,既包括欧洲摇篮本,也有早期传教士手抄本;既有西方科技著作,又有道德伦理经典;见证了中外文化交流的历史进程,成为具有独特意义的文化遗产。而大量外国人对中国的描述,则从另一个视角观察研究中国文化,记录中国,这对更加客观地认识那一时期的中国,

具有无可替代的作用。

国家典籍博物馆，通过展示中国典籍，让世界了解中国，又要通过国外典籍的研究展示，吸收世界各国文化的精华，在不同文化的对比中，深刻反省中国传统文化的局限，为新时代中华文化的发展积蓄力量。典籍融汇中外，沟通古今的功能，是其他载体无法比拟的。

1.4 国家典籍博物馆应充实与典籍相关的文化遗存收藏及展示

中外典籍史，如同人类历史，光辉灿烂，源远流长。研究几千年中外典籍在创作上的不同倾向和特色，收藏与典籍相关的生产材料、生产工艺、保护史，揭示它们之间的相互关系和演变规律，应是中国国家典籍博物馆的主要内容。

中国古代四大发明中，造纸作为书籍制作材料的伟大变革，不仅在中国书史上具有划时代意义，也大大促进了世界文明的进程。古法造纸在敦煌文书收藏中呈现的防虫、防酸、加固等理念和实践，让我们今天对古人的智慧充满了敬意。搜集收藏造纸材料、造纸工具，通过博物馆的静态展示和动态演示，同时辅以观众体验，可以让更多的人了解，使技艺更久地传承。

中国是印刷术的发明者，但早期活字印刷已无印刷品实物留存。明清时期金属活字、木活字印刷品仍有留存，而活字实物已经很难寻见。目前，一些地区活字摆印家谱的方式依然保留，搜集展示是一种记忆和技艺的抢救。

世界上各个古老民族在各自书籍的发展过程中，都曾经采用过不同的材料制作典籍。国外的纸草、树叶、树皮、砖刻、蜡版、铜叶、铅叶、金叶、亚麻布、羊皮、犊皮，乃至于人皮；中国的龟甲、兽骨、人的头盖骨、青铜器、石鼓、石碑、石碣、石片、玉片、摩崖石、竹简、木牍、缣帛等都应和纸质文献一起成为典籍博物馆的收藏和展示对象。

与典籍相关的藏书楼、装具、管理模式，同样应该成为典籍博物馆的收藏对象。几千年前，甲骨文如何书写，竹简如何杀青，帛书原来装在什么样的盒子里，收藏典籍档案的库房是什么样的，“曝书节”怎么晒书，典籍博物馆的收藏和场景模拟会给观众身临其境的体会。

2 国家典籍博物馆应该是典籍及典籍文化研究的中心

2.1 典籍中还包含着很多需要探讨的未知因素

刻甲骨的工具是什么样？写本上书写、画栏线用的是什么样的笔，什么材质的墨，什么样的收藏环境才让他恒久不变？雕版印刷是书籍生产的革命，但印刷书版如何保存，使用寿命有多少次？书籍售卖渠道，刻书管理方式各时代有什么不同？

典籍博物馆的收藏和展示涵盖甲骨、敦煌遗书、善本古籍、金石拓片、舆图、样式雷图档、老照片、年画、方志家谱、民族语文文献、名家手稿、新善本（革命文献）、外文善本等各种类型，研究的对象涉及方方面面。探讨典籍中的未知因素，解决学术研究中的疑惑、问题，典籍博物馆责无旁贷。

2.2 国家典籍博物馆有组织研究的优势和责任

历代的官私藏书机构不仅收藏、校勘、研究，一些开明的藏者还选择存世稀少的书籍刊行，以广流传。藏家访书、选书、借书、抄书、购书、赠书、征书、读书、校书、书之补写、辑佚、编撰、刊刻，以及与收藏相关的整理加工、分类编目、题跋提要、藏书印记、藏书保护、藏书设施、藏书建筑等皆是研究藏书史不可或缺的内容。

国家典籍博物馆依托国家图书馆的海量古籍收藏，研究藏书史、典籍文化具有得天独厚的优势。而研究的成果也为进一步丰富典籍文化的内涵，设计展陈内容提供翔实的证据。古籍上累累钤印，字体隽秀的批校题跋，翔实的流传过程的叙述，让我们从中了解藏书家的家世渊源、社会交游、专业联系乃至生活时代之政治风云、学术潮流、价值取向，也为研究古代社会提供了根据。

让典籍中的文化、智慧启迪更多的民众,这对整个民族素质的提高,定会起到无可替代的积极作用。而对于我们这个以典籍记载历史的民族而言,国家典籍博物馆无疑肩负着一份保存历史记忆,并以尽可能多的更为立体和生动的方式和手段,让更多的人了解和延续历史的责任。

2.3 典籍研究是典籍博物馆自身发展的需要

对于以典籍为核心的博物馆而言,对典籍本身的研究,以及展陈环境对书籍影响的研究、布展操作规范的研究、展览材料及修复材料的研究和使用的研究、观众心理及需求的研究,是做好展览最基本的要求。而对相关典籍文化的研究则是典籍博物馆进一步发展的基础。如对不同时期阅读习惯的研究,对书籍保护史的研究、书籍收藏史的研究、书籍传播史、书籍接受史的研究,都是进一步做好展览所必需的。

3 国家典籍博物馆是典籍文化的展示中心

3.1 典籍博物馆应该通过典籍的展示,让更多的人认识典籍对民族文化传承的作用

文化力量的强弱能够反映出一个社会经济发展水平的高低,因此任何一个国家、任何一个民族,在致力发展经济的同时,都不能不高度重视文化建设,都不能不倾注热情增强文化力量,都不能不防止和及时纠正文化建设落后于经济建设的状况[3]。

中国是历史悠久的文明古国,卷帙浩繁的各民族文献典籍忠实地记载着历史,延续着中华民族的根脉,是国家文化软实力的基本要素。国家典籍博物馆的设立,通过让丰富的典籍从地库的"尘封"中走出来,搭建系统研究与了解中华典籍文化的平台,有利于进一步拓宽优秀传统文化的传播途径,拉近优秀传统文化与社会公众的距离,进一

步增进社会公众对中华文化的认同。

3.2 典籍博物馆通过与典籍相关的活态展示，让更多的观众认知典籍和典籍文化

典籍展陈理念，基于"典籍—文物—技艺"的活态展陈模式，可以使观众从纸张的制作、活字的摆印、雕版刷印的操作、传拓的实践、古籍修复的尝试中领略古人的思想和智慧；使观众穿越时空，与先贤对话，为中华民族的创造力及其对世界文明发展的贡献感到自豪；使外国的观众通过参观了解古老中国的文化魅力，更喜爱中国。

4 国家典籍博物馆是世界典籍文化的交流中心

4.1 国家典籍博物馆应该成为代表国家与各国交流书籍文化的机构

世界上许多发达国家都设有国家级典籍博物馆，德国早在1884年就设立了专门的典籍博物馆——德国书籍与手稿博物馆。国家级典籍博物馆对开展本国文化展示、文化交流、学术研究及社会教育发挥了重要作用，极大地提升了国家文化形象。国家典籍博物馆的设立，开辟了向世界展示中国典籍文化的窗口，有利于彰显中国文化魅力，为世界上书籍文化的交流和研究拓展更为广阔的专业平台。让中国的典籍走到世界各地，也让国外的典籍在中国展出，以书为媒，促进不同文化间的融合认同，也在另一个层面服务了世界各地的观展者。

4.2 加入国际博物馆大家庭，典籍博物馆将获得更大的发展空间

20世纪初，一些国家在探讨流动博物馆，让更大范围的人享受博物馆资源。国家图书馆的展览近年也在国内外举办若干次巡展，如挪威、新加坡的中国古代书籍史展览，香港的地图展，日本的版画展，国内的论语版本展、辛亥革命百年纪念展等反响热烈。

任何一座博物馆都有其特色收藏，以共享的机制让馆藏资源实现

效益最大化，是近年博物馆共同繁荣、共同惠民的举措。近年中国的博物馆界与国际博物馆大家庭的联系日益广泛，国际社会的经验可以为中国博物馆事业的发展开拓思路[4]。在典籍文化的平台上与世界各国的博物馆图书馆合作会让世界更多地了解中国，也让中国观众更多了解世界文化的发展。

5 国家典籍博物馆应是教育基地

5.1 爱国主义教育基地

“博物馆文化以其民族凝聚力，诉说着民族文化的博大精深、源远流长；以其历史穿透力，演绎着漫长历史的沧桑巨变、岁月坦诚；以其文化渗透力，寻觅着中华文明的悠悠源头、绵绵根脉；以其艺术感染力，守望着精神家园的世代传承、人文自豪；以其全球影响力，促进着世界文明的文化对话、智慧养育。”[5]作为典籍博物馆，让典籍说话，还原一段历史的真实，是翔实有据的爱国主义教育。

新疆古称西域，地处欧亚腹地、丝路要冲，自古以来各族人民不断开拓，使新疆这块辽阔土地，成为人类优秀文化的荟萃之区。这里也是中国乃至世界上遗落了最多样文字的地方，素有“语言文字博物馆”的美誉。有时，流沙中的一根木简、古墓里的一片文献、洞窟壁画旁的一段题记、古币两面的几个数字，竟同时书写了多种的文字，呈现出迷人美妙的文明景观[6]。

存世的数十万册新疆历史文化典籍，记录着四大文明的交汇，见证着各民族不断交流融合，2009 年和 2010 年，文化部委托国家图书馆分别在新疆和北京举办了“西域遗珍——新疆历史文献暨古籍保护成果展”，系统反映了新疆多民族、多语言、多文化、多宗教以及历史悠久的鲜明特点。展品包括从先秦至明清的汉文和 20 余种民族文字的木简、文书、古籍、舆图、拓片。历史的事实，让“疆独”的言论不攻自破。爱国主义在这里不再是口号。

5.2 社会教育场所

随着社会的发展,公众通过不断学习充实完善自己,已经成为生存需要。免费开放的博物馆,提供机会让不同背景、兴趣、能力及年龄的人士吸收不同的知识和信息,有机会参与策划展览,公众在观赏展览时,也可以对眼前的展品自由演绎,自我领悟,完全体现观众的自主性[7]。

英国博物馆学会发表的《建立21世纪卓越博物馆的宣言》中指出:"在社会经济冲击下,广义的博物馆是科学与艺术普及教育或终身学习的中心,是公民与社区的空间,是社会变迁与促进文化理解的机构,典藏人类文化遗产的博物馆是创造力的触媒,是旅游与观光的关键伙伴,也是文化研究与创新事业中重要的一环。"典籍博物馆应以典籍的丰富性和展示的开放性,让参观者可以尽情享受书籍的魅力。

2009年4月23日,温家宝总理在国家图书馆参加"世界读书日"活动时指出:"读书决定一个人的修养和境界,关系一个民族的素质和力量。影响一个国家的前途和命运。一个不读书的人、不读书的民族,是没有希望的。……读书可以给人智慧,可以使人勇敢,可以让人温暖。"典籍博物馆以不断变化的展览主题和展示品,以读书沙龙、读书班,古籍特藏鉴赏雅集,古籍工艺、装帧艺术DIY等形式拓展服务,让更多的观众走近典籍,开始读书之旅,意义重大。

5.3 青少年教育基地

在典籍博物馆的收藏中,几乎涵盖了中小学课本中重要的人物、事件,中小学的中国历史,而高等院校的中国历史、文献学以及中国版本目录学等的课程也可以在现场授课,如果配合模拟互动等教学方式,学生得到的不仅仅是知识的拓展,还有文化的滋养,增强作为中国人的自豪感、自信心的同时,文明素质也得到提升。2012年,国家图书馆的"传拓记忆展"上,北京十五中组织专题教学活动,学生现场传拓,了解石头上的书如何迁移到纸上,也了解印刷和传拓的不同。教学效果得到了学生、家长、老师的一致认同。

与学校等教学机构的长期合作是典籍博物馆发展的一个重要方向。通过一日修复师、经典诵读、鉴定师之路等衍生的活动，吸引学生，培养青年学生养成读经典的习惯，培养对书籍文化的爱好，甚至影响他们的研究之路或者职业人生的选择。

6 国家典籍博物馆应成为公众文化休闲中心

20世纪中后期，从世界范围看，不同层面特别是经济发达国家和地区休闲化进程已成为时代的潮流。中国近30年经济的持续发展，公众消费也逐步从以物质产品为主导过渡到以精神产品为主导。多元的休闲娱乐越来越多地改变着我们的生活。在走向休闲时代的进程中，文化休闲需要发展，博物馆成为公众文化休闲场所的经营理念应该更多的落实。

6.1 博物馆功能的拓展

伴随着博物馆确立以“为社会及其发展服务”的宗旨，国际博物馆界日益关注将“有助于人的发展与愉悦”作为博物馆的任务。博物馆服务社会的理念无论是体现在以专业化为基础的博物馆功能方面，还是体现在以社会化为基础的博物馆职能方面，都逐步拉近了博物馆与广大民众的距离。博物馆工作从以往的仅仅以物为中心，逐渐过渡到以物、人为中心。更加关注人们文化享受的需求。其定位也增加了满足人们休闲需求，使观众乐于走近博物馆、走进博物馆。

6.2 博物馆文化的营造

有博物馆专家指出，中国社会对博物馆的关注度大大逊于发达国家。有统计表明，在一些发达国家，平均每人每年3－5次进入博物馆，而在中国平均每5－6人每年一次走进博物馆。尽管博物馆免费开放，但博物尚未成为人们的休闲需要，以更多的方式把观众吸引到博物馆，让“中国的博物馆往往是高高在上而板着脸的教官”[8]，到博物馆是体验快乐的地方，需要文化的营造。希望在典籍博物馆开馆后，人们有问候语是：“典籍博物馆，去看了吗？”

6.3 让典籍博物馆成为一种生活方式

博物馆应“以人为本”，不论身份、地位、收入、文化，参观博物馆是所有公民可以的选择。典籍博物馆的书籍载体和其中的记载很多是人们耳熟能详的在小学阶段就接触的史事、发明，是现在还在使用的家谱、食谱，是戏曲的剧本，是仍在诵读的经典，本身具有的亲和力，让历史文化走出书本，以技艺加记忆的方式呈现，交互式的交流和体验，会让更多的人通过典籍博物馆走向书香中国，书香世界。

7 典籍博物馆可实现博物馆图书馆服务的全面聚合

博物馆和图书馆在传承文明、服务社会的定位上，完全相同。在服务对象和服务内容上有很多共同点和交叉点，如同为知识和宝库，内容上互相补充；同为公共文化服务的空间，读者及其兴趣点存在很多的交叉；同为没有围墙的大学，在社会教育上最大程度地体现了公民平等受教育的权利，在促进和引导阅读上互相促进；同为文化信息的集散地，人们可以自由存取，在获取知识的同时，个人的成果也可以纳入博物馆和图书馆的收藏；同为文化休闲场所，提供公众文化享受。在一流的设施和优雅的环境中，大型的学术会议、报告会、研讨会、音乐会，中小型的读书会、仪式、庆典、沙龙使博物馆和图书馆在庄严的同时又增加了一份灵动和亲切。专业的典籍博物馆在功能的聚合和融合上更可实现无缝链接。

7.1 博物馆与图书馆结合的发展趋势及经营理念

汪东波主编的《公共图书馆概论》中有这样的论述:"博物馆和图书馆作为不同的文化现象,两者之间你中有我,我中有你,在历史上互相联系、互相融合。"[9]这个理念就典籍博物馆而言,更为契合其发展需求。国家典籍博物馆应使图书馆、博物馆的职能充分结合,使二馆服务互相补充,实现效益最大化。博物馆的展用结合,将进一步拓展国家图书馆的社会服务与教育功能。

7.2 图书馆中博物馆曾经的实践

国际上博物馆图书馆职能的融合早已有之,如德国国家图书馆19世纪便开始有独立展馆展示德国书籍和手稿,及图书设计、生产材料、工具和机器,并开展书籍交易的活动。埃及亚历山大图书馆展示埃及多元文化的历史,手稿展、亚历山大印象展、印刷史展让参观者印象深刻。英国国家图书馆则在图书馆入门最显著的位置上,安排了展示,不仅展示印刷、集邮,也展示保存和修复技术,笔者对其定期轮换展品、控制光照、温湿度以及文化产品的开发出售都有深刻印象。这家图书馆曾经与英国国家博物馆同为一体。几年来国家图书馆的"中华医学典籍展""辛亥百年纪念文献展"等展览,也在履行着博物馆的展览职能。

7.3 国家典籍博物馆与国家图书馆的天然联系,为典籍博物馆创造巨大发展空间

图书馆丰富的收藏涵盖着古今中外的历史、政治、经济、农业、科技、军事、文学艺术、文化发展,这些丰富的收藏是展示的优秀资源,这些资源和博物馆丰富的展示手段形成合力,以丰富的表现手段让河图洛书、诸子百家、佛道兴衰、宋明理学等从典籍中跳出,让甲骨文、篆书、隶书、楷书、草书、行书流淌,让装帧、印刷技艺表现,让典籍专题展览,让观众观展乐在其中。

8 把博物馆带回家,让典籍成为生活中重要的组成部分

8.1 发挥博物馆的引导作用,让探究典籍成为时尚

到馆的参观往往是走马观花,时间和收获还是有限的,博物馆区别于图书馆,应以生动活泼的形式,让人对书中记载的人和事产生兴趣,产生探究奥秘的冲动,养成读书习惯,图书馆和博物馆的作用也会因此体现。

8.2 用各种手段,让典籍博物馆走进生活,让每个人拥有自己的博物馆

博物馆展什么,怎么展,观众应有机会参与设计,让典籍博物馆成为爱书人的乐园,成为典籍爱好者自己的博物馆,可以带回家的博物馆。

总之,文化是民族的血脉,是人民的精神家园。全面建成小康社会,实现中华民族伟大复兴,必须推动社会主义文化大发展大繁荣,兴起社会主义文化建设新高潮,提高国家文化软实力,发挥文化引领风尚、教育人民、服务社会、推动发展的作用。典籍作为文化的载体,典籍博物馆在文化建设中理应发挥更加重要的作用。

参考文献

1 李北辰.中国博物馆:精神寄存的难题.华夏时报,2013-03-21(A21)

2 文化部关于国家图书馆加挂“国家典籍博物馆”牌子的通知(文人函〔2012〕1238号)

3,4 单霁翔.从“馆舍天地”走向“大千世界”——关于广义博物馆的思考.国际博物馆全球中文版,2010(3)

5 陈燮君.博物馆——守望精神的家园.人民政协报,2009-09-14(C4)

6 张春贤.贺词//国家图书馆,国家古籍保护中心.西域遗珍——新疆历史文献

暨古籍保护成果展. 北京:国家图书馆出版社,2011

7 黄秀兰. 面向未来的博物馆定位与职能. 中国国家博物馆馆刊,2012(8)

8 英国广播公司:中国博物馆经营理念亟待改进. [2012 - 12 - 03]. http://europe.ce.cn/hqbl/hwkzg/200610/11/t20061011 - 8912789.shtml

9 汪东波. 公共图书馆概论. 北京:国家图书馆出版社,2012

原载于《国家图书馆学刊》,2013 年第 4 期

主要论著目录

著作

1. 全宋诗·刘克庄诗集. 北京:北京大学出版社,1998(点校)
2. 花间集. 沈阳:辽宁教育出版社,1998(点校)
3. 中国国家图书馆古籍珍品图录. 北京:北京图书馆出版社(今国家图书馆出版社),1999(撰稿编委)
4. 中国国家图书馆善本珍品莅美展览图录. 北京:朝华出版社,2000(编委撰稿)
5. 版本文化丛书——元本. 南京:江苏古籍出版社,2002(独著)
6. 冀淑英文集. 北京:北京图书馆出版社(今国家图书馆出版社),2003(编)
7. 文明的守望(一). 北京:北京图书馆出版社(今国家图书馆出版社),2006(编委)
8. 文明的守望(二). 北京:北京图书馆出版社(今国家图书馆出版社),2006(副主编)
9. 祁阳陈澄中旧藏善本古籍图录. 上海:上海古籍出版社,2006(副主编、撰稿)
10. 国家珍贵古籍名录图录. 北京:国家图书馆出版社,2008(编委,获2009 年度全国古籍整理优秀图书奖)
11. 古籍保护新探索. 浙江古籍出版社,2008(主编,撰稿)
12. 国内外图书馆学理论研究与实践进展:2007 — 2008. 北京:国家图

书馆出版社,2009(撰稿,编委)

13. 第二批国家珍贵古籍名录图录. 北京:国家图书馆出版社,2009(编委)
14. 册府撷英——国家珍贵古籍特展图录二〇〇九. 北京:国家图书馆出版社,2009(编委、撰稿)
15. 西域遗珍. 北京:国家图书馆出版社,2010(编委,撰稿)
16. 楮墨芸香. 北京:国家图书馆出版社,2010(编委)
17. 第三批国家珍贵古籍名录图录. 北京:国家图书馆出版社,2011(编委)
18. 灵兰集萃——中华珍贵医药典籍展图录. 北京:国家图书馆出版社,2011(编委)
19. 东方的觉醒——纪念辛亥革命100周年馆藏珍贵文献展图录. 北京:国家图书馆出版社,2011(编委、撰稿)
20. 国内外图书馆学理论研究与实践进展:2009－2010. 北京:国家图书馆出版社,2011(编委、撰稿)
21. 逝去的风韵——德国摄影师镜头下的北京. 北京:国家图书馆出版社,2012(主编)
22. 文艺的灯塔. 北京:国家图书馆出版社,2012(编委)
23. 书香人淡自庄严——周叔弢自庄严堪善本古籍展图录. 北京:国家图书馆出版社,2012(编委)
24. 中国传统建筑营造技艺展图录. 北京:国家图书馆出版社,2012(编委)
25. 中国传拓记忆图典. 北京:故宫出版社,2012
26. 中国古籍装具. 北京:国家图书馆出版社,2012

论文

1. 北京图书馆藏敦煌遗书中新881号《尚书》校勘记. 北京图书馆馆刊,1997(4)
2. 北京图书馆藏敦煌遗书印主考. 敦煌吐鲁番研究,1997

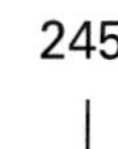

3. 以古籍开发为保护的手段. 载:中文善本保存保护国际研讨会论文集. 北京:国家图书馆出版社,2002

4. 永乐大典述略. 载:永乐大典编纂 600 年国际研讨会论文集. 北京:国家图书馆出版社,2003

5. 王重民先生与文献学. 载:敦煌学国际研讨会论文集. 北京:国家图书馆出版社,2005

6. 郇斋藏书与国图的深厚渊源. 文物天地 2005(10)

7. A Joy to the Eye and the Mind-Books Transcribed by Celebrated Artists, The Art of the Book in China, University of London, 2005

8. 冀淑英先生与版本目录学. 文物天地,2006(2)

9. 名家写版考述. 文献,2006(2)

10.《玄都宝藏》与《太清风露经》. 中国道教,2007(4)

11. 敦煌遗书近现代鉴藏印章辑述. 文献,2007(2-3)

12. 国家图书馆的西谛藏书. 文物天地,2007(11)

13. 古籍修复与人才培养. 国家图书馆学刊,2008(3)

14. 国家古籍保护中心工作全面铺开. 国家图书馆学刊,2008(1)

15. 中国国家图书馆的古籍文献整理与数字化. 载:澳门文献整理研究暨数字化论集. 澳门近代文学学会,2008

16. 古籍保护工作进展. 载:全国图书馆古籍工作会议论文集(2008·天津). 北京:国家图书馆出版社,2008

17. 传承与守望. 文物天地,2009(8)

18. 永乐大典 600 年. 光明日报,2009(9-17 第 10-11 版)

19. 国外古籍修复人才的培养对我们的启示. 国家图书馆学刊,2009 (4)

20. 国图:从瞬间化为永恒. 文物天地,2009(12)

21. 郇斋藏书三次回收国图. 中国文化报,2009-08-02

22. 第二批全国古籍重点保护单位几大亮点. 光明日报,2009-07-01

23. 五灯会元:穿越半个世纪的握手,人民日报海外版,2010-06-11

24. 古籍传承,何时坐热冷板凳. 人民日报,2010-07-22

25. 精神的魅力——追思冀淑英先生. 载:《文津学志》第四辑. 北京:国家图书馆出版社,2011
26. 我国古籍保护事业可持续发展思考. 中国图书馆学报,2012(2)
27. 古籍的保护和利用. 载:中央音乐学院图书馆"音乐文献保护论坛及工作坊"国际研讨会,2012
28. 国家图书馆藏元本述略. 文献,2013(3)
29. 对国家典籍博物馆职能定位的思考. 国家图书馆学刊,2013(4)
30. 关于进一步加强古旧方志资源利用的思考. 图书馆工作与研究,2013(12)